江花烂漫

合川文化馆群文艺苑作品集

胡中华 编著

西南师范大学出版社
国家一级出版社 全国百佳图书出版单位

图书在版编目（CIP）数据

江花烂漫：合川文化馆群文艺苑作品集 / 胡中华编著. — 重庆：西南师范大学出版社，2021.8
ISBN 978-7-5697-0989-6

Ⅰ. ①江… Ⅱ. ①胡… Ⅲ. ①文艺工作者－访问记－合川区－现代②文艺－作品综合集－合川区－当代 Ⅳ. ① K825.7 ② I218.719.3

中国版本图书馆 CIP 数据核字（2021）第 160113 号

江花烂漫——合川文化馆群文艺苑作品集
JIANGHUA LANMAN——HECHUAN WENHUAGUAN QUNWEN YIYUAN ZUOPIN JI

胡中华 编著

责任编辑：王玉竹
责任校对：李 君
装帧设计：殳十堂_未氓
封面题字：邓建强
排　　版：黄金红
出版发行：西南师范大学出版社
地址：重庆市北碚区天生路 2 号
邮编：400715
市场营销部电话：023-68868624
印　　刷：重庆康豪彩印有限公司
幅面尺寸：185 mm × 260 mm
印　　张：17.75
字　　数：276 千字
版　　次：2021 年 8 月 第 1 版
印　　次：2021 年 8 月 第 1 次印刷
书　　号：ISBN 978-7-5697-0989-6

定　　价：78.00 元

编委会

序

借我一瓢三江水　浇开群文艺术花

陈道平

渠江、涪江、嘉陵江三江环绕合川，沃野千里；巴国别都、古钓鱼城、革命遗址文化基因孕育合川，人杰地灵。值此建党一百周年和“十四五”开局之际，这本《江花烂漫》的出版，无疑是合川区文化馆全体群文工作者深入民间、扎根生活、坚持以人民为中心的最好体现，这样的一部原创文艺作品和群众文化研究论文集，无疑是献给伟大的中国共产党成立一百周年的最好礼物！

合川区文化馆建馆70年来，全体群文工作者始终秉承“甘当孺子牛，勇为争艳花”的团队协作和创新精神，坚持社会主义先进文化前进方向，贯彻落实中共中央总书记、国家主席、中央军委主席习近平看望参加全国政协十三届二次会议的文化艺术界、社会科学界委员时的重要讲话精神，肩负“以文化人，以文育人”的使命担当与社会责任，一代接一代的群文工作者团结一致，奋发向上，努力拼搏，尽职尽责地履行文化馆的各项工作职责，全面完成各项工作任务，在文艺创作、群文活动、文化品牌打造、公共文化服务体系建设等多方面取得了显著成绩，为成为全国服务农村、服务基层的工作先进典型，传承优秀传统文化，丰富人民群众精神文化生活，保障人民群众基本文化权益而不懈努力。同时，在推动基层公共文化服务体系建设和社会主义精神文明建设、经济社会全面发展、脱贫攻坚文化扶贫共奔小康和乡村振兴中发挥了重要作用。

《江花烂漫》作品集，以近十年创作的作品为主。一方面体现了合川区文化馆群文工作者创作的作品贴近群众，贴近生活；另一方面也展示了他们对群文事业的热爱和孜孜不倦的追求。全书以剧本、歌曲、美术、书法、诗歌、论文六个小辑，汇聚了群众文化服务、宣传、演艺、展示、体验等。形式多样，内容丰富，坚持了百花齐放、百家争鸣的“双百”方针和“以人民为中心”的创作理念。川剧小品《文化站长》，文化人写文化演文化，曾进入第十届中国艺术节决赛，荣获本届艺术节“群星奖”优秀展演奖；歌曲《石榴叶子吹》，取材于传统民间习俗，蕴含新时代气息，参加第十七届中国西部民歌（花儿）歌会，荣获铜奖。全书收录的戏剧、曲艺、音乐、美术、书法和诗歌等原创作品，绝大部分曾获得重庆市级以上奖励，或是入选入展，或是公开发表。这些作品充分展示了合川区文化馆群文工作者的艺术风采和艺术灵魂。

乡村振兴的号角嘹亮，文化铸魂的步伐铿锵。在习近平新时代中国特色社会主义思想指导下，希望区文化馆全体工作人员进一步解放思想、突出特色、开拓进取、勇于创新，走好“十四五”开局之年第一步，在成渝双城经济圈建设中发挥文化重要作用，紧密结合合川经济社会发展实际，切实加强文艺创作人才培养，加大全民艺术普及力度，创造性地开展群众文化服务工作，倾力打造“合川儿童画、龙舟文化、钓鱼城文化、陶行知文化、刘文学文化”等文化品牌项目，为把合川建设成为国家级历史文化名城和成渝双城经济圈区域性公共服务中心做出不懈努力。

水秀三江，古韵合川。江花烂漫，群文绽放！

（作者系重庆市合川区文化和旅游发展委员会书记、主任）

目 录

三、美术

四、书法

五、诗歌

六、论文

剧本

文化站长

编剧 / 鲁广峰 胡中华

时间	2011 年
地点	某镇文化站排练厅
人物	李文化：男，50 多岁，文化站干部 杏　花：女，20 多岁，艺术系毕业生，李文化女儿 村民甲：男，20 多岁，文艺爱好者 村民乙：女，40 多岁，文艺爱好者 村民丙：男，30 多岁，专门唱“帮腔”的村民

【在川剧锣鼓中幕启，杏花风尘仆仆地上。】

杏　花：（唱）雨过天晴漫天霞，
离燕归巢更恋家。
难舍故乡美如画，
不负青春好年华。
（接电话）喂……知道了，放心吧，我知道如何对付我爸爸。
【杏花下。】
【锣鼓不断。】
【村民甲、乙、丙正在排练戏曲，走场上。】

村民甲：妈，妈……你听我说嘛……这次回来，我就真的不走了！

村民乙：你说什么？你……

村民乙：（唱）听他言我不由得心乱如麻，
眼前人分明是讨债的冤家。
人都说大山里飞出金凤凰，
谁料想到头来凤凰变乌鸦。

村民丙：（帮腔）不孝娃娃啊！你要气死妈！

李文化：（生气地上）停下来！停下来！你们演的是啥子？乱七八糟的，一个个还把演出服装穿起！

村民乙：李文化，是你喊我们带妆排练的哦。

众　人：就是。

李文化：你这个帮腔唱的啥子？完全是在“帮黄腔”。

村民丙：李文化，我是按照剧本要求唱的哦。

李文化：不要光看剧本，还要听导演的！哪个是导演？我——李文化！

村民丙：对头，我们大家都要听“李大导演”的。

李文化：你少在这里装疯卖傻的！

村民甲、乙、丙：哎，这个本子可是你女儿杏花写的哟？！

李文化：她写的啷个嘛？没得生活……乱在写！

村民丙：咃，前几天你还说杏花这个剧本写得多么好的嘛？

村民乙：李文化，你今天是不是遇到啥子不顺心的事情喽？

李文化：（十分委屈地）我……我顺心得很，不但顺心，还顺顺当当地下课了！

村民甲、乙、丙：（惊）啊？下课了！？你腐败了？

李文化：哎，你们不要多想，是年龄问题。所以镇长就让我下课了。

村民甲、乙、丙：是说不得，下课综合征！

李文化：（生气地）文化站长不当了又啷个嘛？我还是这个戏的导演噻！（向村民乙）哎，张幺妹，你过来一下，我问你，你儿子在外面这么多年，要是回来不走了，你高不高兴嘛？

村民乙：我儿子是打工，又不是读大学。哎，这个该问你噻，你家杏花是大学毕业噻？

李文化：（川普）确切地说是艺术系的研究生毕业，括弧，这次全市音乐大奖赛金奖获得者。

村民丙：李文化，要是杏花回来，她不走了，你该咋个想呢？

李文化：（一愣，旋即恢复正常）她不走了……

众　人：啊？

李文化：我就两个字。

众　人：啥子？

李文化：高兴惨了……

众　人：你不识数！

李文化：哎哎，大家都晓得，那是不可能的！她这回得了大奖，好多文化单位抢着要她。

村民乙：李文化……总算熬出头了，你才好哦！

李文化：（得意中略带伤感地）好啥子哦……

村民乙：哟，要唱呀？音乐！

【杏花悄悄上，偷听。】

李文化：养大了的女儿这回真的要飞走了……

（唱）舍不得乖乖女独闯天下，

柔弱肩怎扛得社会复杂。

从此后少了她承欢膝下，

真叫人肝肠断心乱如麻！

村民丙：（唱）不孝娃娃啊！你要气死妈！

李文化：（开玩笑地）又在帮“黄腔”了，“公母”都不分。

【众人笑。】

杏　花：唱得好！老爸的功力还是不减当年！

众　人：杏花，杏花！

李文化：杏花，你回来了？

村民甲：杏花，你这次拿了全市一等奖，给咱们镇争了光哦。

村民丙：何止镇哦，给咱们全市都争了光，你说呢，李文化？

李文化：低调！低调！

村民甲：杏花，还要感谢你给我们写了这么好的剧本。

村民丙：就是不大好演，尽遭“李大导演”的批评！

李文化：（尴尬地）你不说话没得哪个当你是哑巴！

【众人笑。】

李文化：杏花，我听文化馆的王馆长说，这次区头的乡村文艺会演，已经把你写的这个小戏列为重点节目了。

杏　花：真的啊？

李文化：镇里还特批了 2000 块钱做服装。

杏　花：哎呀，太好了！

李文化：这里面有你的功劳，当然也离不开我这个“大导演”的作用呀。

村民甲、乙、丙：低调……低调……

【众人笑。】

杏　花： 爸爸，我想跟你说个事。

李文化： 什么事？

杏　花： （故意地）我……我想接你走。

李文化： （一惊）走……走哪里去？

杏　花： 接你跟我去城里头住。

李文化： 唉，城里头我住不习惯，我在这里挺好的，你们说是不是呀？

众　人： 对头。

李文化： 再说我离开了，哪个教他们唱唱跳跳呀？

众　人： 对头。

杏　花： （故意地）你在农村干了一辈子的文化工作，还没干够呀？

李文化： 永远不够，越干越觉得乡亲们离不开"文化"。

村民甲： 我知道了，他这就是你们说的……啥子……"舅子感"？

村民乙、丙： "舅子感"？还嬢嬢感哦，那叫"成就感"！！

李文化： 你看，没得文化好可怕。

杏　花： 成就？一个乡镇文化站的文化专干，一个月才那么点儿钱，现在城里当保安都要几千块了！

李文化： （唱）杏花说话不像话！

读书多来道理差。

钱多钱少算个啥？

怎将我理想情操全抹杀！

村民丙： （帮腔）不孝娃娃啊！你要气死妈！

李文化： （生气地）这里你就不要帮腔了嘛……杏花，别个看不起文化无所谓，只要我们自己看得起就行了。再说，现在中央都提出建设文化强国了，文化肯定会大发展大繁荣，我的工资低，但它会慢慢涨起来的……但这个事业要有人守呀。

杏　花： 爸，你在农村干了一辈子文化，你就不觉得受罪？

李文化： 受罪？我这是享受生活，我还希望你留下来吔。

杏　花： 真的？太好了，我还担心呐。爸爸，实话给你说了嘛，这次我回来就不走了……

李文化： 你看我说对了哈……

众　人： 就是。啥子呀？

李文化： （回过神来）啊？你说啥子？！

杏　花： 我不走了，我已经通过了公招考试，老李站长，小李站长前来报到！

李文化：你……你说的是真的？

杏　花：真的。

李文化：你回来干啥？你赶紧给我走！

杏　花：爸，我回来有什么不好？

李文化：杏花，这里的穷日子你又不是不晓得？文化站的工作一个月才几个钱？

杏　花：不是啥子都能用钱来衡量的……那你刚刚未必说的是假话呀？

李文化：那是我自己的真心话，但不能用在你身上，你走！

杏　花：我不走！

李文化：你……你要气死我呀！

村民丙：（帮腔）不孝娃娃啊！你要气死你爸爸！（高兴地）李大导演，这回我给你整对了噻？！

李文化：（歇斯底里）滚！

杏　花：爸，你刚才说得多好啊，文化要大发展大繁荣，这个事业就要有人守呀。

李文化：杏花，我那些话都是说给他们听的，未必你也信呀？

【动情的音乐起。】

杏　花：（动情地）爸，我信……你晓得，大奖赛颁奖的时候我为啥子哭嘛？

李文化：还不是因为你激动了。

杏　花：（更加动情地）不，是我想起小时候，爸爸每个周末背着我走几十里山路去县文化馆参加培训，还记得你跟我说：‘幺儿，要好生学，长大了接爸爸的班，回来教乡亲们唱歌跳舞，到时候他们的娃娃就不会再走这么远的山路到城头去培训了……’爸，我是你背出来的冠军呀！你说的话我一直记在心头的！

李文化：（动情地）杏花，你可要想好，既然决定干文化工作，就不能三心二意的，要真正地守下去，哪怕再苦再累，也要让乡亲们高高兴兴地笑出声来！

杏　花：爸，我都……想好了！

村民乙：李文化，今天这个戏还排不排？

李文化：怎么不排？杏花，既然你是新来的文化站长，这个戏就由你来排。

杏　花：好！乡亲们！

众　人：有！

杏　花：我们唱起来……

众　人：好！

众　人：（唱）雨过天晴漫天霞，

离燕归巢更恋家。
奏响文化繁荣曲，
青春无价情升华！
【定格，收光。】

古镇淘宝

编剧 / 胡中华 徐　赤

时间	当代，某个夏天
地点	三江古镇入口处
人物	王鞋匠：男，60 岁，常年在古镇街口摆摊修鞋 李　芳：女，40 多岁，三江古镇管委会工作人员 高艳姿：女，20 多岁，本市门户网站记者

【灯光起。】

【夏天的某个上午。】

【古镇街口，一个老鞋匠在修鞋。】

【高艳姿上，胸前挂着相机，到处拍。】

高艳姿： 昨天，主任对我再三叮嘱，要在古镇找到那个钉子户，将这种人曝光，吐槽。再看看有什么奇葩，八卦一下，肯定上头条。

【王鞋匠看见高艳姿在不断拍照，便定格自己的动作，配合拍照。】

高艳姿： 瞧，这蜡像，（去摸）做得多好，像真的一样。

王鞋匠：（一动不动）请爱护文物！

高艳姿： 蜡像又不属于文物。

王鞋匠：（站了起来）我就是文物！（造个型）

高艳姿： 妈呀，吓死宝宝了。（跑开）

王鞋匠： 你要拍照，我能不配合吗？是不是用的美颜？

高艳姿： 是单反。

王鞋匠： 单反就单反。欢迎来到"离战国最近的古镇，离现实最远的老街"。山好，水好，人更好；吃好，玩好，招待好。（普通话）好客三江欢迎你！

【高艳姿热烈鼓掌。】

高艳姿： 好好好！太牛了！都说城市套路深，应该去农村。今天，我算是来对了！

王鞋匠： 小心，农村路也滑，人心更复杂。

高艳姿： 你还有点儿奇葩吔。

王鞋匠： （坐下）我不奇葩，古镇才奇葩！（递宣传词）你看，都印在上面了。

高艳姿： 古镇宣传单？

王鞋匠： 这不胡说八道吗，“离战国最近的古镇，离现实最远的老街”。他们，晓得战国在哪点儿嘛！

高艳姿： 您真幽默。老师傅，这古镇蛮漂亮的。

王鞋匠： 那是，上个月才建成，能不漂亮吗？

高艳姿： 哪个朝代的？

王鞋匠： （叹气般地）“10后”的。

高艳姿： 啊？比我还小？

王鞋匠： 这有啥子稀奇嘛，连人都有假的。我给你说啊，美女……

高艳姿： 呀——你怎么知道我的外号叫美女？

王鞋匠： 我不仅晓得你的外号，我还晓得你是高颜值。

高艳姿： ——呀，更奇怪了，你怎么知道我的名字叫高艳姿？我爸爸给我起名的时候，这个词儿还没有流行呢。

王鞋匠： 你爸和我一样噻，能掐会算哟。

高艳姿： 您真逗！

王鞋匠： 我还晓得男生都叫小鲜肉；和认不到的人一起捡趴活叫团购；做一点儿该做的事儿就叫正能量，说几句无关痛痒的话就叫心灵鸡汤；和别人老公睡觉的叫小三儿，睡完就拉倒的叫一夜情。

高艳姿： 大叔，您好潮啊！

王鞋匠： “大叔”……我不是大叔，我是老腊肉。

高艳姿： 真有你的，您先忙着。古镇那么大，我想去看看。（下）

王鞋匠： 东西那么少，啥也买不了。

【李芳戴着执勤的红袖章上，手里拿着宣传单，四下张望，发现了修鞋摊。】

李　芳： 王老头儿，明天古镇开业，您的鞋摊儿哪个又摆出来了？

王鞋匠： 你天天上班悠闲，我天天摆摊儿挣钱。又来赶我走，烦不烦嘛？

李　芳： 不是给你找好了地方逗嘛？

王鞋匠：（站起来）你是说三岔口那个加油站旁边？

李　芳：是呀，为了照顾你，古镇管委会特地给你找好了地方。

王鞋匠：我是修鞋的，又不是补轮胎的，我到那里去干啥子？

李　芳：王老头儿，这是古镇管理的需要，您要理解，配合！您看，这么漂亮的古镇，冒出个修鞋的，多不雅观。要不是看在你当过老师的份儿上，你这鞋摊儿早就和其他人的一样被取缔了。

王鞋匠：恁个说，我还腐败了一回哟？

李　芳：有你恁个说话的吗？这是组织照顾你！你今天必须走，不要为难我哈。

王鞋匠：小李呀，你也不要为难我，这是我的家。

李　芳：你的家？你家不是已经拆迁了吗？

王鞋匠：这是我的老家！

李　芳：王老头儿，你要讲道理哈！

王鞋匠：道理不用讲。故土难离！

李　芳：你实在是不走，我就只有给领导汇报了。

王鞋匠：我巴不得你去汇报。事情整大了，才有人解决。

李　芳：这可是你说的！

王鞋匠：我说的，啷个？

李　芳：好，你敬酒不吃吃罚酒？

王鞋匠：啥时候轮到你教训我？你以前不就是个踩缝纫机的嘛，戴块红布就不认人了？！

李　芳：踩缝纫机又咋子嘛，我听组织的话，我听党的话。

王鞋匠：党从来就没说过，修古镇就要把人民赶跑！

李　芳：你，你……哎，我不和你说了，王老头，你不能当钉子户，今天你必须走！

王鞋匠：（坐）哼，就是把你们的古镇坐穿，我也不走！ 我就钉在这里了！

李　芳：好，你有种，你等到。等会儿记者来了，有你好看的！宝器……

王鞋匠：你才是宝器！

李　芳：好嘛，你等到，等会儿来收拾你！（气冲冲地下）

王鞋匠：慢慢走，莫把脚崴了。（继续钉鞋）

【高艳姿一跛一跛地上，手里提着一只高跟鞋。】

高艳姿：大叔，大叔，帮帮我。我的鞋跟儿崴断了。

王鞋匠：来来，快坐下，我给你钉起。

高艳姿：幸好有你这个修鞋摊儿，要不然，今天我还得出丑。

王鞋匠： 再买一双不就行了嘛。

高艳姿： 这是我昨天才买的。

王鞋匠： 吔，还是香奈儿嗦，名牌！

高艳姿： 修这一只鞋，多少钱？

王鞋匠： 那要看是啥牌子。一般都是原价的百分之二。香奈儿得卖一万多吧……优惠你，你就给三百块钱。

高艳姿： 你也太黑了，不就钉几颗钉子嘛！

王鞋匠： 那要看钉子往哪里钻，钻进普通皮鞋里，也就是个打工仔的价，钻进香奈儿里，那就是个白领的价。不管他出身是什么，关键是看后天的发展。

高艳姿： 你还一套一套的，我不修了！（气愤地拿回鞋）

王鞋匠：（拿鞋）拿来嘛，大叔逗你耍的。一颗钉子一块钱。

高艳姿：（不敢相信自己的耳朵）真的？

王鞋匠： 那还能有假。大叔在这里三十几年了，修鞋从来都是成本价。

高艳姿： 那……你能赚钱吗？

王鞋匠： 不赚钱！

高艳姿：（不理解）不赚钱为什么还要摆摊儿呢？

王鞋匠： 方便邻居和行人嘛。

高艳姿： 那你怎么养活自己啊？

王鞋匠： 莫担心，我有退休金。我原来是镇上中学的老师。我父亲是个鞋匠。平常他摆摊儿，周末他让我摆摊儿，只收成本价。那时我还年轻，父亲说，要不是邻居们帮助，他那场大病就没得人了。所以，我摆摊儿，给邻居，给过往的行人提供方便。这是父亲留给我的传统。

高艳姿： 原来是这么回事儿。大叔，您这才是真正的心灵鸡汤啊！

王鞋匠： 我……我这顶多算是心灵土鸡汤。（把修好的鞋递给高艳姿）你是做什么工作的？

高艳姿： 我？我是本市门户网站的记者。（递钱）

王鞋匠： 记者？（极为惊讶）你是记者？

高艳姿： 怎么了？见到记者您紧张了？

王鞋匠：（猛地站起来，热情地去握手，由衷地）太好了！恁个，你先采访一下我嘛。

高艳姿： 不行，我有采访任务，我还要去找一个钉子户。

王鞋匠： 呃，我就是个钉子户！

高艳姿： 您怎么会是钉子户？

王鞋匠：（比画钉鞋的动作）我整天和钉子打交道，我不是钉子户哪个是钉子户？

高艳姿： 你太幽默了。大叔，我要找的，是一直和政府作对，不肯搬家的老顽固。

王鞋匠： 这条我也够格呀。来，我请求你采访我……（整理妆容）

高艳姿：（无奈地）好吧。大叔，请问——您幸福吗？

王鞋匠： 我……我不幸福，因为有人要撵我走！

高艳姿： 那……您的梦想是什么？

王鞋匠： 我的梦想——就是不走。完了，这篇文章的题目干脆就叫“一个老男人和高跟鞋的故事”。

高艳姿： 哈哈哈，你太给力了！

王鞋匠： 一点点儿洪荒之力。

高艳姿： 这题目肯定火！

王鞋匠： 那就是（拿起地下的报纸）现在越八卦越有人看。要想出名，就得整大事儿；出了名以后，就得整家务事儿。那都有人看……

高艳姿： 大叔——懂我们！（欲拥抱）

王鞋匠：（闪开）哎——要不得，这样的话，文章还会有续集。（二人改成击掌，欢呼）吔！

高艳姿： 大叔，有人要撵你走，是怎么回事儿？

王鞋匠： 我问你，古镇里面好玩吗？有古董吗？有民间传说吗？

高艳姿： 没有，大半条街都是吃的，剩下的就是卖塑料玩具的。

王鞋匠： 哎——懂我。

高艳姿：（关心地）那……那些老店铺呢？

王鞋匠：（慢慢地坐下，叹气）哎——都拆了。

高艳姿： 都是新的？

王鞋匠： 比神舟十号还新。里面有啥子星巴克、网吧、肯德基，可能还有万和院线呢。

【李芳上。】

李　芳： 哎，小高怎么还没有来呢？唉，王老头，给你说，我已经给领导汇报了，后果自负。（抢王鞋匠的钉鞋架）

王鞋匠：（起身争夺）啥子？

李　芳： 拿来。

王鞋匠： 给我。

李　芳： 拿来。

王鞋匠： 给我。

李　芳： 拿来。

王鞋匠： 给我！（夺过钉鞋架）我也给你说，我不是被吓大了的。

高艳姿： 大嫂，怎么回事儿？

李　芳： 我们给他另外找了一个地方摆摊儿，他就是不去。

王鞋匠： 他们让我到加油站旁边去修鞋。想得出来！

李　芳： 这是建设古镇的需要。

王鞋匠： 古镇没得我这样的鞋匠，像啥子古镇！

李　芳： 保留你的鞋摊儿，就像古镇了？

王鞋匠： 我的鞋摊儿？那不是我的，是老祖宗的！你们把传统的好东西，都给毁了，理发店变成了发廊，裁缝店拿来卖时装，豆腐坊成了咖啡吧，中药铺整成了洗脚城……这叫啥子狗屁古镇？！败家子！

李　芳： 老王头儿，说话文明点儿哈。

王鞋匠： 你这样的文明人？哼，尽做不文明的事！

李　芳： 你莫冒火，等会儿记者来了，有你好看的！

王鞋匠： 这就是记者！

李　芳： 啊？你就是市里来的记者？

高艳姿：（点头）嗯。

李　芳： 小高？

高艳姿：（点头）对，是我。

李　芳：（热情地握手）欢迎欢迎，等你好久了！要曝光的钉子户，就是他！

高艳姿： 大叔，原来我要吐槽的人就是你呀？

王鞋匠： 吔，你们俩是一伙儿的呀？

高艳姿：（走过去，拿过钉鞋架）不，大叔，现在，我和您是一伙儿的。（走向李芳）大嫂，我觉得，我要在报道中呼吁继承优秀传统。特别是古镇，更应该保留传统，它是我们的宝贝。我这篇文章就叫《古镇淘宝》。

李　芳：（讽刺地）宝器的宝吗？

王鞋匠：（对李芳）是宝贝的宝。（对高艳姿）请你一定帮我呼吁，让我留下来！

高艳姿： 大叔，我一定呼吁。没有传统，哪有现代。

王鞋匠： 没有过去，哪有现在。

李　芳： 吔，恁个快，就遭小姑娘搞定了嗦？

高艳姿：不，是大叔给我上了一课。感谢您，大叔。

王鞋匠：发了一大堆牢骚，让姑娘见笑了。我们可不能忘了传统啊。

高艳姿：大嫂，你应该把他留下来，而不是撵走。

王鞋匠：听嘛，你还不如一个“90后”。

李　芳：你说了不算。

高艳姿：那，谁说了算？

李　芳：（对高艳姿）你说呢？

高艳姿：（对王鞋匠）你说呢？

王鞋匠：（对观众）你说呢？

合：（普通话）你们大家说呢？

【剧终】

人约黄昏后

编剧 / 鲁广峰 胡中华

时间	一天傍晚
地点	合川区高峰村大牛家
人物	大牛：男，村民，常年外出打工 兰兰：女，村民，大牛之妻 大山：男，大牛的同学，文旅委扶贫干部 莽娃：男，大牛的侄子，农民工

【在虫鸣声中灯光起，呈现出一幅乡村夜色图。】

【大牛和莽娃蹑手蹑脚上。】

【突然一声狗叫，把他们二人吓了一跳。】

莽　娃： 幺爸……咱们为啥子鬼鬼祟祟的呢？

大　牛： 嘘，小声点儿，注意隐蔽。

莽　娃： 哦……幺爸，你是不是在哪里当过特务哦？

大　牛： 在贵州……啥子当特务哟？

莽　娃： 那你对这套咋那么熟悉呢？

大　牛： 这不是怕你幺婶发现吗？

莽　娃： 为啥啊？就是幺婶让我来接你的。

大　牛： 我就是想看看你幺婶在忙啥子。她为啥子不来接我？

莽　娃： 幺婶说屋头忙到弄新屋，要招呼帮忙的人，走不开，就让我来接你，还说要给你宣布重要的事情。

大　牛： 啥子重要事情？

莽　娃： 我说了你可不准生气。

大　牛：那要看是啥子事。

莽　娃：那我就不说。

大　牛：（生气地）你敢不说？

莽　娃：你控制不好情绪，我就不说。

大　牛：（强忍着）以我现在的个人修养，基本上不会生气。

莽　娃：好嘛，那我就说了哈，我幺婶她……我还是不说了。

大　牛：你到底给老子说不说？

莽　娃：好好好，我说，你真的不准生气哈。我觉得幺婶可能想找个新幺爸了。

大　牛：啥意思？

莽　娃：我在外打工，偶尔回来，听说这半年多，有个男的经常往你们家跑。

大　牛：是哪个？

莽　娃：就是跟你关系最好的那个同学，现在文化馆那个。

大　牛：郝大山？

莽　娃：村里的人现在都叫他郝书记。

大　牛：他来干啥子？

莽　娃：我也不晓得，反正听说他来到村里，就和幺婶一起把你们那个老院子，整得比原来漂亮多了，幺婶的病也没得了，身体也好多了，我感觉幺婶想换教了。

大　牛：吔，郝大山，你竟然乘虚而入，老子跟你没完。

莽　娃：幺爸，我啥子都没说，你要淡定。

大　牛：（惊）我……我淡定个铲铲啊！走，跟我回去……

【灯亮，兰兰家的客厅简朴却干净整洁。】

【兰兰端盘子上。】

兰　兰：郝书记，你累了半天了，坐下歇一下嘛。

大　山：（拿着扳手上）自来水全部接好了。兰姐，莫喊郝书记，就喊我大山，你知道我跟大牛是同学，关系特别好，当初我家里穷，没少吃你们大牛家的苞谷。

兰　兰：你吃他家的苞谷，那是我们大牛的福气，要不然能有你这个同学帮大忙？

大　山：我也没帮什么忙，这是国家精准扶贫的政策好，要不然很多事可不是我这个同学想办就能办得到的。哎，大牛咋还没到呢？

兰　兰：莽娃开车去接他，估计快了，请喝茶。郝书记，你的衣服都刮破了，脱下来我给你缝几针。

大　山：没事，回去让我老婆缝算了，你看这天都黑了，让人家看见不好。

兰　兰：哟，郝书记，你帮我们整修房子、安自来水，衣服刮破了，我帮你缝几针不应该吗？在我们老百姓心里呀，早就把你这个扶贫干部当成一家人了！

大　山：好嘛，就麻烦你给我缝几针。（解扣子）

【大牛和莽娃冲回家，正看见大山正要脱衣服。】

大　牛：（目瞪口呆地）哎呀，正脱衣服呢？

兰　兰：大牛，你咋才回来啊？

大　牛：（故作淡然）是啊，我回来的不是时候啊？脱，继续脱，就当我是瞎子，啥都没看见。

莽　娃：（急忙解释）我是近视眼，啥都没看清，郝书记，那个扣子没扣好。

大　山：哦……（赶紧扣好）大牛，你可回来了，咱俩一年多没见了，我想死你了。

大　牛：看出来了，你是……想我死啊！

兰　兰：大牛，你说啥，人家大山不是你老同学、老熟人吗？

大　牛：对，门门门，整熟人，人不熟，整不哭！

大　山：（不解地）大牛，你啥子意思哦？

大　牛：啥子意思！有你这样的同学吗？趁我外出打工，你就乘虚而入！早知道这样，当年的苞谷该拿去喂猪！

大　山：（醒悟了）哎哟，大牛，你误会了！

大　牛：我误会了？天黑了，你来了，我没在家，还脱衣服，请你给我一个完美的解释。

兰　兰：大牛，你还有完没完？人家郝书记这是来帮我们的，我是他的帮扶对象。

大　牛：（误会更深）帮扶？对，趁我不在帮我扶一下。

兰　兰：你是回来吵架的？

大　牛：那你的意思是我不该回来哟？

大　山：早就该回来，这是你的家，你看是不是传统风格？

大　牛：莽娃，你看这像是我的家吗？

莽　娃：不好说，家还是那个家，比原来漂亮啦，一个旧幺婶，一个新幺爸！

兰　兰：莽娃，你再乱说，我撕烂你的嘴。

大　牛：那就是杀人灭口。姓郝的，我这样说没错吧？这哪里是我的家，这明明是你们的新房！

大　山：哎呀，老同学你真误会了，兰姐说，你今天从外地回来，叫我跟你一起吃个饭，说好久没见了。

大　牛：（伤感地）好久不见，甚是想念，你们去忙，我客随主便。

莽　娃：幺爸，我看你们家不方便，有点儿乱，我出去转一转。

兰　兰：（严厉地）站住，莽娃，正好你也在，免得说不清。大牛！这房子就是你的老同学带人帮我们整修好的。把我们这个农家大院整修还原得古香古色的，还办起了农家乐，到了周末节假日啊……

莽　娃：来耍的人多得很。停车场都不够用了。

兰　兰：他们来帮助我们，你居然狗咬吕洞宾——不识好人心。

大　牛：刚才看到那么温馨的场面，老婆，我……

兰　兰：你还知道我是你老婆？

大　山：大牛，你娶了兰姐这么能干的老婆，你有福气呀。

大　牛：福气？憋气！

兰　兰：你说啥？

大　牛：我说他带人帮我们整修房子就没得企图吗？

大　山：当然有企图。

大牛、莽娃、兰兰：啊？

大　山：国家号召精准扶贫，小康路上一个都不能少。组织上安排我到你们高峰村来，就是要带领你们脱贫致富。

兰　兰：大牛，郝书记到了我们村，倡导乡村文化振兴，他利用农家书屋教我们学科学用科学，让我们科学种花椒，养蜜蜂，养土鸡，搞生态产业，教会了大家利用网络打通市场渠道，把我们这里的绿水青山变成金山银山，帮我们拔掉几辈子的穷根。

莽　娃：现在我们这里是莺歌燕舞，安逸惨了。

大　牛：真的？

大　山：这是党和政府的决策好。我们发现你们村，自然资源丰富，适合生态养殖，因为缺少科学的方法，致富梦一直无法实现。

莽　娃：对头，幺婶是这么说的。

大　山：我和大家商量，决定进行生态种植、养殖，对外销售我们的系列土特产，没想到一下子来了好多订单。

莽　娃：对头，我家也养了几百只土鸡，都是郝书记帮我们的。

兰　兰：（怒）大牛！你今天回来不依不饶，想精想怪的，看来要复习一下我们屋头的家教了，跍到！

大　牛：（求饶）老婆，你看这儿有外人……

莽　娃：幺爸，我跟郝书记都不是外人，你蹲你的，没事儿。

大　牛：（生气地）莽娃，你给老子……

兰　兰：（严厉地）回来！

大　牛：（讨好地）嘿嘿，回来了。（蹲下去）

兰　兰：你晓不晓得我们为啥子穷？

大　牛：（起、蹲）是我运气不好。

兰　兰：错！是我们的脑壳不开窍，眼光短浅。郝书记帮我们联系市场，申请注册商标品牌，现在我们的土特产是供不应求啊。

莽　娃：对头，幺爸，我现在不想给别人开车，我想回来搞生态养殖，搞乡村特色旅游了。

兰　兰：人家郝书记帮了恁么多忙，今天你回来，请郝书记一起吃个饭……如果不是老同学，别人还不来！

大　山：对，不是老同学这层关系，这顿饭我是不敢吃的。

大　牛：老婆……（起）

兰　兰：你呀！

大　牛：莽娃说你要跟我宣布重要的事，是啥子事？

兰　兰：（缓缓地）让你回来搞管理。

大牛、莽娃：搞管理？

大　牛：管理啥子？

大　山：大牛，管理生态养殖场。只有上规模才能出更大的效益，要想扩大规模，得找到能干的人手，这个能手非你莫属。

大　牛：我算啥能手？

兰　兰：你有两门技术噻。

大　牛：我有啥技术？

莽　娃：打麻将，斗地主。

众　人：啥？

莽　娃：啊，懂养殖，懂管理。

大　山：所以你来管理这个养殖场最合适。

莽　娃：哦，是让我幺爸回来搞管理，我还以为……

兰　兰：你以为啥子？

莽　娃：打脱离！

【众人大笑。】

【传来了鸡叫声。】

【定格，收光。】

最后一个馒头

编剧 / 徐　赤　胡中华

时间	20 世纪 80 年代，四月的一个傍晚
地点	天山深处
人物	班长：男，解放军工程兵某部 2 营 1 连 1 排某班班长 小陈：男，解放军工程兵某部 2 营 1 连 1 排某班战士

【音效起：刺骨的风声，狂吼的风声。】

【海拔 3000 多米的雪地，班长和小陈在山包正面，爬向背后，伸着手在拉人。】

小　陈： 副班长！副班长！

班　长： 老罗，抓紧我，千万别松手！

小　陈： 副班长，你使劲儿啊！

班　长： 小陈，快抱住我呀！

小　陈： （哭着）副班长……副班长……

班　长： （对小陈大吼）别哭！（对下面的副班长）别松手，别松手！老罗，老罗你别松手……

小　陈： 副班长！

【二人无力地滑下山包。】

小　陈： 副班长……就这样没了？

班　长： 副班长连最后一个馒头……都没吃上一口。要是我昨天把这个馒头分了就好了。（自言自语）四个人，一人一口，老兵和副班长也可以少一点儿遗憾了。

小　陈： 班长，你说过，这最后一个馒头不能分，只能一个人吃。

班　长： 人都没了，留着馒头还有什么用。（叹气）和副班长告别吧！

【二人摘下帽子，音乐起。】

班　长：老伙计，你总是在喝酒的时候，说我不爷们。是啊，每次都没有好好陪你。老罗，你走好，等我们完成了这次任务，我一定来陪你喝个痛快。

小　陈：副班长，如果将来我活着，我就回来给你守陵……

【二人戴上军帽，相互搀扶着坐下。】

班　长：刚才你说，将来要是还活着，你要回来给副班长守陵，这话是真的？

小　陈：你不相信我？

班　长：相信、相信！要是这次我也没能走出去……

小　陈：不！要活一起活，要死一起死。

班　长：胡说八道。死了，咋完成任务？

小　陈：任务？短短的 40 公里，咱们居然走了……哦，不是，咱们是爬了三天三夜，要吃没吃，要喝没喝，像个无头苍蝇，还咋完成任务？

班　长：怎么，这点儿困难就把你吓倒了？

小　陈：这点儿困难？老兵昨天失踪，副班长刚刚遇难，还这点儿困难，你说得轻巧。海拔 3000 多米，这么大的暴风雪，我们完全失去了方向。

班　长：小陈，咱走吧。

小　陈：走？！往哪儿走？往悬崖下面走吗？

班　长：你什么意思？

小　陈：你说呢？

班　长：噢，你小子在怪我？

小　陈：（大声地）不怪你怪谁！

班　长：（悲伤）是，怪我……你去给营长报告啊……（哽咽着）老兵掉队了，怪我，副班长掉下悬崖，也怪我……这三天三夜的暴风雪——都怪我！

小　陈：（抱怨，大声）你不知道那是悬崖吗？

班　长：你知道吗？你知道吗？（大声地）你知道吗？

小　陈：谁让你……是班长！你是怎么带兵的？才三天，（大声地）你就带丢了两个！

班　长：哟呵，你还来劲了是不是？（逐渐大声）你以为……你以为老兵失踪，我……我就不难过，你以为……老罗牺牲，我就不难过！难道我就没有感情吗！

【二人渐渐冷静下来。】

小　陈：这……这也不能都怪你，也得怪……怪咱们营长。出发前，他，他说：你们四个没问题，40 公里的路，上午出发，晚上就到。馒头都不让多带。

【小陈站起来走，班长跟着走。】

班　长：营长也是好意，让咱们轻装前进，好把咱们营被大雪围困的消息迅速告诉指挥部。

小　陈：该死的鬼天气。刮断了电话线，害得我们和团部失去了联系。

班　长：这可是天山，别忘了“五月天山雪，无花只有寒”。我当兵五年了，这也是头一次碰上。

【小陈摔了一跤。】

班　长：小陈！（扶小陈）你还行吗？

小　陈：班长，没，没事。

班　长：要不，（从书包里拿出半个馒头）你把这馒头吃了吧？

小　陈：不……我不吃。

班　长：吃了馒头，你才有力气，这样，咱就可以早点儿找到指挥部。

小　陈：你咋不吃？

班　长：我……你比我年轻。

小　陈：正因为我年轻，扛得住，才应该你吃。

班　长：我不吃。

小　陈：你为啥就不能吃呢！

班　长：我是班长！

小　陈：班长又怎么样！

班　长：我是共产党员！（沉默）小陈，听话儿。

小　陈：班长，要不……我们分着吃吧？

班　长：你傻啊！半个馒头能顶用吗！

小　陈：……那也比一口不吃强吧。

班　长：好！那咱都不吃。

班　长：（用胳膊肘碰小陈）小陈，唱个歌吧。

小　陈：我？你知道，我五音不全。

班　长：哎呀，我让你唱。

小　陈：“革命军人个个要牢记，三大纪律八项注意……”。

班　长：停停停，搞这么严肃干吗。来个抒情的。

小　陈：（想了一下）“起来，饥寒交迫的奴隶……”

班　长：（大笑）哈哈哈……这叫什么抒情？

小　陈：（不语）

班　长：“花儿为什么这样红，为什么这样……”

小　陈：班长，你咋能唱这个？

班　长：不行吗？

小　陈：这里面有姑娘。

班　长：有姑娘咋啦。

小　陈：想姑娘，容易犯错误。

班　长：（拍打小陈）你小子，没正经。唉，小陈，在东北老家，说上媳妇了吧。

小　陈：（不好意思地）有一个。

班　长：每个月，还有一封信吧？

小　陈：有一封。

班　长：咋认识的？

小　陈：村里的。

班　长：姑娘怎么样？

小　陈：挺好看。

班　长：姑娘叫个啥名字？

小　陈：孙亚范。

班　长：（拍打小陈）嘿——你小子，尽给我整三字经。

小　陈：人家的名字就是三个字嘛。班长，别尽说我呀。你呢？你的媳妇呢？

班　长：我……我喜欢过一个女同学……

小　陈：女同学？那你们……你们是自由恋爱喽？

班　长：自由恋爱？我们是同学嘛……

小　陈：她……她漂亮吗？

班　长：那还用说。

小　陈：那……那她知道你在这儿修公路吗？

班　长：知道……当然知道。她很为我高兴。

小　陈：高兴？

班　长：为什么不高兴。咱们能在荒无人烟的崇山峻岭、雪山峡谷中，修筑500多公里的公路，这是一件多么了不起的事情啊。

小　陈：班长，这些道理我懂，可是……

班　长：可是什么？我告诉你，为了这条路……

【音效：暴风雪骤起。】

【二人做顶风状。】

小　陈：班长！班长！

班　长：抓紧我！

【二人正要滑落，班长猛然推开小陈，自己滚滑到一个坡下，重重地撞到冰上。】

班　长：（大叫一声）哎哟！（腿受伤，捂住膝盖）

小　陈：班长……

班　长：别过来。

小　陈：你怎么啦？班长。

班　长：我……我的腿……

小　陈：我来拉你。

班　长：这里没有路，别过来！

小　陈：班长，你拉住棍子。

班　长：（取包）你先把挎包拉过去。（挂包）

小　陈：好，好。（又把棍子伸过去）班长。

班　长：不，你先走吧，我歇会儿就来追你。

小　陈：班长，你啥意思啊？

班　长：别忙活了……我可能……可能是走不出去了……

小　陈：（快哭了）班长，你要有信心。咱们再试一试嘛。

班　长：眼看就快天黑了，你还是先走吧。

小　陈：那我扶着你走。

班　长：（大声地）你还不明白吗，我的腿断了！

小　陈：你在说什么呀？（慢慢反应过来）不要紧，不要紧，我背着你走，我们一定能走出去，一定能走出去！（欲去救班长）

班　长：（大吼道）别傻了！你背着我走，咱俩谁都走不出去，都会死在这儿！

小　陈：（无可奈何）班长……

【音效：猛烈的风声。】

班　长：小陈，小陈。

小　陈：唉，班长，我在。

班　长：小陈，馒头在包里，你吃了，就有希望走出去。

小　陈：我不吃！

班　长：我已经没有希望走出去了，你能走出去，这个馒头就是希望。

小　陈：昨天，大伙儿就让你吃下馒头，先走出去，你咋不吃？

班　长：我是共产党员，如果一个共产党员不能牺牲自己，甚至连一个馒头都放不下，那么……他，他最终就会放下任务、放下目标、放下信念。

小　陈：我懂，我懂！

班　长：小陈，为了修通这条路，咱们已经有180多个战友长眠在这天山脚下了！我不想让你成为下一个！

小　陈：班长……

班　长：小陈，好好活着，老家的姑娘还在等着你呢。

小　陈：那你还有女同学等着你呢。

班　长：呵呵，小陈，我骗你的，和你开开玩笑。我还从来没有拉过姑娘的手……

小　陈：班长，咱们走出去了，我就给你介绍，我们村的姑娘可好了……

班　长：说话算数？

小　陈：算数，算数。

班　长：好。我还想请——你给我帮个忙。

小　陈：你说……

班　长：我父亲上个月因哮喘过世了，可我在这修路，没能见他老人家最后一面，为他送终……我母亲有严重的风湿病，行动不便。今后你一定要找个机会，去我老家，替我看望一下我一直放心不下的母亲，再给我父亲的坟上添一把土，告诉他老人家，他的儿子是好样的，没有给咱家丢脸！

小　陈：我会的，我会的！

班　长：这就是我唯一的牵挂……

小　陈：（*泣不成声*）班长！

班　长：你走吧。找到部队，完成任务。

【小陈转身走几步，转过身来，看了班长最后一眼。】

【班长向小陈敬礼，小陈回礼。】

【歌曲《怀念战友》副歌部分骤起。】

啊，亲爱的战友
我再不能看到你雄伟的身影
和蔼的脸庞
啊，亲爱的战友……

【剧终】

以茶代酒

编剧 / 胡中华　周佩忻

时间	夏天某日下午
地点	合川区高峰村村口公共厕所门口
人物	赵铁柱：合川区高峰村村民 书　记：合川区高峰村第一书记 刘富贵：合川区高峰村外出务工村民 王教授：农科院红薯培育专家
LED背景	村口一棵大榕树、绿油油的农作物、漂亮的现代化厕所
实景	舞台中央摆着 1 张石桌、2 个石凳、1 壶茶水、3 个杯子

【幕启，赵铁柱坐在村口听着歌曲《卡路里》。】

【书记上。】

书　记：铁柱。

赵铁柱：书记，啥子事？

书　记：我要去镇上开个电视电话会议，一会儿，农科院的王教授要来村里查看红苕生长情况，你就在这村口招呼一下。

赵铁柱：书记，王教授是专家，我笨嘴笨舌的，怕招呼不好。

书　记：嘿，这片红苕不是你家的吗？你就热情地给人家介绍一下，给别个倒杯茶，显示咱村的热情噻。

赵铁柱：书记，我有点儿紧张，我先上个厕所。

书　记：回来！不提醒，我还差点儿忘了，这个厕所，很关键哈。前年，王教授来过我们村，就因为上了个厕所，哦豁……

赵铁柱： 啥子，他掉厕所里啦？

书　记： 哎呀。当时，咱村的厕所又脏又臭，王教授那人又很爱干净，哪晓得一不小心就踩到……哎呀，不说了！

赵铁柱： 现在好了。这些年，通过农村改厕，实施厕所革命，我们村一改过去的脏乱差，完全变成了一个大花园。

书　记： 所以，你盯到点啊，莫让人把厕所弄脏了。

赵铁柱： 这个你放心，我一定把厕所看好！

书　记： 好！盯住啊。（下）

刘富贵： 赵铁柱（提着包上），铁柱！（拍赵的肩，吓他）

赵铁柱： 哎呀，你硬是"非洲老头跳高"嗦！

刘富贵： 啥子意思？

赵铁柱： "黑老子一跳"！（打量刘）嘿，刘富贵，你不是在外面打工吗？啷个回来了呢？

刘富贵： （广普）这个，书记给我打电话，让我回来为家乡贡献点儿绵薄之力！

赵铁柱： 你在外面才打了几天工哟，家乡话都说不来了呀？（拍对方的肩）说人话！

刘富贵： 书记喊我莫在外面灯儿晃了，我就回来了噻。

赵铁柱： 对了嘛！

刘富贵： 铁柱，书记说现在种红苕也能赚大钱，是真的吗？

赵铁柱： 那当然，咱村自古就是有名的"苕儿国"，高山沙地红苕，又糯又甜。尤其是这两年，书记联系农科院的专家教授帮我们改良了品种，我们的紫皮红苕，在城头的超市，一苕难求！

刘富贵： 哎呀，过去猪儿都不吃的红苕，现在城里人居然抢起吃……这片红苕种得好好哦，不晓得要找好多钱，这家的祖坟怕是要冒青烟了哦，这是哪家的？

赵铁柱： 我家的。

刘富贵： 恭喜你！

赵铁柱： （有些不乐意）恭喜啥子？祖坟都让你整冒烟了。

刘富贵： 我是夸你！铁柱，有钱了，就是不一样。你看，这套豪华房子，和你的气质好配哦。

赵铁柱： 对头，我的气质，就是住厕所的！

刘富贵： 啥？！这是厕所啊？厕所都修得恁个好啊？对不起……这也不能怪我，你没事在厕所门口晃啥子嘛？

赵铁柱： 我一边种红苕，一边照厕所噻。

刘富贵： 恁个说来，你还是赵所长哦。

赵铁柱： 所长？

刘富贵： 厕所，所长！

赵铁柱： 爬哦，哎，富贵，书记说过会儿有个王教授要来村里考察，让我既要保证厕所整洁，又要接待好王教授，我该啷个办呢？

刘富贵： （胸有成竹地，广普）赵所长，我给你出两个点子呀。

赵铁柱： 又来了，说人话！

刘富贵： （四川话）第一，从现在起，哪个都不准上厕所；第二，一定要让王教授去上厕所！

赵铁柱： 他要是不上啷个办呢？

刘富贵： （广普）这不是有茶水吗，你以茶代酒使劲劝他喝呀！

赵铁柱： 那他不喝啷个办呀？

刘富贵： （广普）那就估到他喝，嘿起喊他喝，莽起灌他喝！喝完，他不就想上厕所了嘛，还能显出我们农村人的热情。

赵铁柱： 好办法！哟，富贵，你娃硬是王八跳舞——成精了！

刘富贵： （广普）一般一般，全国第三！

赵铁柱： 那，我们来排练一下，现在，你就是王教授。

刘富贵： （广普）哎呀，我怎么可能是王教授啦！？咳咳，请叫我刘经理！

赵铁柱： （广普）对对对，你是刘总！刘总经理，来干一杯；刘老板，再来一杯；刘董事长，来，干了这第三杯，（四川话）想上厕所不？

刘富贵： 不想啊。

赵铁柱： 那你这招也不管用。

刘富贵： 再给他下点儿猛料噻，你不是爱唱歌吗，唱歌欢迎他，专门唱那个带水的歌，听完，就想上厕所那种。

赵铁柱： 好办法。（唱）泉水叮咚，泉水叮咚，泉水叮咚响……

刘富贵： 有点儿意思了。

赵铁柱： （唱）泉水叮咚，泉水叮咚，流向远方……

刘富贵： 要流了，我先上个厕所。

赵铁柱： 不行！

刘富贵： 为啥不行？

赵铁柱： 第一，除了王教授，谁也不能上厕所。

刘富贵：老子硬是挖个坑坑自己跳哦。

赵铁柱：你忍一下，估计王教授马上要来了。

刘富贵：好，那我就忍一哈哈儿。

赵铁柱：哎，你看那个像不像王教授？

刘富贵：好像是，快去问下，记住，要热情。

赵铁柱：（广普）你好，请问你是不是姓王？

王教授：（欣赏着乡村美景）是的，我姓王。

赵铁柱：那你是不是住在隔壁呀？

王教授：住隔壁？

刘富贵：（打断赵）隔壁老王吗？

赵铁柱：哦哦，王教授，请上厕所！

王教授：啥？

刘富贵：王教授，他是问你要不要先上个厕所。

王教授：不用，你们是？

赵铁柱：王教授，我是村民赵铁柱，书记喊我们在村口热情接待你，请坐！

王教授：谢谢你们。

赵铁柱：王教授，我们村有个规矩，凡是贵客进村要以茶代酒，（看刘，刘手势比三）先干三十杯……

王教授：啊？

刘富贵：不是不是，三杯。

赵铁柱：王教授，第一杯我敬你，我干了，你凭良心喝！

王教授：凭良心……（尴尬地笑）那我就干了嘛！（刚想坐下）

刘富贵：王教授，我也敬你一杯，我随意，你干了！

王教授：（继续尴尬笑）啊？行嘛！那我也干了嘛。（想坐）

赵铁柱：王教授，为了表示我们的热情，我们再一起敬你一杯，祝你三阳开泰、四季平安！

刘富贵：福如东海，寿比南山！

三人合：干！

王教授：那我们都干了嘛！（继续尬笑）哎呀，你们太热情了。（赵、刘跟在王身后盯住他）你们做啥子？

赵铁柱、刘富贵：呵呵呵，想上厕所了不？

王教授：不想。（赵偷瞄刘）

刘富贵：唱！（口型、手势）

赵铁柱：啊？

刘富贵：唱啊！（大声说）

赵铁柱：（唱）泉水叮咚，泉水叮咚，泉水叮咚响。泉水叮咚，泉水叮咚，流向远方。

王教授：（对刘说）他啥意思？

刘富贵：哦，我们村还有个规矩，贵客进村，歌声欢迎！嘿嘿嘿嘿嘿……

王教授：哦，那还有啥子歌？

赵铁柱：（唱）三月里的小雨……下个不停……

刘富贵：莫下了，我遭不住了！

赵铁柱：书记下了任务的，再坚持一哈！

刘富贵：（憋住）唱嘛！

赵铁柱：（唱）大河向东流呀……

刘富贵：啷个不唱了呀？

赵铁柱：我也遭不住了！

刘富贵：为了书记的任务，唱！

赵铁柱：（唱）你有我有全都有呀…… 王教授，这哈想上厕所了不？

王教授：嗯，有点儿感觉了，厕所在哪里呀？

赵铁柱、刘富贵：（激动，击掌）太好了！

书　记：（热情地）王教授啊，可把您盼来了，（对赵、刘二人说）你们两个啷个不请王教授进村呀？

刘富贵：（刘、赵二人站起来）我们以茶代酒，陪王教授喝了几杯。

书　记：以茶代酒？好啊，王教授，我也敬你一杯。

王教授：不喝了，不喝了！喝不下了。

书　记：哎呀，肯定是我一个人诚意不够，那我们三个一起再敬你一杯！

赵、刘、王：啊？不喝了！喝不下了！

书　记：哦，那就算了嘛！王教授，你的科学技术能让大家都富起来，村里的老百姓都盼着你的，对不对，铁柱？

赵铁柱：对，王教授，我们天天给你烧香。

王教授：啊？

书　记：瞎说啥！

赵铁柱：书记，我是说，王教授是我们家的大恩人，他永远活在我们心中。

王教授、书记：啊？

赵铁柱：哎呀，你看我不会说话，我的意思就是你就是我的亲人，要是你有个三长两短……

书　记：好好，你别说了。

王教授：哈哈哈，书记，咱们村村民的热情和朴实让我感动，他想说的话我都懂，就是想让大家的日子过得更好，能让大家都富起来！这也是我的心愿呀！

书　记：好，那我们去村里看看！

合：不行！

书　记：啥子呀？

合：（对望）先上厕所——

【定格，收光。】

三江茶庄

编剧 / 徐　赤　胡中华　何　谐

时间	1978 年、1998 年、2018 年
地点	三江茶庄
人物	何金秀：女，“三江茶庄”老板 何　母：女，何金秀母亲 王金川：男，何金秀丈夫 王运兴：男，何金秀儿子

【灯光起。】

【1978 年某日，茶庄内何金秀在擦洗“三江茶庄”的招牌。】

【柜台上收录机正在播放当时的流行歌曲。】

【何母上。】

何　母：幺妹，幺妹！你把那个邓丽君关了嘛。

何金秀：妈？

何　母：唉，别个介绍的公社张书记那个儿，你考虑得怎么样了？

何金秀：妈，我的事儿不要你管。

何　母：我不管？你一天只晓得往那个山西刀削面馆里面钻。

何金秀：妈——

何　母：你是不是看上面馆老板儿了？还故意给我说喜欢吃灰面，你是不是在给老子打预防针？

何金秀：你……你扯到哪里去了。

何　母：还有，说了二十年的四川话，现在跟到山西人（川普）说起普通话了，还说这叫进步，叫文明。

何金秀： 本来国家就在推广普通话。

何　母： 你少绕。我听不懂，给我改转来！

何金秀： 你……你……

何　母： 改转来！

何金秀： （以下方言）你——好横呀！

何　母： 我还有更横的，我决定把茶庄租给隔壁刘大叔开旅馆。

何金秀： 你敢！

何　母： 我是你妈，我有啥子不敢的？

何金秀： 妈，恁个大的事，你啷个不跟我商量啊。

何　母： 我不是在跟你商量吗？你嫁给张书记的儿，当个随军家属，跟到军官走大城市，子子孙孙也不是山旮旯的人了。

何金秀： 哦哟，你硬是算得精也。既有了一个军官女婿，又可以天天收房租。

何　母： 哪里嘛，你老汉儿要是还在的话，看到你这么辛苦，还不是要骂我，妈也是想让你早点儿享福，少走弯路。

何金秀： 我自食其力，啷个叫走弯路？让我一天到晚待在屋头吃闲饭，不是我的性格。

何　母： 嘿，你还有性格。

何金秀： 妈，我想把这个茶庄搞成全县第一，你看我们这个地势好好嘛，又在闹市区，又靠近河边。大家下了班可以到这里喝点儿茶，看哈儿书，摆哈儿龙门阵，也算是为社会做了贡献。更重要的是，“三江茶庄”是爷爷的爷爷传下来的，我从小在这儿长大，不能保住祖宗留下来的好东西，就是最大的不孝，我就是要把茶庄传下去。

何　母： 传？要你传？老话说，子承父业，子承父业！未必你要在这里守一辈子吗？

何金秀： 守一辈子不好吗？

何　母： 好，好个铲铲。你不想嫁人，我还想抱外孙吔。

何金秀： 守到这里还不是可以有外孙。

何　母： 你……你……我不要吃灰面的外孙！

何金秀： 我就没看到过你恁个这么不讲理的妈！

何　母： 我就没看到过你恁个不听话的女儿！

何金秀： 妈，你莫说了，我是铁了心的，我就是要在“三江茶庄”守一辈子！

何　母： 把牌牌拿给我！

何金秀： 不可能！

何　母：拿给我！

何金秀：不！

何　母：好，你行势，你今天不答应，我就不走！

何金秀：你……（改回普通话）你不走，我走！（下）

何　母：你敢走！你、你、你……你这个背时妹崽，硬是要把我气死哟……

【收录机里传出邓丽君的歌："记着我的情，记着我的爱，记着有我天天在等待，我在等着你归来，千万不要把我来忘怀。"】

【何母关闭收录机。】

何金秀：等，等，等，等个铲铲。

【灯光转暗，定点光照在招牌上。】

【1998 年某日，柜台上收录机正在播放歌曲《相约 98》。】

【中年王金川端一碗刀削面上。】

王金川：（山西话）金秀，金秀，面煮好了——（放下碗，摸耳朵）

【王金川发现何金秀不在，关小收录机的声音，然后擦"三江茶庄"的牌子。】

王金川：1998，一定要发。看看那些炒股的，跑运输的，承包工地的，哪个赚的不是腰包鼓鼓的。只有运兴他妈，还守着这个老茶庄，都二十年了，还是个小本生意。

【何金秀上。】

何金秀：运兴他爸。

王金川：快趁热吃吧（送过去）。我跟你商量个事儿。

何金秀：什么事儿？

王金川：我的一个同学在广东承包了一个建筑工地，我打算也入一股。只是……

何金秀：只是什么？

王金川：只是怕你不同意。

何金秀：你要去你去，我不去。

王金川：我去可以，但需要（略吞吐）投入二十万……

何金秀：二十万？我没有这么多钱。

王金川：我知道，我知道，要不……把茶庄卖了？

何金秀：卖茶庄？

王金川：对，卖了。

何金秀：然后呢？

王金川：然后，咱俩就毫无牵挂地到南方去挣钱。

何金秀： 运兴呢？

王金川： 运兴就交给他外婆。

何金秀： 再然后呢？

王金川： 再然后……再然后运兴考上大学，我们也挣了很多钱……

何金秀： 衣锦还乡？

王金川： 对对对，光宗耀祖。

何金秀： （拍桌子）王金川，亏你想得出来！要发财，你自己去，卖茶庄，绝对不行！

王金川： 我就不知道这个老茶庄有啥好，每天来店里的人除了那几个老头儿就没人了。再这么下去，连儿子的学费都交不起了。

何金秀： 你不要说了，败家子。（转身走）

王金川： 你……你怎么油盐不进？！

何金秀： 你……你怎么见钱眼开？！

王金川： 你早晚要后悔的！

何金秀： 王金川，二十年前，我妈也劝我放弃茶庄，我今天再次告诉你：不能保住祖宗留下来的好东西，就是最大的不孝，我就是要在“三江茶庄”守一辈子！

王金川： 你别跟我说什么孝心不孝心的？现在都什么年代了，还守着这堆古董！

何金秀： 老古董？没有老古董就没有我！

王金川： 你……唉……

何金秀： 我不要和你说！（下）

王金川： 真是不可理喻。破茶庄，你守，我让你守……（欲摔牌）我看你还能守多久！广东，哼，你不去，我去！

【王金川把“三江茶庄”的招牌放回老地方，下。】

【灯光转暗，定点光照在招牌上。】

【2018 年某日，手机正在播放歌曲《时间都去哪儿了》。】

【中年王运兴急匆匆地上。】

王运兴： 喂，王主任……不不不，您太客气了，不用送，不用送，我妈早就想通了，她搬到市里和我住，我也该尽尽孝心了。哦，您忙。

【老年何金秀上。】

何金秀： 运兴啊，谁的电话？

王运兴： 街道王主任，他一会儿带着干部和拆迁办的人来送您。

何金秀： 可别叫他们来，看见他们，我心里就堵得慌。

王运兴：妈，瞧您说的。您坐。

何金秀：孩子，你知道，咱家的茶庄有多少年了吗？

王运兴：清朝末年，从太爷爷的爷爷开始……

何金秀：是啊，整整120年啦。

王运兴：老字号了，咱县上除了那座三江塔，就属您的三江茶庄是古迹了。

何金秀：我从小就坐在这儿看着河岸，潮起潮落，60多年啦，我守在这儿一步也没有离开。我喜欢这些木地板，我喜欢这些茶桌站在这儿天天看着我，当年你外婆要把它租出去，后来你爸爸要把它卖掉，要不是我，这个地方早就不知道变成什么样了。

王运兴：妈，您坚持得对啊。

何金秀：（苦笑）这些年，有多少人要租、要买、要拆，我是见一个撵一个，见两个撵一双。你知道吗，这是你外公……传给我的……（想哭）

王运兴：妈，政府给了您不少安置费。

何金秀：这不是钱的问题，（哽咽）这不是钱的问题。（擦眼泪）

王运兴：妈。（递餐巾纸）我知道……

何金秀：在这里，我送走了我的爷爷奶奶，送走了我的爸爸妈妈，还送走了你爸爸……今天，它又要把我送走呀……

王运兴：妈，您别这样说，它呀是看着您去城里享福。

何金秀：它没有给我送终，我却给它送终了！

王运兴：不……不是，建设滨江大道，提升人民幸福感，这是新的发展思路啊。

何金秀：我懂，我懂。可是这心里……

王运兴：妈，别伤心，城里也有城里的好处，咱母子住在一起，我就可以给您做刀削面了。

何金秀：好……年轻的时候啊，你爸爸老是让我吃刀削面，每次都使劲给我放醋，我都成了醋坛子了。

王运兴：妈，你真会说笑。

何金秀：后来，只要看见他和哪个姑娘说话，我就不高兴。（笑）

王运兴：爸爸他……

何金秀：他说多吃醋，身体健康，可以长命百岁。（长叹息）哎！可他自己却……

【街上传来鞭炮声。】

王运兴：（走到窗前往下看）妈，他们来了。咱们走吧。

何金秀：等等。（指招牌）来，运兴，跟着妈妈给你爸磕头，给祖宗们再磕一次！

【二人跪下。】

何金秀： 三江茶庄的祖宗们，不孝子孙何金秀、王运兴再也不能为你们尽孝了！

【磕头。】

王运兴： 妈！咱走吧。（去搀扶何金秀）

何金秀： （突然想起）来，运兴，咱们再和茶庄合个影吧。

王运兴： 好的。

【何金秀拿起招牌，二人自拍。】

何金秀： （拿招牌）运兴，把这个带上，到了城里，咱还是要把它挂起来。

王运兴： 对，挂起来，挂起来……

【剧终】

钓　鱼

编剧 / 胡中华

剧情介绍： 钓鱼爱好者吴老幺，因河流严重污染，近年很难钓到鱼。在他沮丧失落之际，老婆主动安排他到自己班上学生家长的养鱼池垂钓。谁知，一场因钓鱼而生的“误会”，弄得他很是尴尬，在得知自己老婆与鱼老板的交易之后，感到茫然。

时间	2011 年
地点	愿者上钩养鱼池
人物	吴老幺，男，50 多岁，垂钓爱好者，某单位普通工作人员
道具	“欢迎垂钓，按斤算钱”标志牌一块、渔具、小凳等

【幕启：早上吴在家整理渔具，准备出发。】

吴老幺：（唱）老婆老婆我爱你，就像鱼儿爱酒米……哎哟……哎哟……老婆，轻点儿，轻点儿嘛，要是揪脱了，二天没得揪的了哟！这耳朵不是你的嘛，我这个人是你的噻？你说得对，说起钓鱼，我硬是脚趾拇尖尖都有力哟！想当年，为了钓到你这条美人鱼，我硬是想了不少的方，费了不少的力。啥？你稀里糊涂就上了我这个钓鱼猫的钩儿？哈……还不是怪你要好吃鱼，不然，我啷个把你钓得到嗦？老婆，这也就叫愿者上钩嘛。

【背上渔具等物。】

咹，恁个早，又不是去赶嫁呀？太阳都晒屁股了，还早？我跟你说，我们单位那个贾科长钓鱼才走得早！上回，他为了多钓几条鱼，天不亮他就赶拢堰塘坎，做好了准备把鱼竿一甩，坐起等到天亮，嘿嘿，天亮了一看，鱼竿甩到麦田里头，堰塘在他身背后，方向都甩反了，哈哈哈……

你肚子都笑痛啊？嘿！钓鱼的笑话呀，多得很。好了，老婆，我走了。

【背上渔具出门。】

【绕场边走边唱。】
老婆老婆我爱你，就像鱼儿爱洒米……老婆老婆我爱你，就像鱼儿爱洒米……
吔！说到说到就拢了哒，看来我老婆没有说假话，出城四五里路就到了。
【到处找鱼老板。】
鱼老板，鱼老板……呃，没得人呢？
【来到标志前念。】
“欢迎垂钓，按斤算钱”，嘿嘿，“愿者上钩养鱼池”，有意思！
【选好地方，摆开钓鱼阵势。】
管他的哟，他都在钓，反正是拿钱钓鱼，先把瘾儿过了再说。
【拿出鱼竿，坐在小板凳上。】
朋友，好不好钓哟？告了就晓得呀？
从来没到养鱼塘钓过鱼。咹？今天唧个来鱼塘钓啊？你晓得噻，现在环境破坏严重，水质污染太凶，大小鱼虾都吓得来往泥巴头拱。今天，我老婆为了满足我钓鱼的爱好，专门叫我到这家养鱼塘，拿钱把鱼钓！
嘿，吃起了，吃起了，起来哟……
【边取鱼边说。】
你要好吃我的钓食儿嗦，我就要钓你的命。
【坐下来又等。】
吔！你钓起恁个多鱼了，好早来的哟？天刚亮就拢了呀……？嘿！我的又吃起了。起来耍。
【取鱼，鱼友说走了。】
你走了啊？你恁个多鱼唧个拿得走哎？哦，有车来接你？好，我还想过下瘾才走。这拿钱钓鱼的感觉啊——爽！嘿！又吃起了……起来耍哟！
【发现钓的鱼差不多了。】
出门老婆有交代，鱼钓多了她一会儿吃不完，过了瘾就收，不然浪费钱。
【发现鱼老板来了，被吓一跳。】
妈哟，你从哪点儿拱出来的哟？硬是非洲老二跳高——吓人一跳哟！哦，你就是鱼老板哪，来，拿秤来称鱼。
【老板上下打量着吴。】
你，你看我做啥子？
【拉鱼老板看鱼。】

你称鱼啥。
不称秤？拿三百块钱算了。
【大声吼叫起来。】
啥子哟？拿三百块钱，还……还……还算了呀？咃，你这是啥子鱼哟？好多钱一斤咯？这几斤鱼在市场上最多管十几块钱嘛？
【更是惊讶疑惑。】
你不管哪个多，你鱼塘本来就叫“愿者上钩”？主要是收取娱乐费？还怪我自己不问清楚就开始钓？
【越是生气了。】
我不钓了，鱼，我也不要了，放回池塘。
钓上来的鱼放回去要遭死呀？不管怎么说，你这点儿鱼也管不到三百块钱噻？这个就叫周瑜打黄盖——一个愿打，一个愿挨呀！我说你简直是鬼顶哥搞麻雀——不干估到干嗦？哎！刚才那个人起码钓了几十斤鱼，你收的好多钱嘛？我是哪点儿来的呀？这就怪了，未必钓你的鱼还要分户口所在地呀？咹？是不是县里来的干部？县里的干部可以不收钱？我不是。是不是乡里来的干部？乡里的干部可以记账？我也不是。我到底是哪一个人？我，我不是人！不……我就是一个平头老百姓！
【气愤之下，收竿准备走，鱼老板上前拖住鱼竿。】
啥子，啥子，你要做啥子？我跟你说哈，鱼竿拖烂了，你赔不起哟！我这根鱼竿是平时买菜背到我老婆抠的角角钱，存了好几年才买的哟！啥？今天不拿三百块就走不落？哎！我硬是秀才遇到兵，有理说不清哟！
【稍停。】
好好好，三百就三百，拿给你，老子全当是遭吃白粉的抢了哪个想。
【摸出三百元。】
给你，拿去吃药！哪个乱说，我是说这鱼钓得好洒脱，三大三百块哟！欢迎下次再来呀？像你这样敲棒棒，老子以后屙尿都不朝这一方。
【手机铃声响起。】
喂！老婆呀？鱼倒是钓到了，可是我又遭鱼老板钓到了都嘛。啥子事？三斤多鱼估到收了我三百块钱！啥？那就还多钓一会儿？看哪个把哪个钓到？哪个贵的鱼，还敢钓个铲铲哟！鱼老板在哪里呀？他拿起钱走了。喂！喂！话都没说完就把电话挂了。

【吴边收拾渔具边说。】

糟了，糟了，老婆一冒火，回去耳朵要遭揪脱！我钓了几十年的鱼，今天遭鱼把我钓惨了哟。

【发现鱼老板回来了。】

鱼老板，你又来做啥子？未必钱都拿了还不准走啊？误会了，我两个没得误会，惹不起躲得起，我走了。

【转身欲走。】

转来？你要跟我说清楚？

【老板硬要将三百元钱塞进吴的荷包。】

呃呃呃，你把钱放到我荷包做啥子？你不能要这个钱？怕我到物价局去告你嗦？咹，余老师是不是我老婆？

【很生气。】

她不是我老婆，未必是你的老婆呀？哦！你是我老婆班上的学生家长？你还要麻烦我，记到提醒我老婆，答应的星期一早上把你那条宝贝“鱼儿”的座位调一下？

【吴气得原地打转。】

这……这就是你和我老婆的交易嗦？

【吴感到茫然。】

哎，这究竟是哪个在钓哪个哟？！

【收光，定型。】

送鸡蛋

编剧／胡中华 易 希

人物｜辛有术，男，约50岁，刚脱贫致富的农民。以下简称“辛”。

舞台布置： 舞台中心一张农村常见的四方桌，桌子的两边各置一把木质靠背椅。桌子上放一大篮子鸡蛋，一把茶壶，一个茶杯。舞台背景LED屏幕上显现出合川三江汇聚、钓鱼城和农村秋收时的美丽景象。

【在歌声“我们的家乡，在希望的田野上……”（声音由大到小，然后慢慢消失）中，幕启。】

辛：（打着电话上）喂，喂喂！这个蛋！这个鸭蛋鹅蛋！哦，没说对！这个恐龙蛋！哦，更没对！这个鸡蛋！这下对了！我辛有术一定要亲自送到他们手上！老实说，摸到良心说！没得乡亲们，就没得我辛有术今天的一切呀！

咹，书记，杨书记，你说我送了鸡蛋还脱不到手啊？还要我当众讲个话呀？哎呀，这个，这个讲话，我有点儿肩膀上扛火锅——恼火哟！你是晓得的，我从来都没当着嘿多人讲过话哟！老实说，摸到良心说……

哦，好好好！我准备下嘛，就说心里话嘛。

【关手机。发现右前方王老幺在笑。】

辛： 喂，王老幺！你在那边捂到嘴巴怪头怪脑的笑啥子？（听）唔，唔唔？

对头，你说得对！

以前，我是个贫困户，穷光棍！莫说是玩格打手机，就是我四十多了才结到婆、婆……啥子婆婆哟！才结到婆娘！嘿嘿嘿……算了，算了，我还有正事，不和你说了。

【朝屋里喊。】

辛： 老婆！你在屋头没得？（没人应，进屋）

你们看，我家这个波波蛋儿，又大又亮又新鲜，我老婆好懂事哟，早就给我准备好了一大篮篮儿。

老婆吔！我把这篮篮儿鸡蛋提起走了哦！

【正欲提走，忽听老婆在喊……】

辛：啊？你在屋头呀？忙到在下崽崽啊？哎呀老婆吔！你还真幽默吔，你肚皮都是瘪的，下啥子崽崽嘛！

哦？是兔崽崽下了好多？你在忙到攞窝窝？

哎！我们请的唐幺妹儿和陈二嫂没来嗦？哦，都在忙呀？那好那好！

老婆，你们继续忙，桌子上的鸡蛋我就提起走了哈！

【提起篮子正往屋外走，忽然，觉得有人拉着自己的衣服往后拖。】

辛：（倒退几步）哎哎哎！哪个哪个？莫拌灯儿啰！谨防把我的鸡蛋打烂了！

【忙转身看。】

辛：哎哟喂！原来是我的婆娘大人嗦！（忙把篮子放在桌子上。）

嘿嘿嘿，婆娘大人，刚才你下崽崽辛苦了！哦，不，不！是帮着下兔崽崽辛苦了！

哎呀，没对！是下兔崽崽，算了，算了，越说越绞起了！来来来，你坐到喝口水。（倒茶水递给她。）

辛：哦，你叫我放到桌子上，你自己晓得喝？对嘛，对嘛，（放茶杯）老婆，你刚才下了好多崽崽哟？哦，不！兔崽崽下了好多哟？啊？几十个哇！？哦，今天有三十多只兔子下了崽崽？明天还有四十多只也要下崽崽？（激动）太好了！太好了！

老婆，你确确实实辛苦了！来来来，我给你按哈摩。啥子大白天的莫乱摸哟？

不是乱摸！我是说给你按摩一下，放松一下，慰问你一下。坐好，坐好！

【边按摩边唱。】

辛：（唱）老婆老婆我爱你，就像耗子爱大米。你是我的好老婆，永远活在我心里……

【唱最后一句时，把椅子连人按翻在地上了。】

哎哟喂……（忙爬起来，扶正椅子，又把老婆扶起坐好。）

辛：对不起对不起！你咋个搞起的嘛？才按几伙就遭不住了嗦？就睡到地上去了嗦？

辛：咹？你还要问我唱的啥子？为啥子咒你“永远活在我心里”？

哦，对不起对不起！我是说（唱）永远我都要爱你，把你捧在手心里。愿你有一个好身体，我们天天笑眯眯。

（唱完跪下）老婆在上，请你原谅，从今往后，绝不乱唱！

唼？你原谅我了呀？那好那好，老婆，那我就走了哦。

【欲提鸡蛋篮子，被老婆按住。】

辛：嘿，你把篮子按到干啥子嘛？

老婆，这篮子鸡蛋，说好了是送给我们敬老院的老人家吃的嘛。老实说，摸到良心说！没得他们，就没得我辛有术今天的一切呀！

【背景音乐起，二胡独奏《父老乡亲》。】

辛：我父母走得早。那时，我才十岁，感觉自己啥子都没得了，原本该是快快乐乐的童年，觉得天就垮了！到了晚上，黑黢黢的，我特别害怕！是敬老院的老人们给我吃，给我穿……

12 岁那年冬天，特别冷，我的双脚冻得跟红萝卜一样，是王奶奶每天给我扯草药，熬好给我烫脚，把我的脚捂在她的夹袄里。老实说，摸到良心说！才有我辛有术的今天！

还有一次，我肚子痛得在地上打滚儿，是李大伯冒着大雨，背起我一步一滑地去医院，陪我熬了一个通夜，把他家里仅有的，给他儿媳妇坐月子吃的两个鸡蛋，冲成蛋花，一口一口地喂我……老实说，摸到良心说，才有我辛有术的今天！

特别是这两年，脱贫攻坚工作队的杨书记，教我学会了养殖技术，办起了养鸡场、养兔场，扩大了规模。需要人手，工作队的干部不怕脏，不怕臭，扫的扫鸡粪，喂的喂草草……老实说，摸到良心说！才有了我辛有术，走上脱贫致富的今天！

（音乐停）

辛：唼？老婆，你是说我们的感谢，不能只是挂在嘴巴上，一定要落实在行动上啊？

对头，对头！我马上把这篮子鸡蛋送去敬老院，就是实际行动了噻！

（伸手提蛋，老婆忙按住，不准送。）

哎呀！今天是九九重阳敬老节，前几天都说好了的，你咋个反悔了呢？

唔？你没有反悔？这个蛋是抱鸡崽崽的，不能送？你已经准备好了更多的好鸡蛋，送给他们？！在哪里嘛？

唔？就在那里？（指左边耳幕）

辛：（激动地）我的妈吔，我的仙人板板呐！你要是再不说清楚，我真的要遭你整背气了哇！

【急忙冲进舞台左边耳幕，背出一大背篼鸡蛋出来。】

辛：嘿嘿嘿嘿……谢谢老婆，想得周到！我马上把鸡蛋送到敬老院去！杨书记还叫我讲话嘞！

讲啥子话？嘿嘿，就是讲我们啷个脱贫致富，走上小康路！

好了好了，回来再给你汇报哈！

【歌声起：我们的家乡，在希望的田野上……】

【辛有术兴冲冲地从右边下场，刚到耳幕边急停，跳出角色，走到舞台前向观众敬礼，下场。】

【剧终】

歌曲

我是钓鱼城

梁　芒词

杨　飞曲

1＝C $\frac{4}{4}$

咱村有了新气象

胡中华　莫徽沙 词

杨　飞 曲

1＝E $\frac{4}{4}$

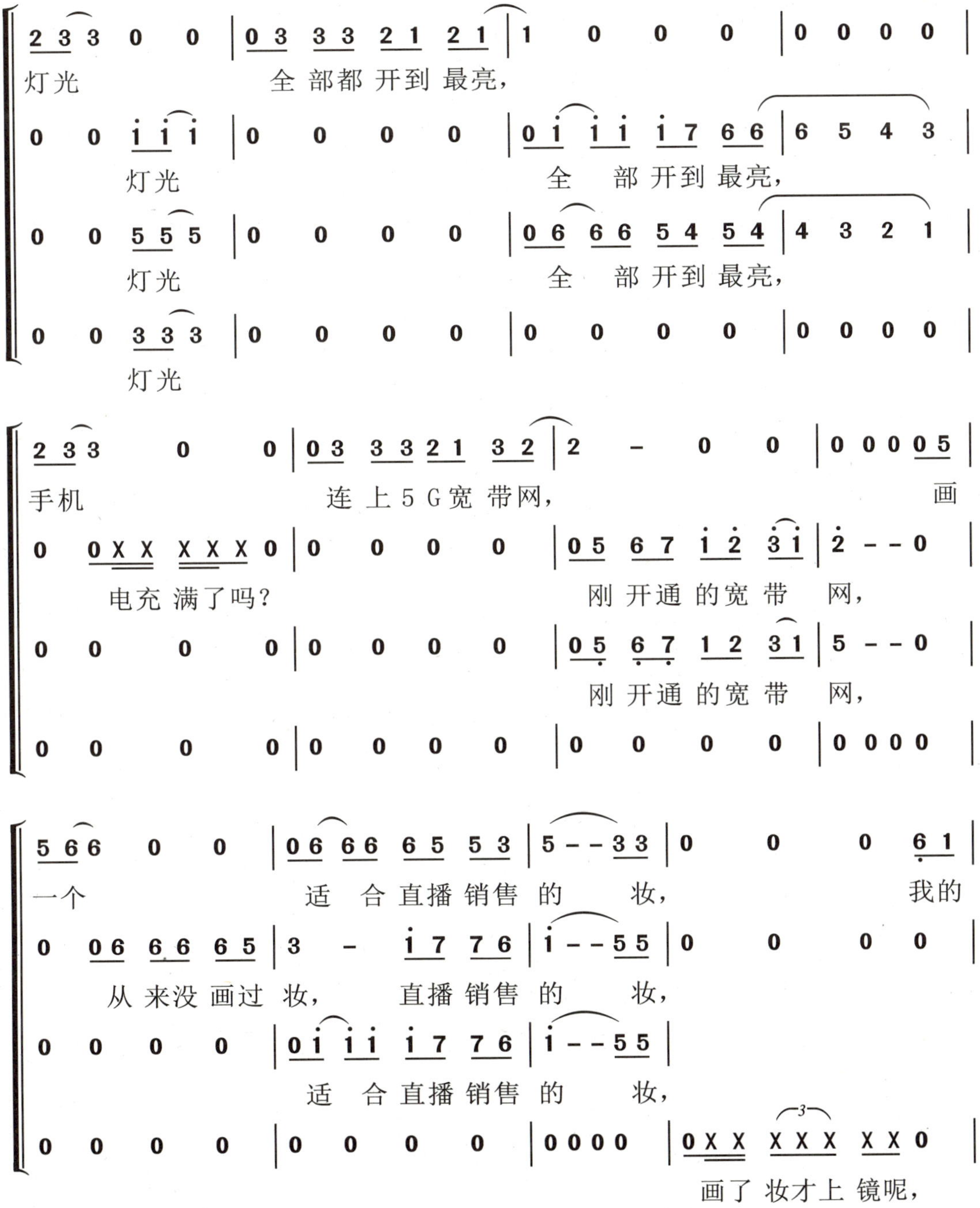

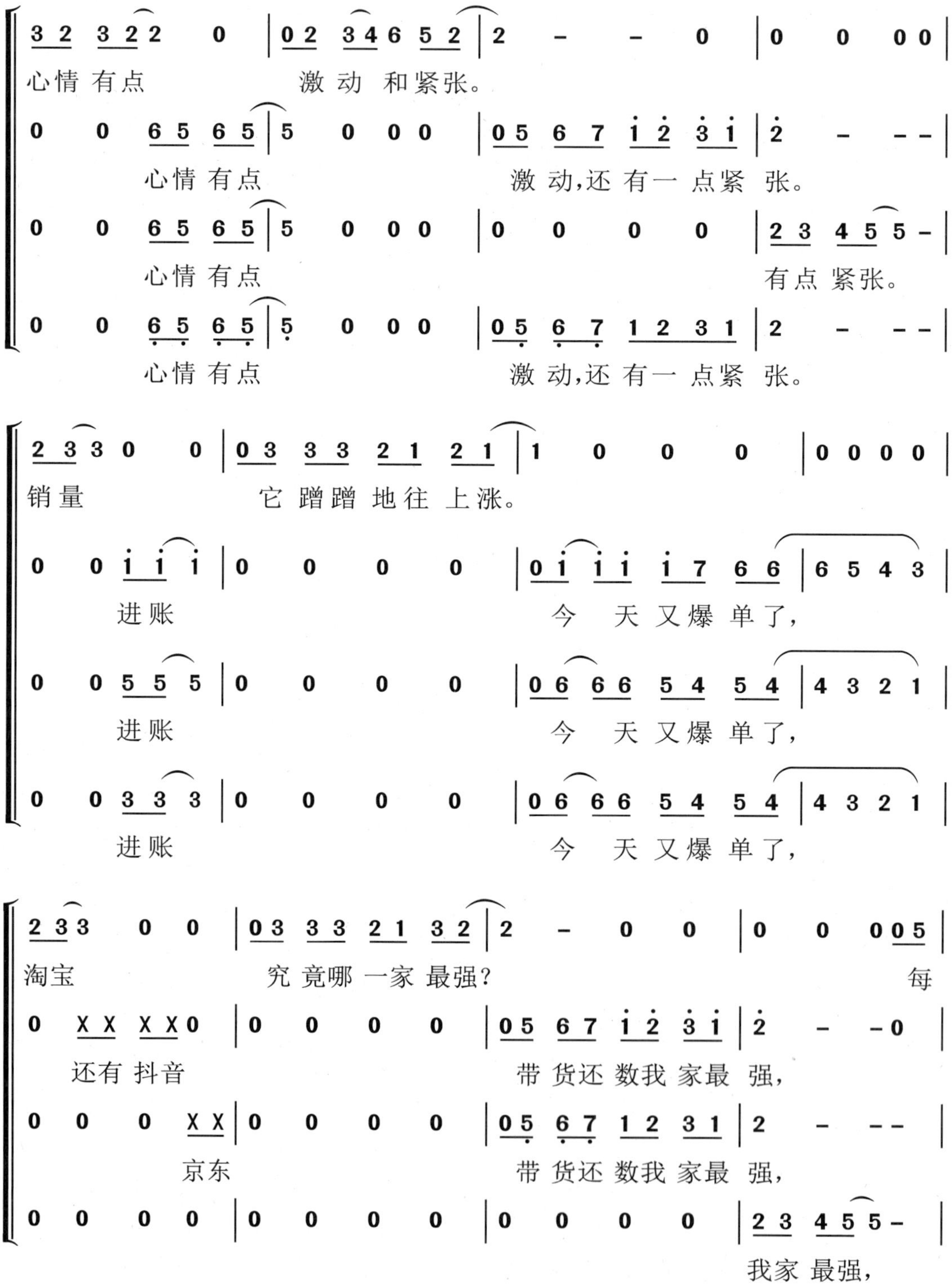
心情 有点 激动 和紧张。
心情 有点 激动,还 有一 点紧 张。
心情 有点 有点 紧张。
心情 有点 激动,还 有一 点紧 张。
销量 它 蹭蹭 地往 上涨。
进账 今 天 又爆 单 了,
进账 今 天 又爆 单 了,
进账 今 天 又爆 单 了,
淘宝 究 竟哪 一家 最强? 每
还有 抖音 带 货还 数我 家最 强,
京东 带 货还 数我 家最 强,
我家 最强,

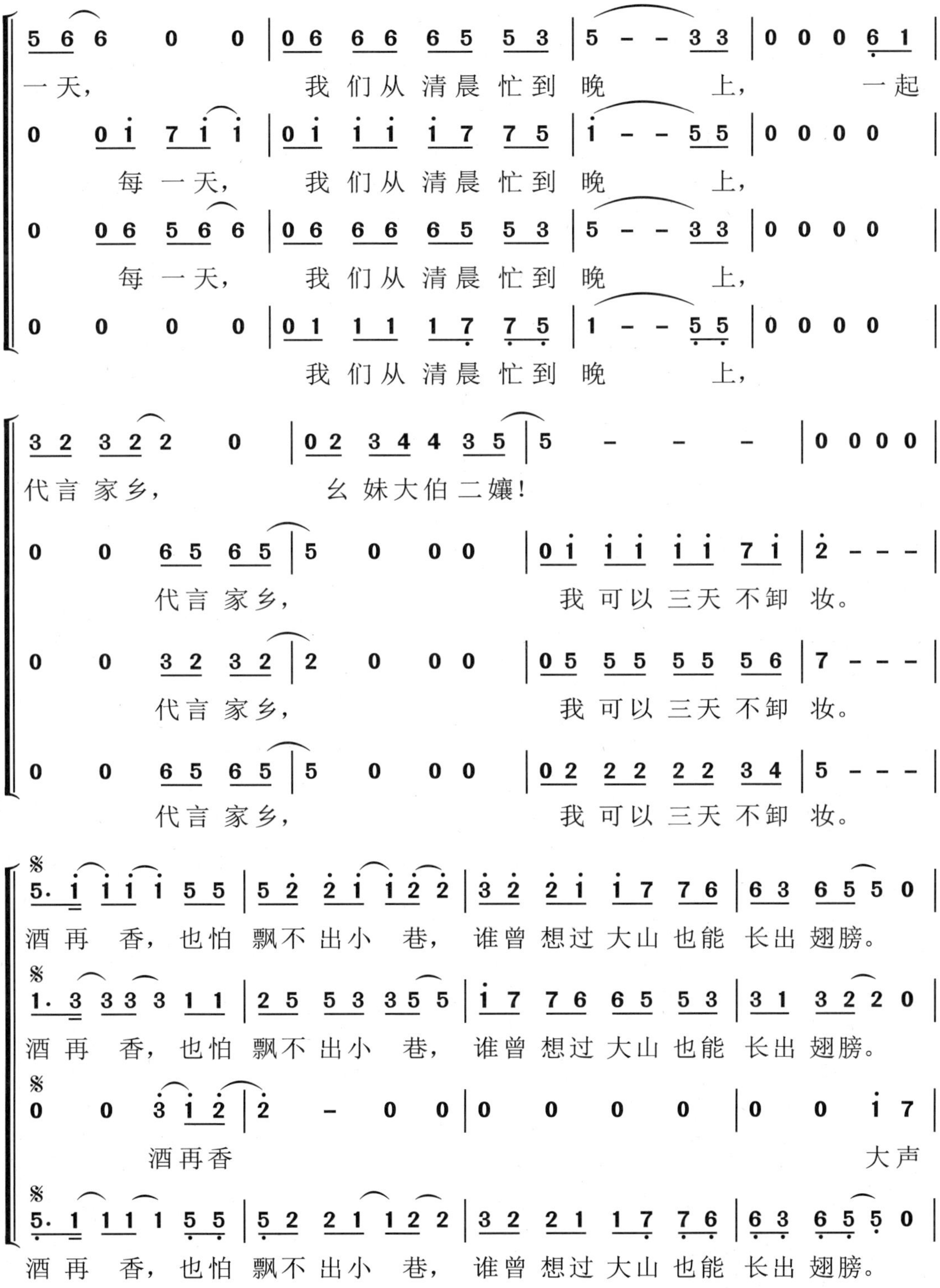
一天，我们从清晨忙到晚上，一起
每一天，我们从清晨忙到晚上，
每一天，我们从清晨忙到晚上，
我们从清晨忙到晚上，
代言家乡，幺妹大伯二孃！
代言家乡，我可以三天不卸妆。
代言家乡，我可以三天不卸妆。
代言家乡，我可以三天不卸妆。
酒再香，也怕飘不出小巷，谁曾想过大山也能长出翅膀。
酒再香，也怕飘不出小巷，谁曾想过大山也能长出翅膀。
酒再香
大声
酒再香，也怕飘不出小巷，谁曾想过大山也能长出翅膀。

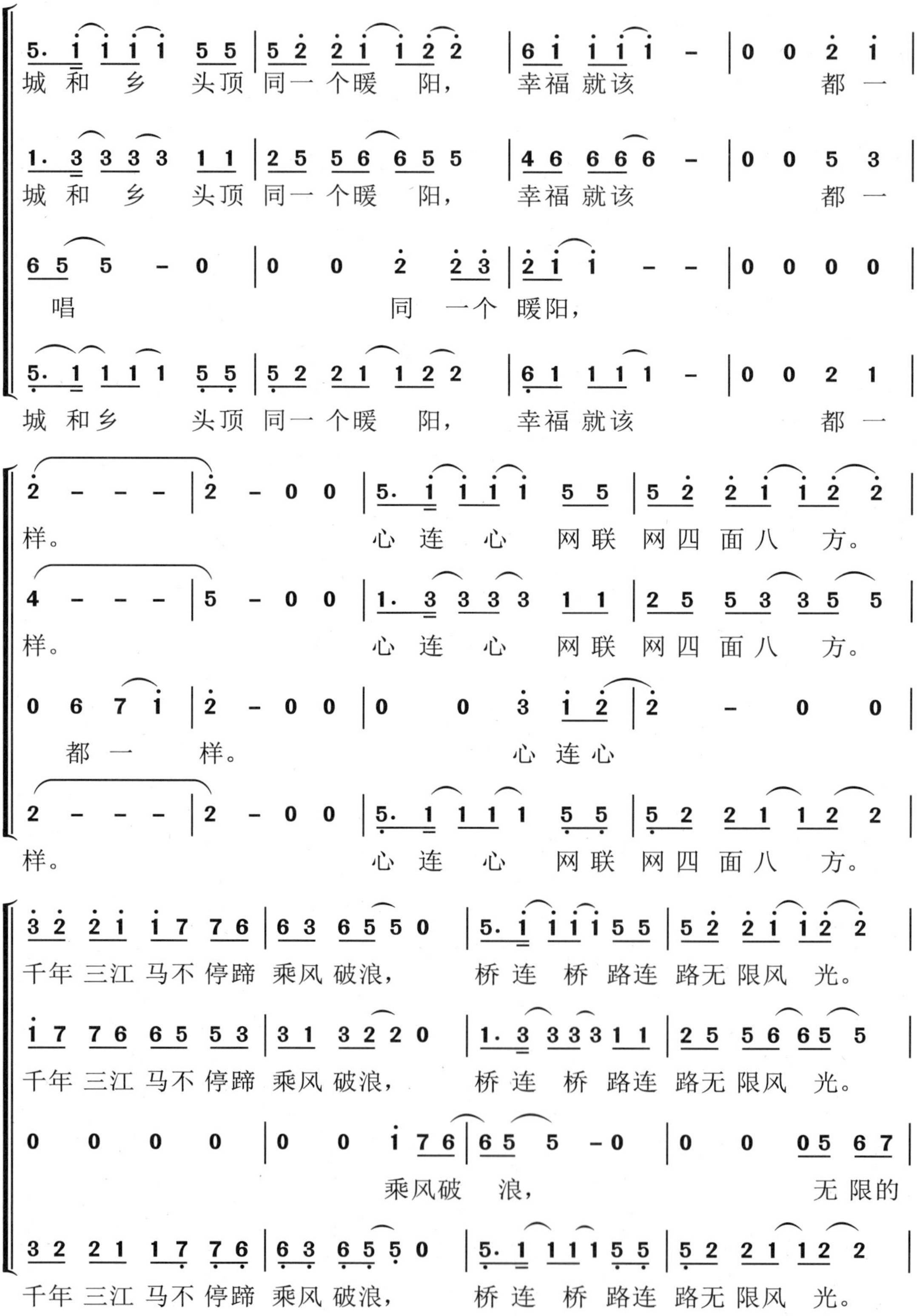
城和乡 头顶同一个暖阳，幸福就该 都一
城和乡 头顶同一个暖阳，幸福就该 都一
唱 同一个暖阳，
城和乡 头顶同一个暖阳，幸福就该 都一
样。心连心 网联网四面八方。
样。心连心 网联网四面八方。
都一样。心连心
样。心连心 网联网四面八方。
千年三江马不停蹄乘风破浪，桥连桥路连路无限风光。
千年三江马不停蹄乘风破浪，桥连桥路连路无限风光。
乘风破浪，无限的
千年三江马不停蹄乘风破浪，桥连桥路连路无限风光。

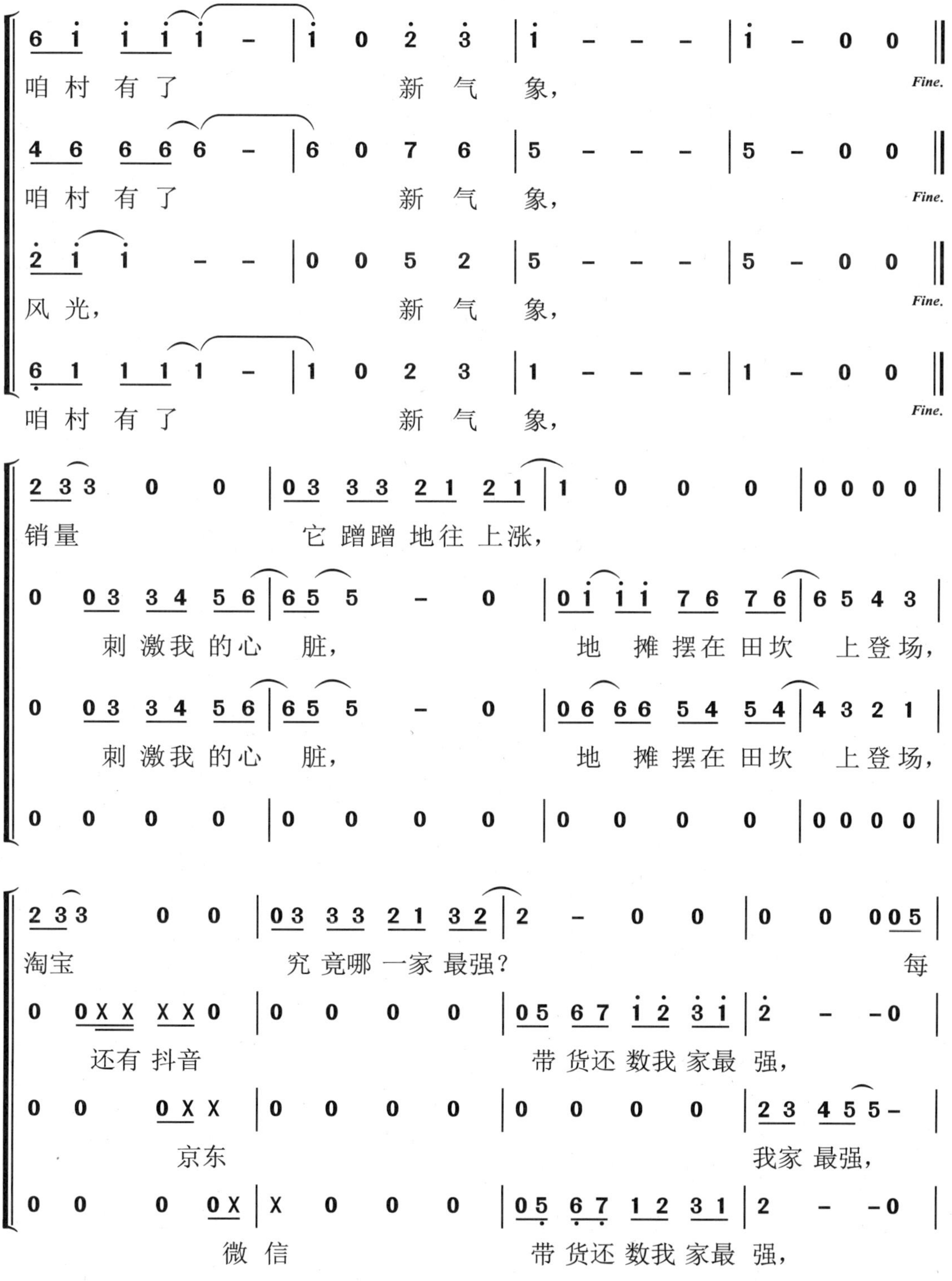
咱村有了 新气象，
Fine.
咱村有了 新气象，
Fine.
风光， 新气象，
Fine.
咱村有了 新气象，
Fine.
销量 它蹭蹭地往上涨，
刺激我的心 脏， 地 摊摆在田坎 上登场，
刺激我的心 脏， 地 摊摆在田坎 上登场，
淘宝 究竟哪一家最强？ 每
还有抖音 带货还数我家最 强，
京东 我家最强，
微 信 带货还数我家最 强，

一天， 我们从清晨忙到晚上， 一起
每一天， 我们从清晨忙到晚上，
每一天 我们从清晨忙到晚上，
我忙我快乐，
代言家乡， 幺妹大伯二孃！
D.S.
代言家乡， 我可以三天不卸妆。
D.S.
代言家乡， 我可以三天不卸妆。
D.S.
我可以三天不卸妆。
D.S.

龙舟号子

（男声独唱、男声伴唱）

1＝^{b}A $\frac{2}{4}$ ♩＝144

铿锵 · 奔放 · 充满激情

张 勇 词
关惠明 曲

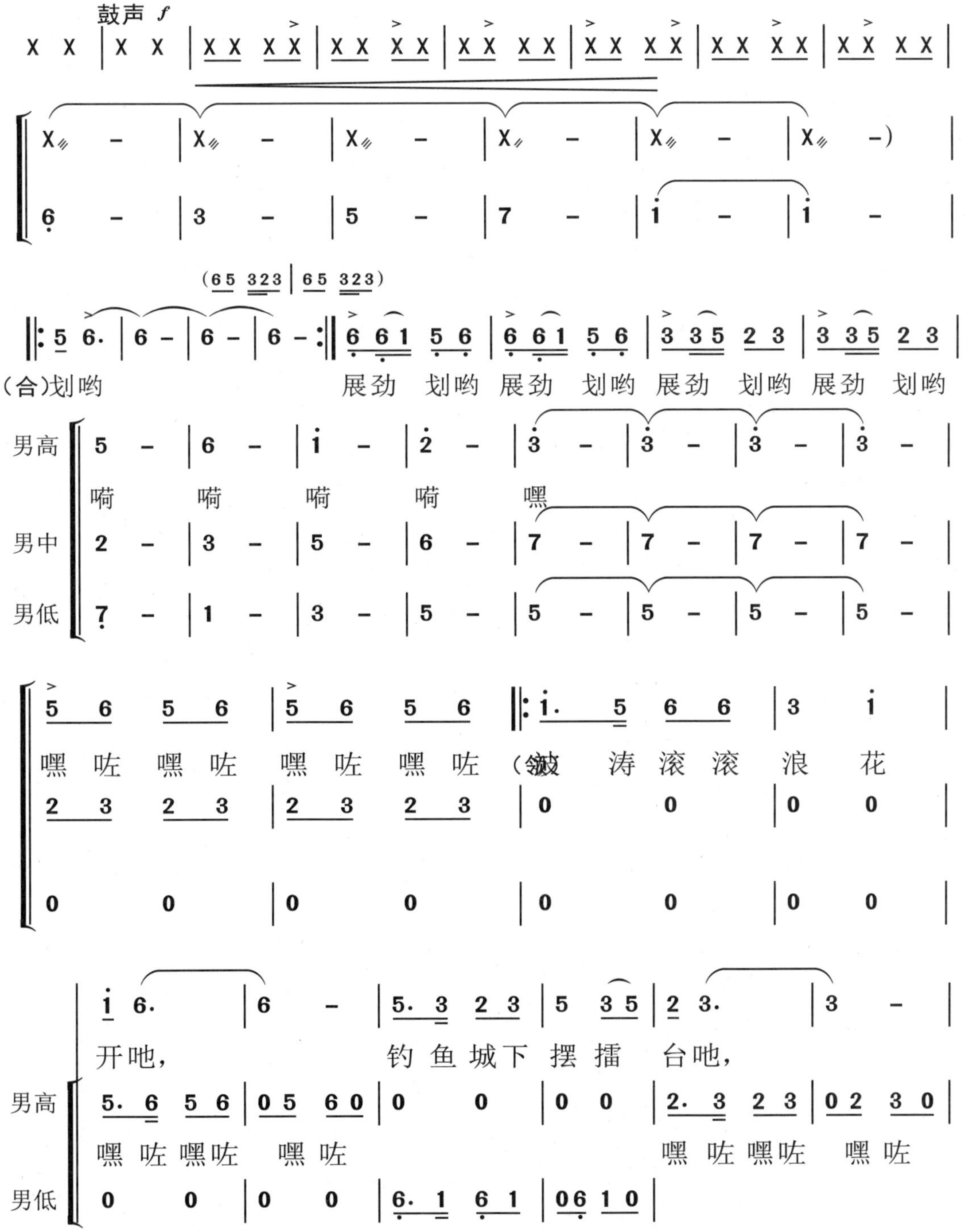

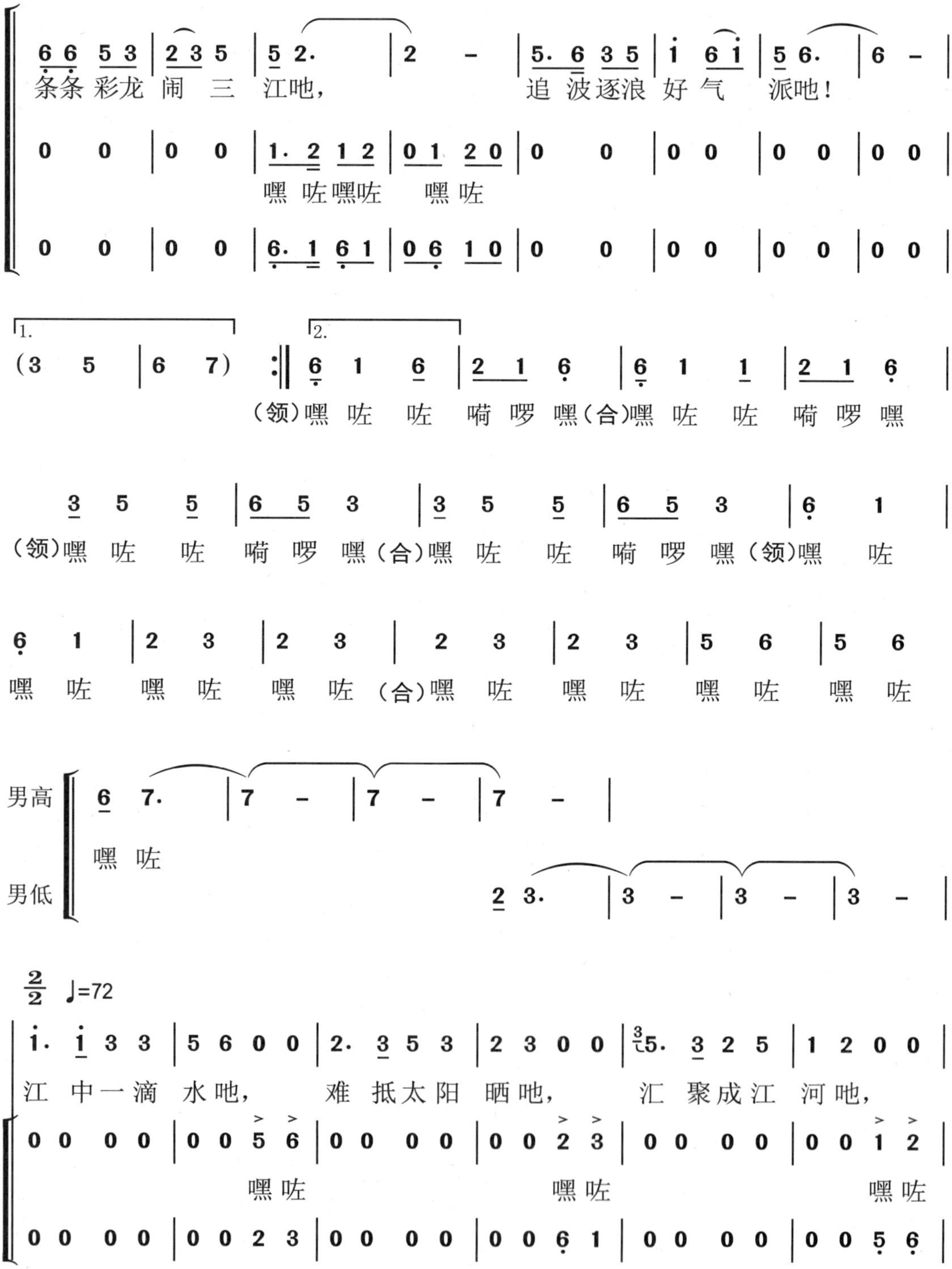
条条彩龙闹三江吔，追波逐浪好气派吔！
嘿咗嘿咗嘿咗
1.
2.
（领）嘿咗咗嗬啰嘿（合）嘿咗咗嗬啰嘿
（领）嘿咗咗嗬啰嘿（合）嘿咗咗嗬啰嘿（领）嘿咗
嘿咗嘿咗嘿咗（合）嘿咗嘿咗嘿咗嘿咗
男高
嘿咗
男低
2/2 ♩=72
江中一滴水吔，难抵太阳晒吔，汇聚成江河吔，
嘿咗
嘿咗
嘿咗

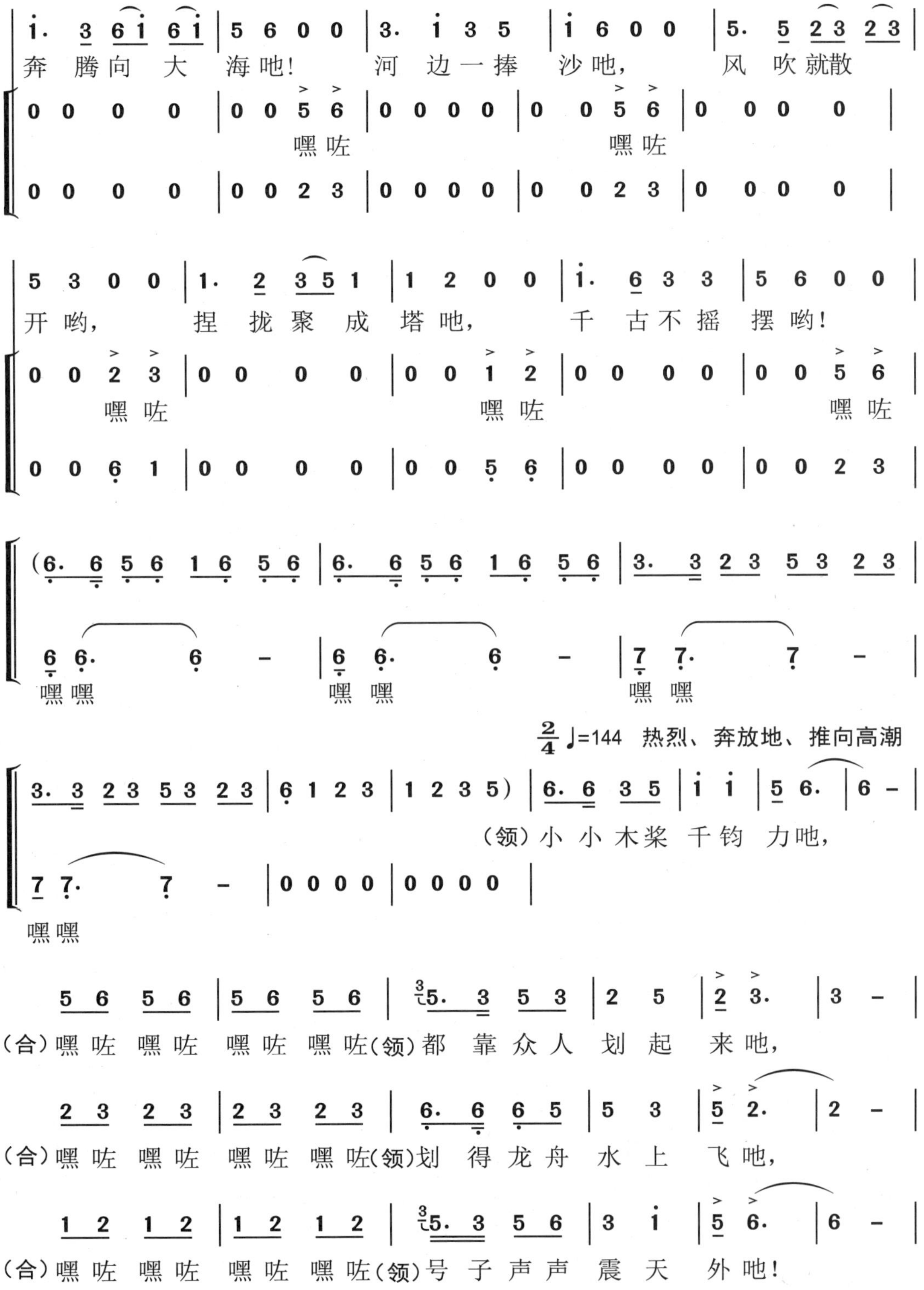
奔腾向大海吆!河边一捧沙吆,风吹就散
嘿咗 嘿咗
开哟,捏拢聚成塔吆,千古不摇摆哟!
嘿咗 嘿咗 嘿咗
嘿嘿 嘿嘿 嘿嘿
2/4 ♩=144 热烈、奔放地、推向高潮
(领)小小木桨千钧力吆,
嘿嘿
(合)嘿咗嘿咗嘿咗嘿咗(领)都靠众人划起来吆,
(合)嘿咗嘿咗嘿咗嘿咗(领)划得龙舟水上飞吆,
(合)嘿咗嘿咗嘿咗嘿咗(领)号子声声震天外吆!

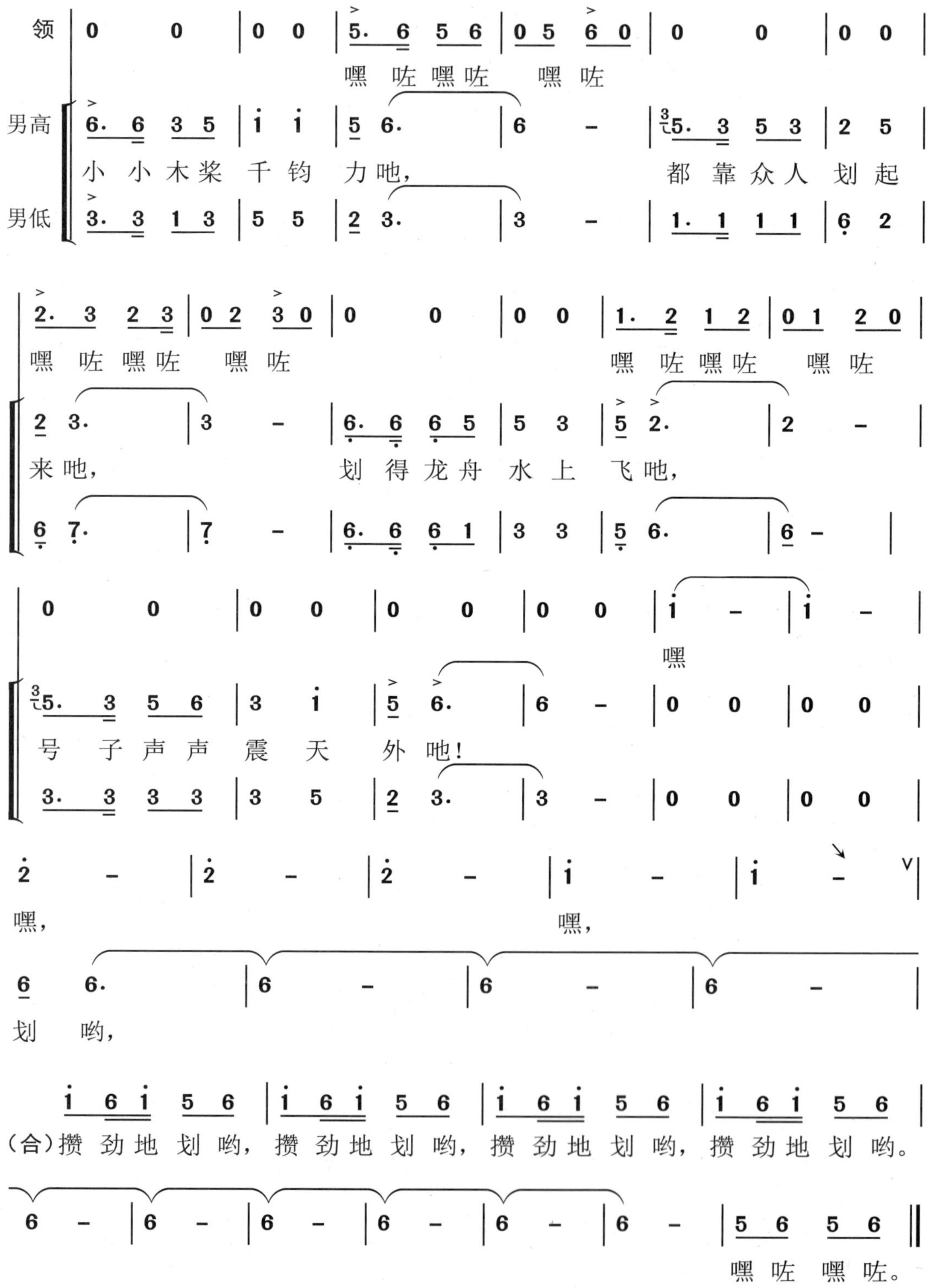
领
男高
男低
嘿 咗嘿咗 嘿 咗
小 小 木 桨 千 钧 力 吔，
都 靠 众 人 划 起
嘿 咗 嘿 咗 嘿 咗
来 吔，
划 得 龙 舟 水 上 飞 吔，
嘿 咗 嘿 咗 嘿 咗
嘿
号 子 声 声 震 天 外 吔！
嘿，
嘿，
划 哟，
(合)攒 劲 地 划 哟，攒 劲 地 划 哟，攒 劲 地 划 哟，攒 劲 地 划 哟。
嘿 咗 嘿 咗。

大田薅秧爱唱歌

（混声合唱）

1=C $\frac{2}{4}$

♩=60 山歌风 较自由

顾德维 词曲

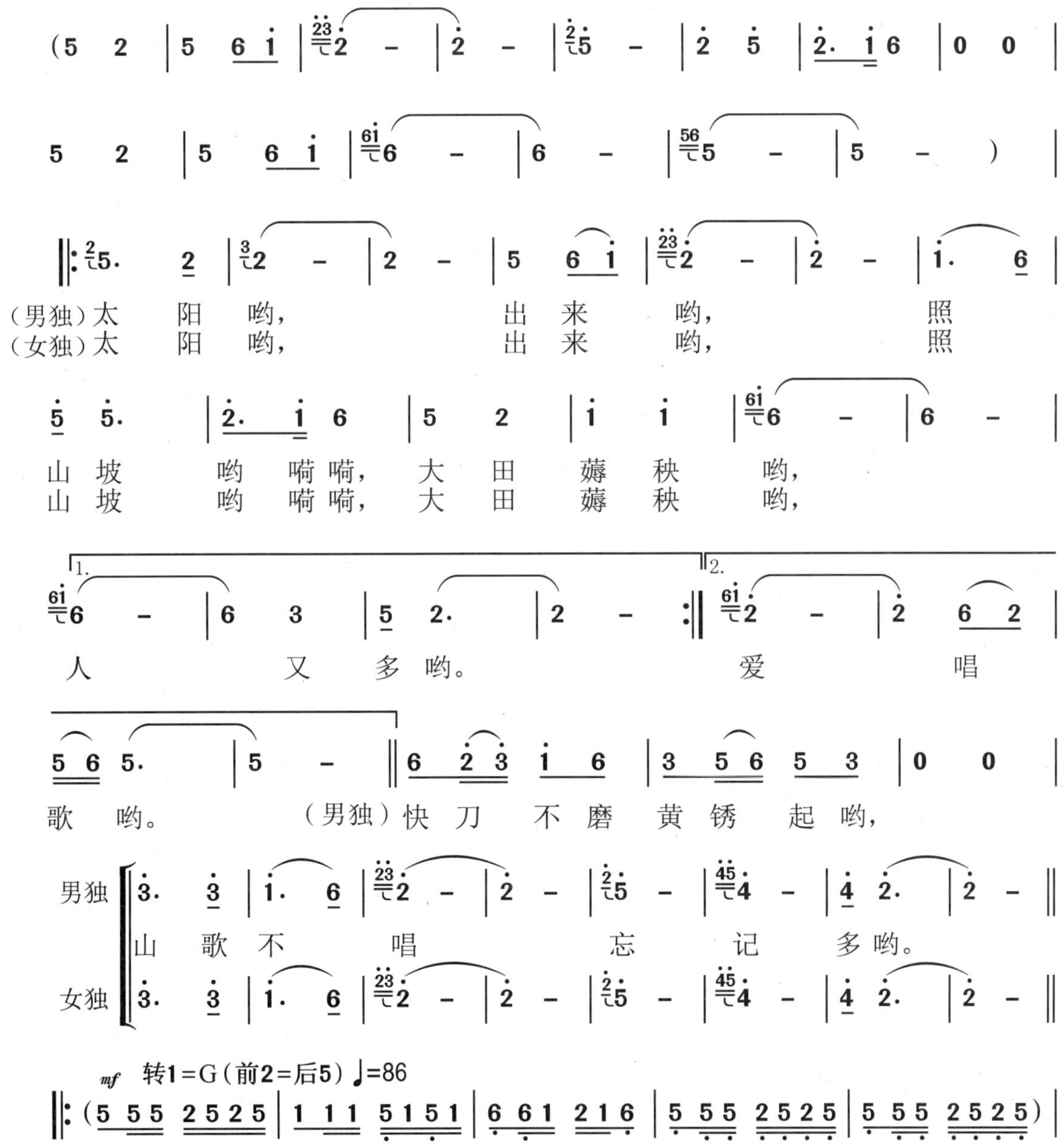

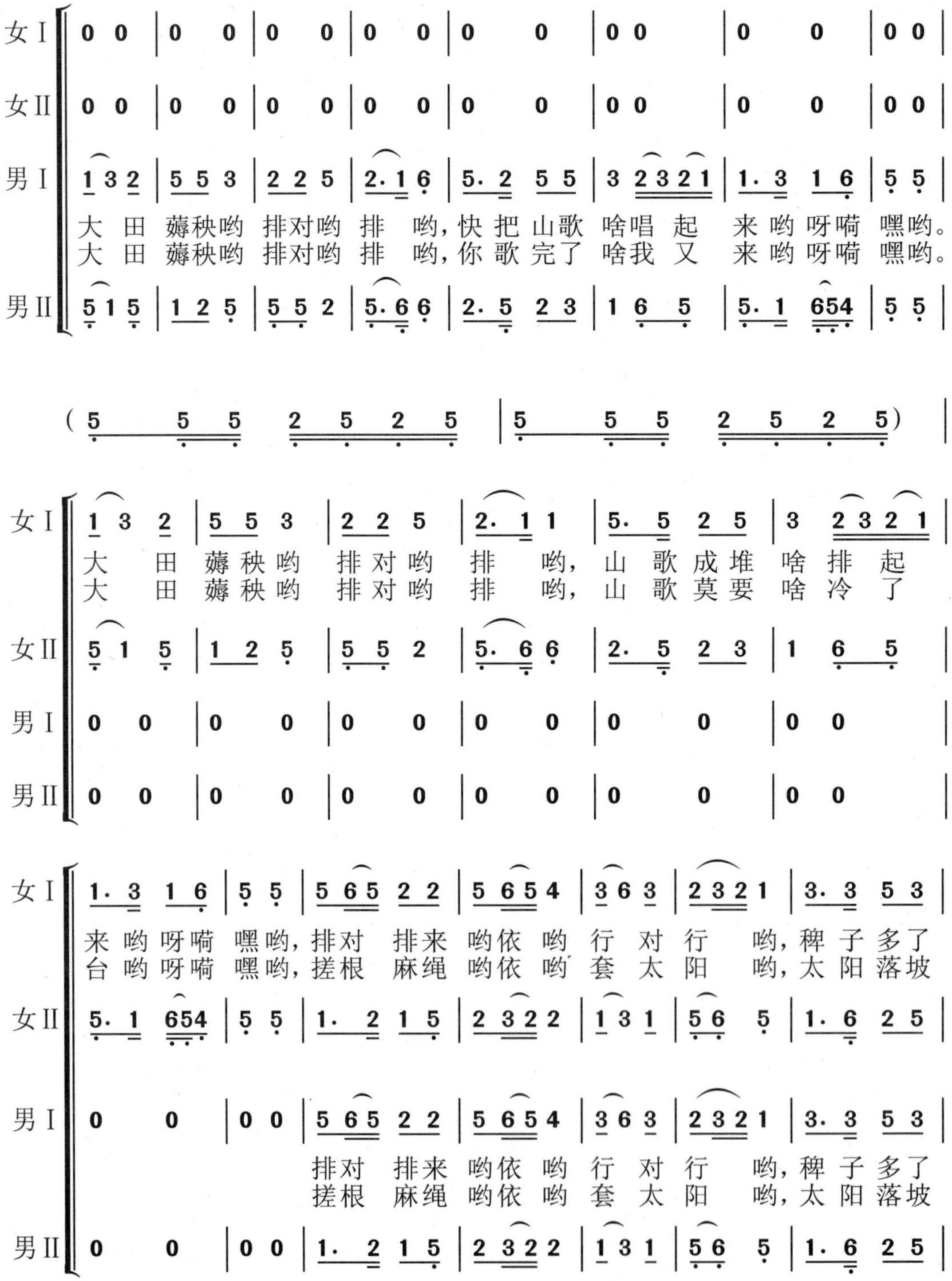
女Ⅰ
女Ⅱ
男Ⅰ
大田薅秧哟排对哟排哟，快把山歌啥唱起来哟呀嗬嘿哟。
大田薅秧哟排对哟排哟，你歌完了啥我又来哟呀嗬嘿哟。
男Ⅱ
女Ⅰ
大田薅秧哟排对哟排哟，山歌成堆啥排起
大田薅秧哟排对哟排哟，山歌莫要啥冷了
女Ⅱ
男Ⅰ
男Ⅱ
女Ⅰ
来哟呀嗬嘿哟，排对排来哟依哟行对行哟，稗子多了
台哟呀嗬嘿哟，搓根麻绳哟依哟套太阳哟，太阳落坡
女Ⅱ
男Ⅰ
排对排来哟依哟行对行哟，稗子多了
搓根麻绳哟依哟套太阳哟，太阳落坡
男Ⅱ

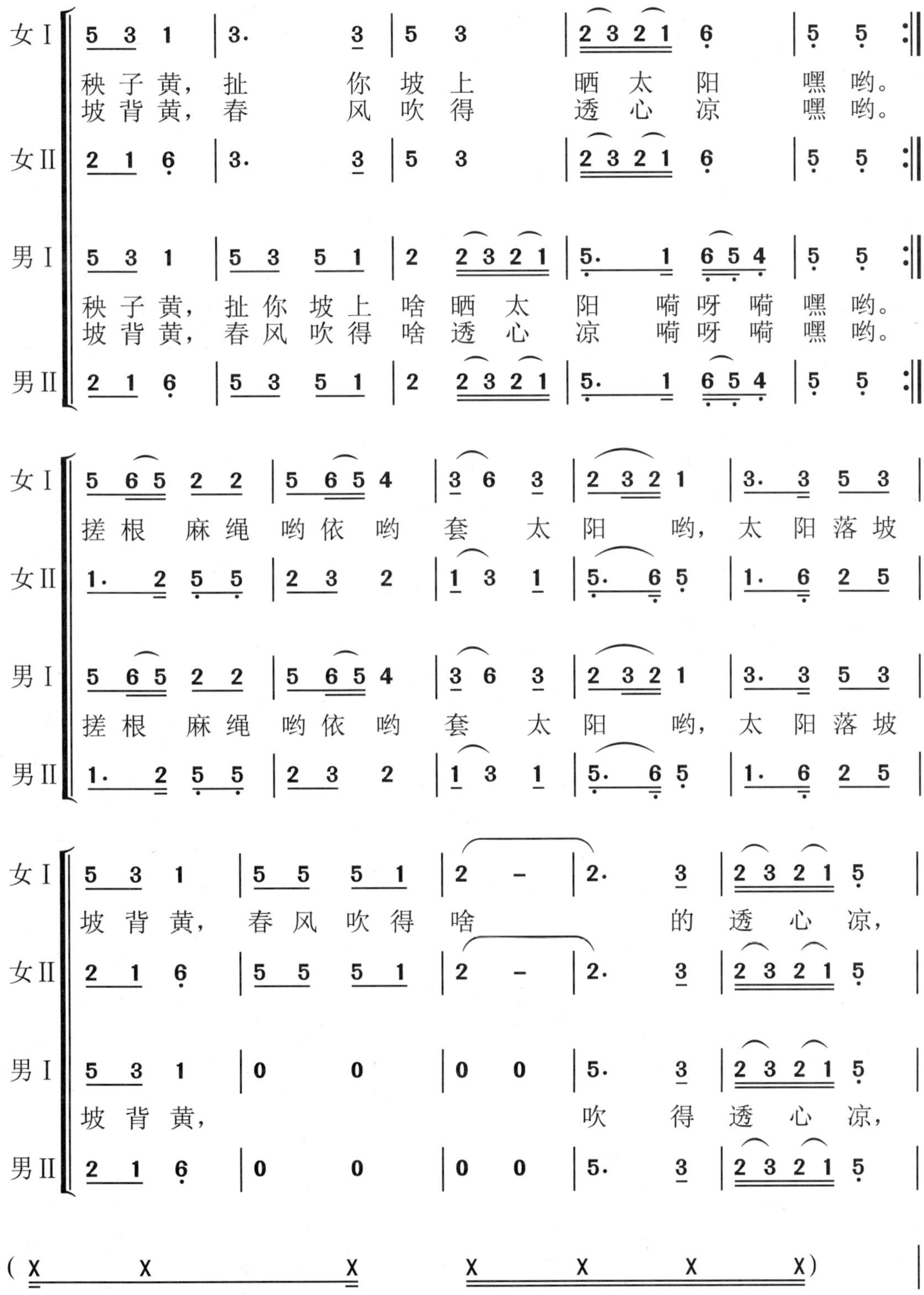
女 I
女 II
男 I
男 II
秧子黄，扯你坡上晒太阳嘿哟。
坡背黄，春风吹得透心凉嘿哟。
秧子黄，扯你坡上啥晒太阳嗬呀嗬嘿哟。
坡背黄，春风吹得啥透心凉嗬呀嗬嘿哟。
搓根麻绳哟依哟套太阳哟，太阳落坡
坡背黄，春风吹得啥的透心凉，
坡背黄，吹得透心凉，

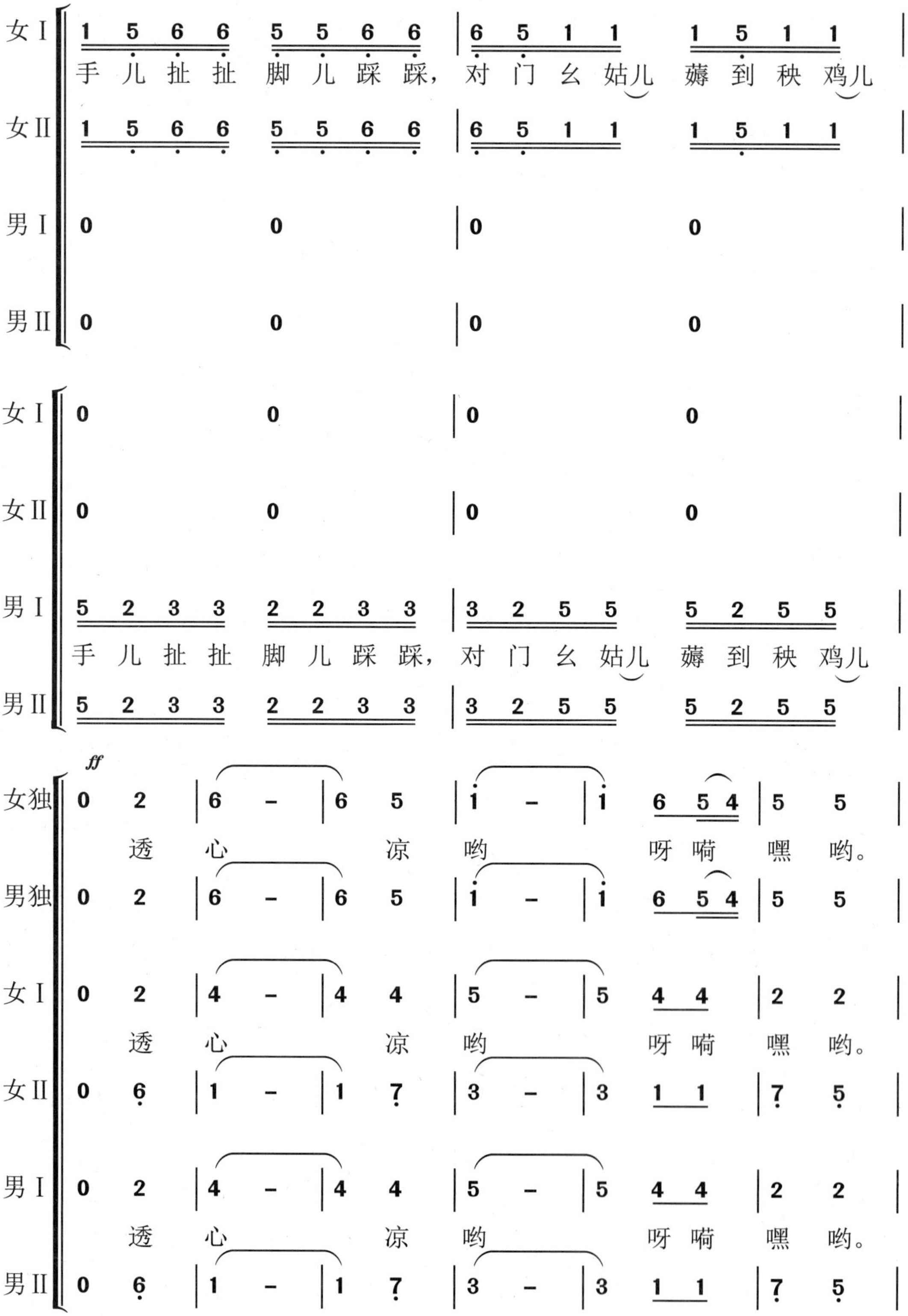
女Ⅰ
手儿扯扯 脚儿踩踩，对门幺姑儿 薅到秧鸡儿
女Ⅱ
男Ⅰ
男Ⅱ
女Ⅰ
女Ⅱ
男Ⅰ
手儿扯扯 脚儿踩踩，对门幺姑儿 薅到秧鸡儿
男Ⅱ
ff
女独
透心凉哟 呀嗬嘿哟。
男独
女Ⅰ
透心凉哟 呀嗬嘿哟。
女Ⅱ
男Ⅰ
透心凉哟 呀嗬嘿哟。
男Ⅱ

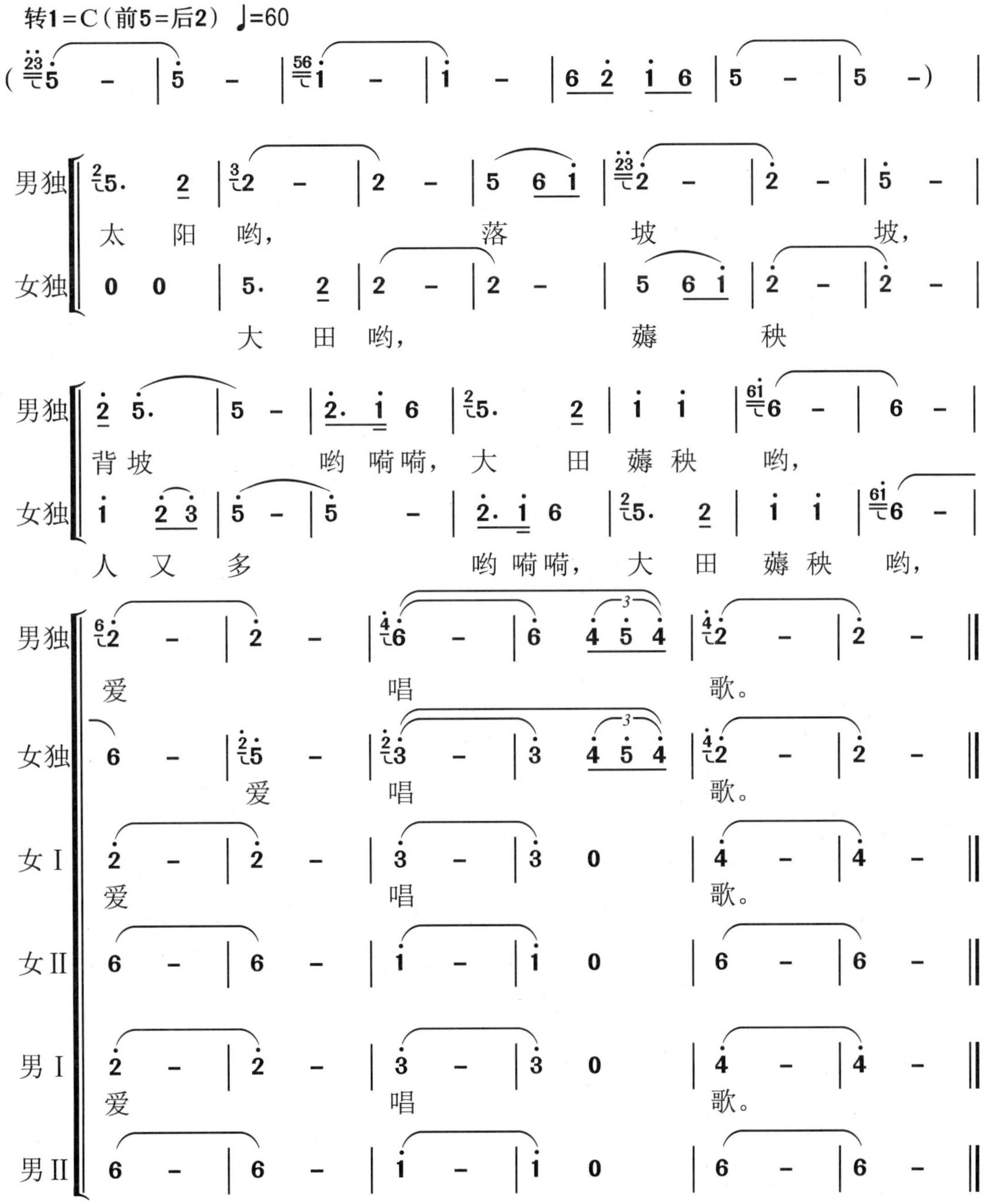
转1=C（前5=后2）♩=60
男独
太阳哟，落坡坡，
女独
大田哟，薅秧
男独
背坡哟嗬嗬，大田薅秧哟，
女独
人又多哟嗬嗬，大田薅秧哟，
男独
爱唱歌。
女独
爱唱歌。
女Ⅰ
爱唱歌。
女Ⅱ
男Ⅰ
爱唱歌。
男Ⅱ

石榴叶子吹

（女声小合唱）

1＝G 4/4 2/4
♩＝60 较自由

胡中华 词
顾德维 曲

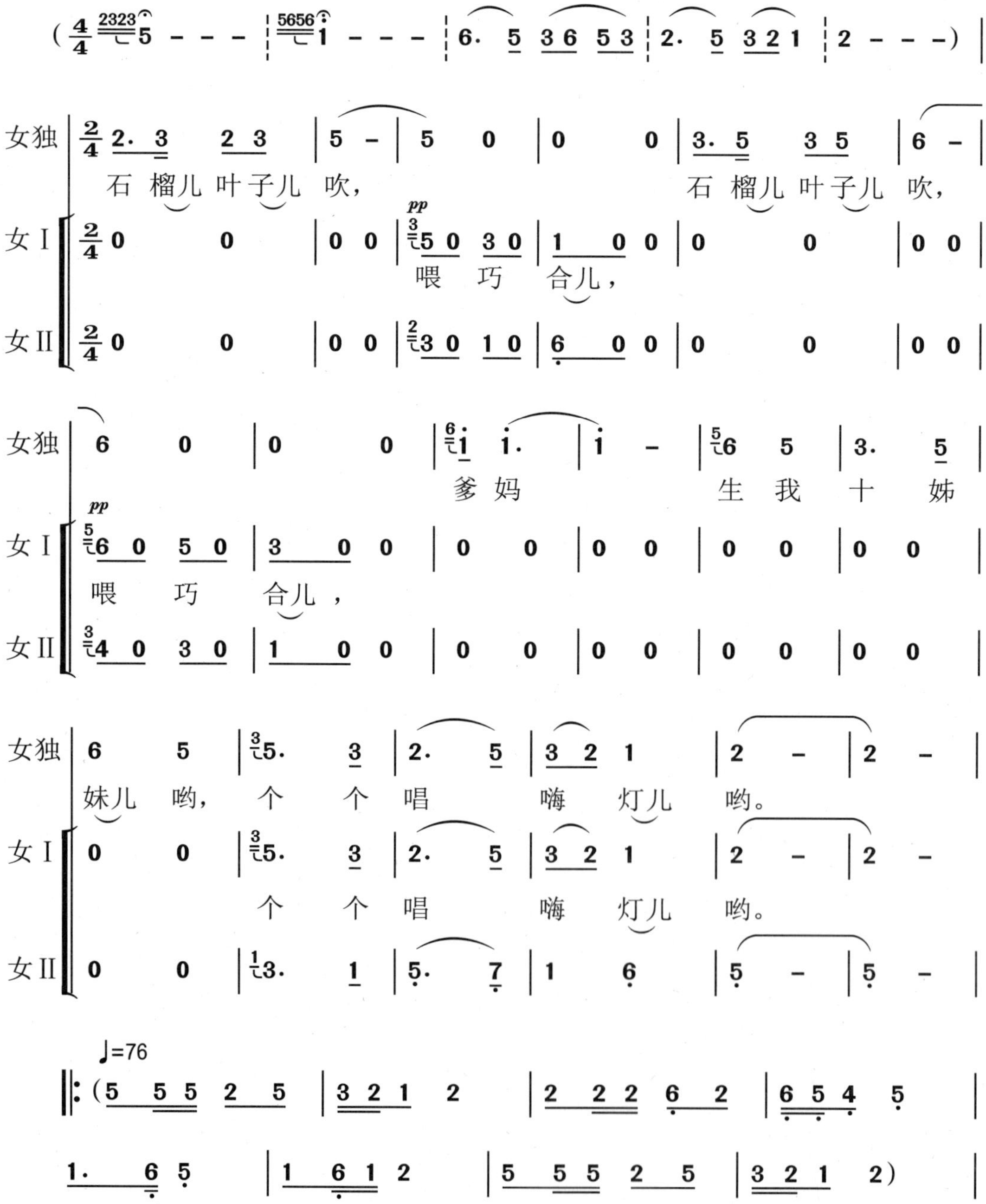

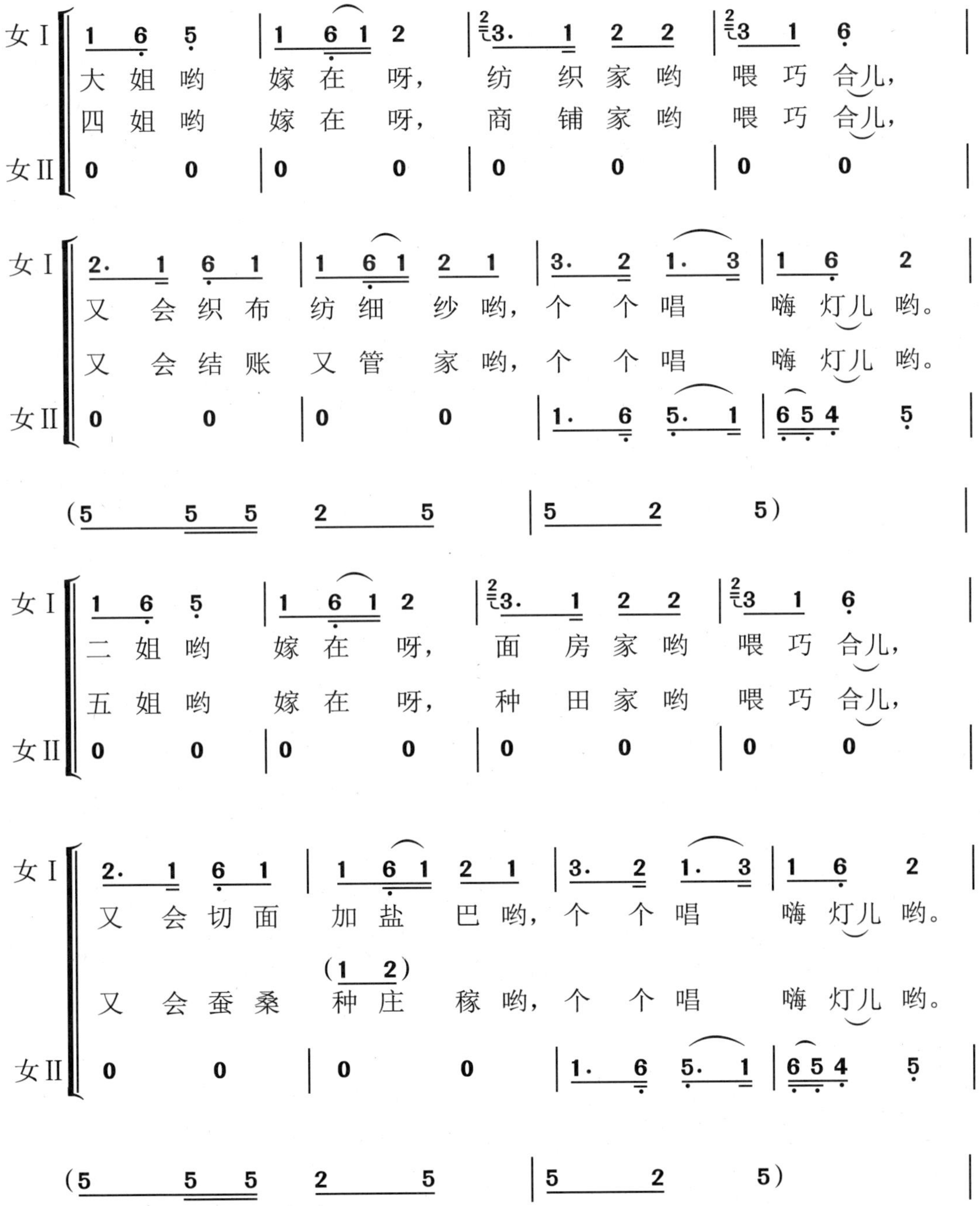
女Ⅰ
女Ⅱ
大姐哟 嫁在 呀，纺 织家哟 喂巧合儿，
四姐哟 嫁在 呀，商 铺家哟 喂巧合儿，
又 会织布 纺细 纱哟，个 个唱 嗨灯儿哟。
又 会结账 又管 家哟，个 个唱 嗨灯儿哟。
二姐哟 嫁在 呀，面 房家哟 喂巧合儿，
五姐哟 嫁在 呀，种 田家哟 喂巧合儿，
又 会切面 加盐 巴哟，个 个唱 嗨灯儿哟。
又 会蚕桑 种庄 稼哟，个 个唱 嗨灯儿哟。

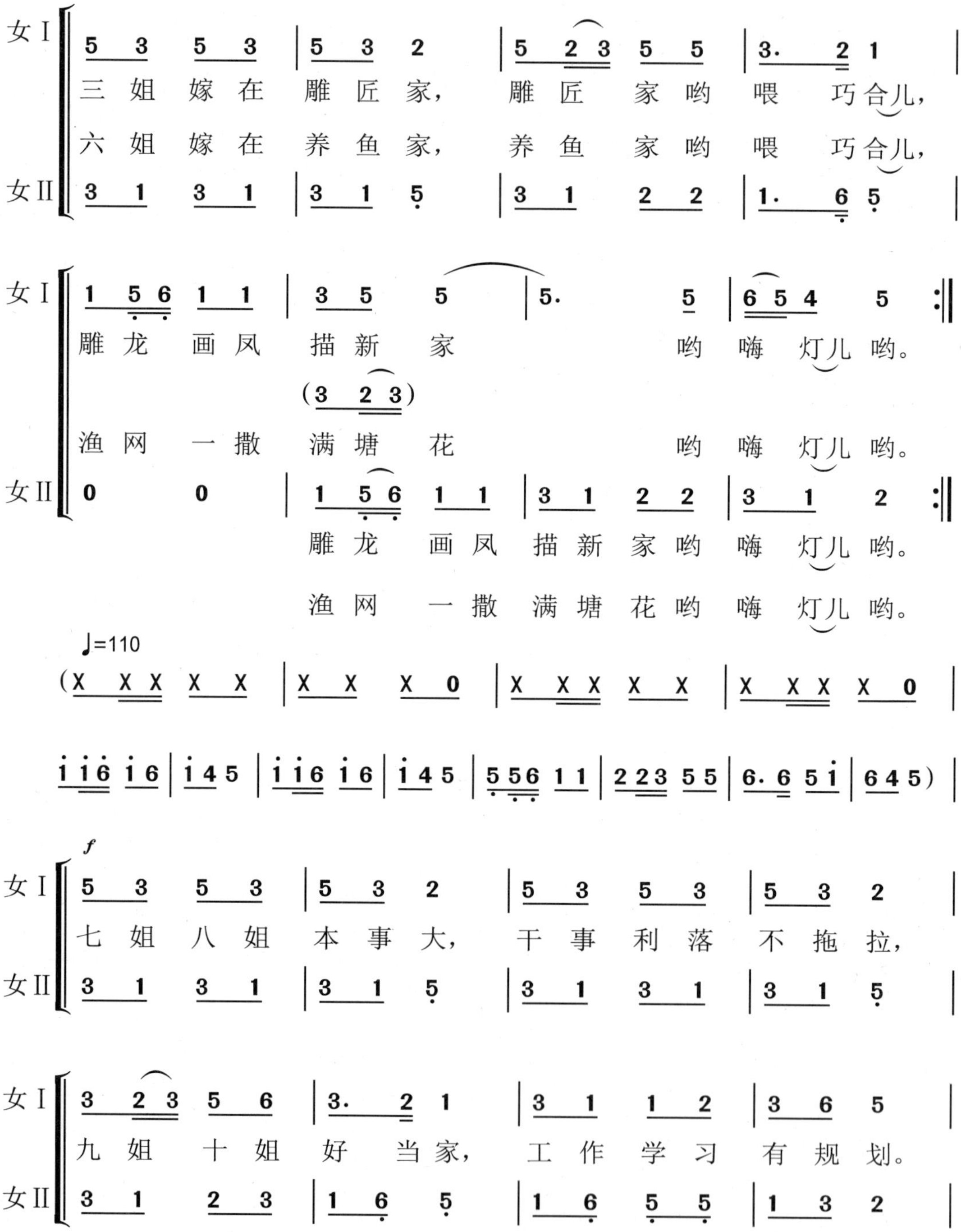
女Ⅰ
女Ⅱ
三姐嫁在雕匠家，雕匠家哟喂巧合儿，
六姐嫁在养鱼家，养鱼家哟喂巧合儿，
雕龙画凤描新家哟嗨灯儿哟。
渔网一撒满塘花哟嗨灯儿哟。
雕龙画凤描新家哟嗨灯儿哟。
渔网一撒满塘花哟嗨灯儿哟。
♩=110
f
七姐八姐本事大，干事利落不拖拉，
九姐十姐好当家，工作学习有规划。

ff
女Ⅰ
树上喜鹊叽叽喳，快乐姊妹儿嘻嘻哈，
女Ⅱ
女Ⅲ
树上喜鹊叽叽喳，快乐姊妹儿
女Ⅳ
女Ⅰ
心灵手巧有文化，幸福家庭
女Ⅱ
女Ⅲ
嘻嘻哈，心灵手巧有文化。
女Ⅳ
mf
女Ⅰ
哈哈哈哈哈哈哈哈。人人夸，
女Ⅱ
女Ⅲ
哈哈哈哈哈哈哈哈。人人夸，
女Ⅳ

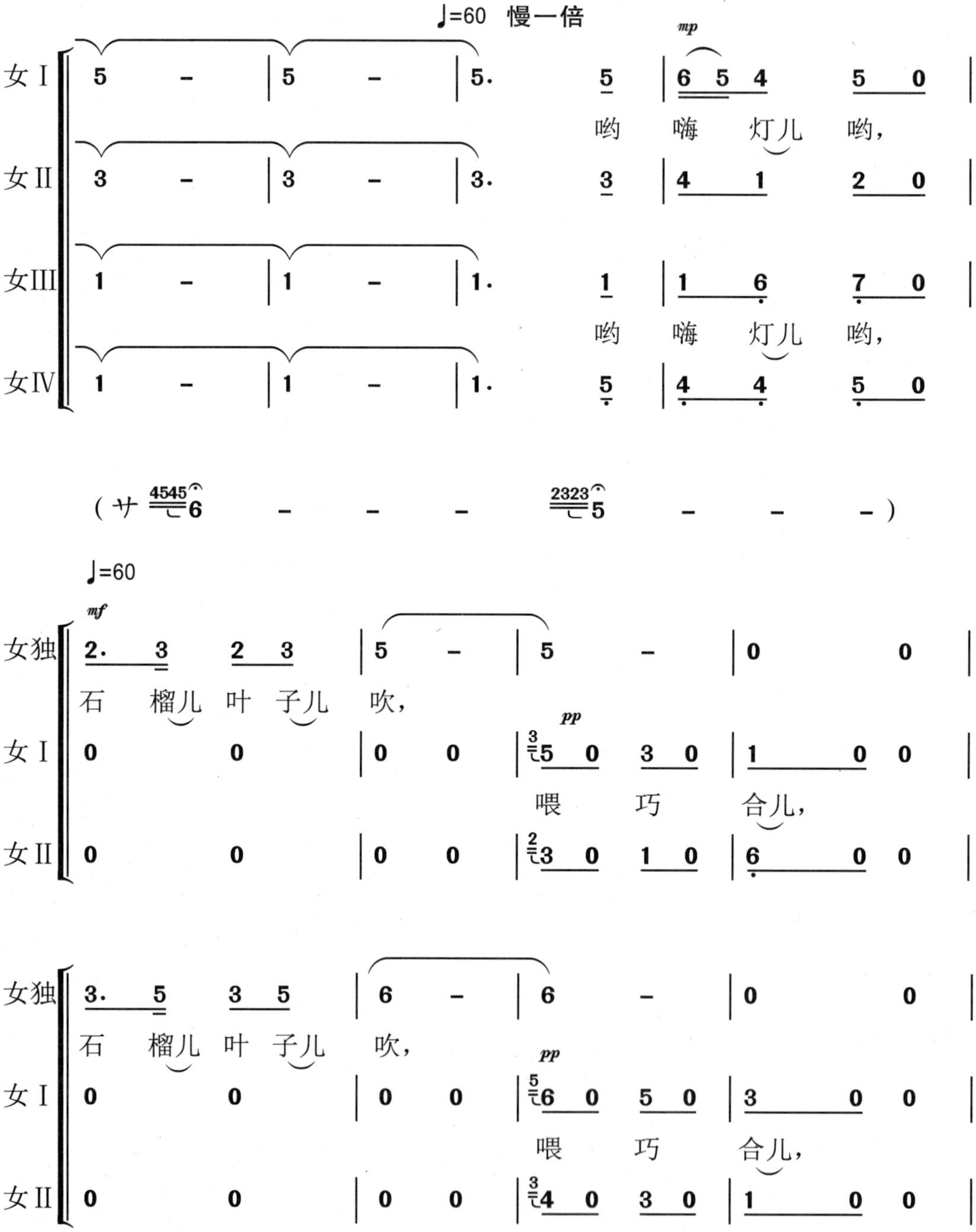

♩=60 慢一倍
女Ⅰ
女Ⅱ
女Ⅲ
女Ⅳ
mp
哟 嗨 灯儿 哟，
哟 嗨 灯儿 哟，
♩=60
mf
女独
石 榴儿 叶 子儿 吹，
pp
喂 巧 合儿，
石 榴儿 叶 子儿 吹，
喂 巧 合儿，

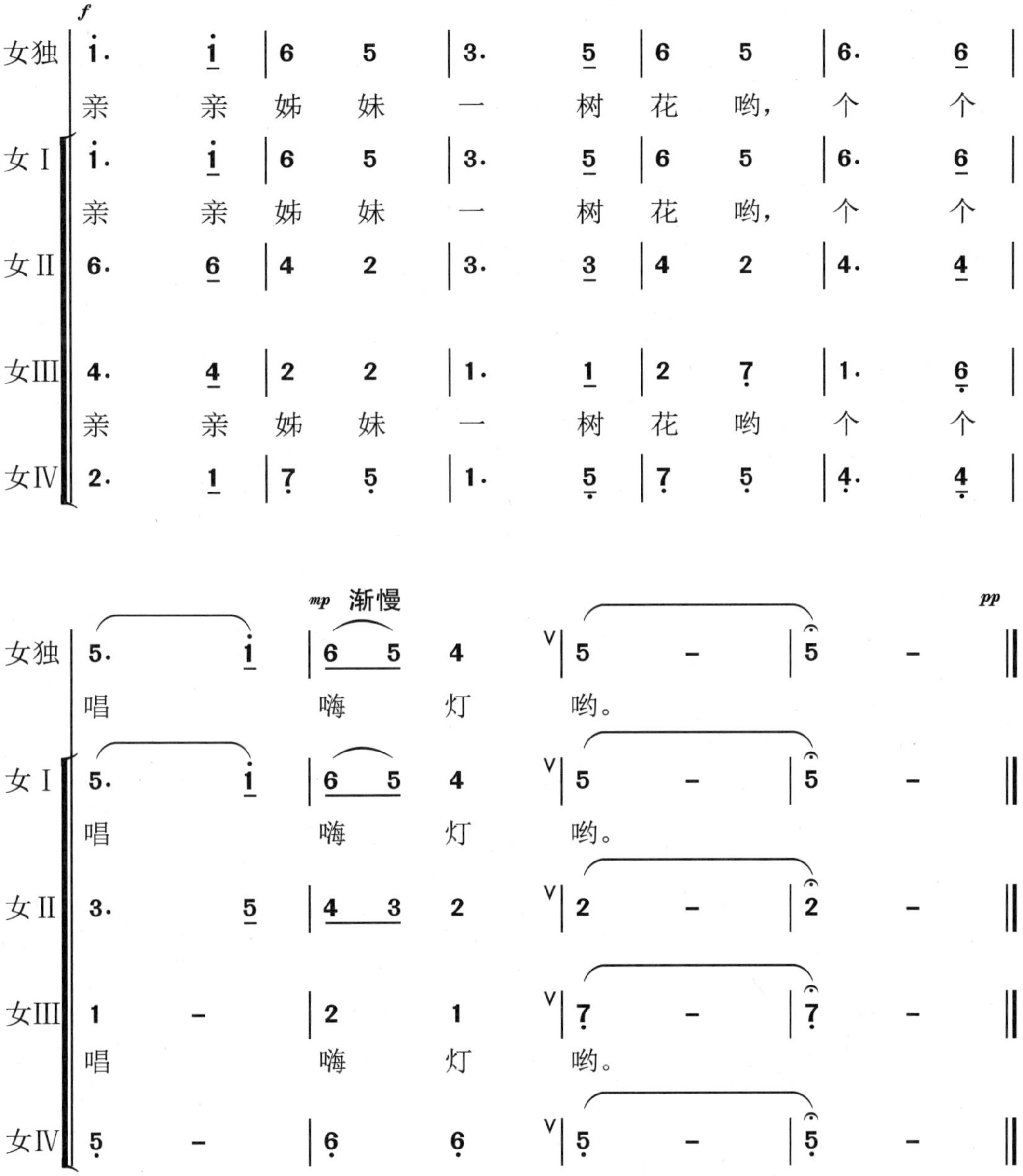
女独
亲 亲 姊 妹 一 树 花 哟， 个 个
女Ⅰ
亲 亲 姊 妹 一 树 花 哟， 个 个
女Ⅱ
女Ⅲ
亲 亲 姊 妹 一 树 花 哟 个 个
女Ⅳ
渐慢
唱 嗨 灯 哟。
唱 嗨 灯 哟。
唱 嗨 灯 哟。

赛龙舟

（男声领唱、合唱）

1＝G $\frac{4}{4}$ $\frac{2}{4}$

张 勇 词

关惠明 曲

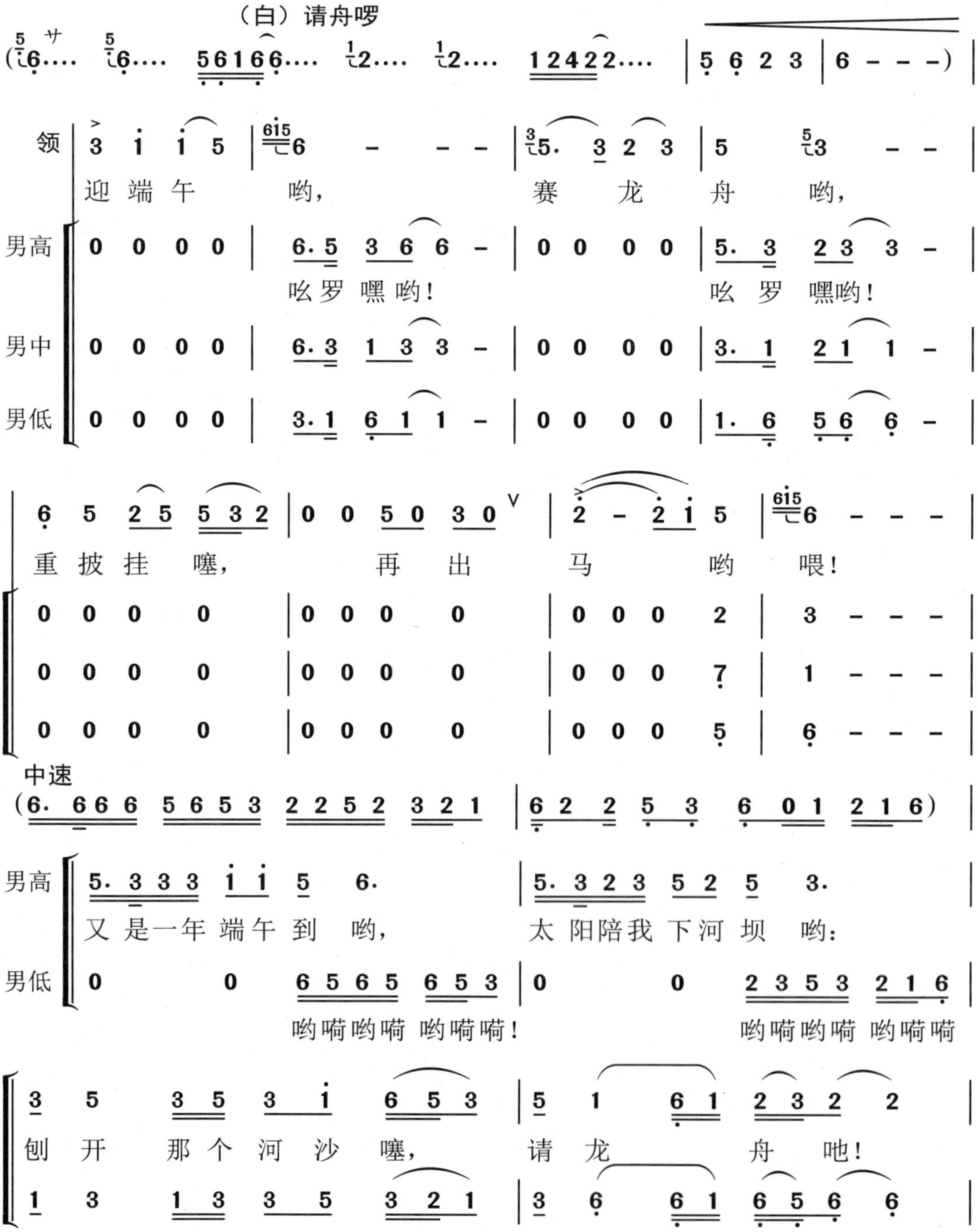

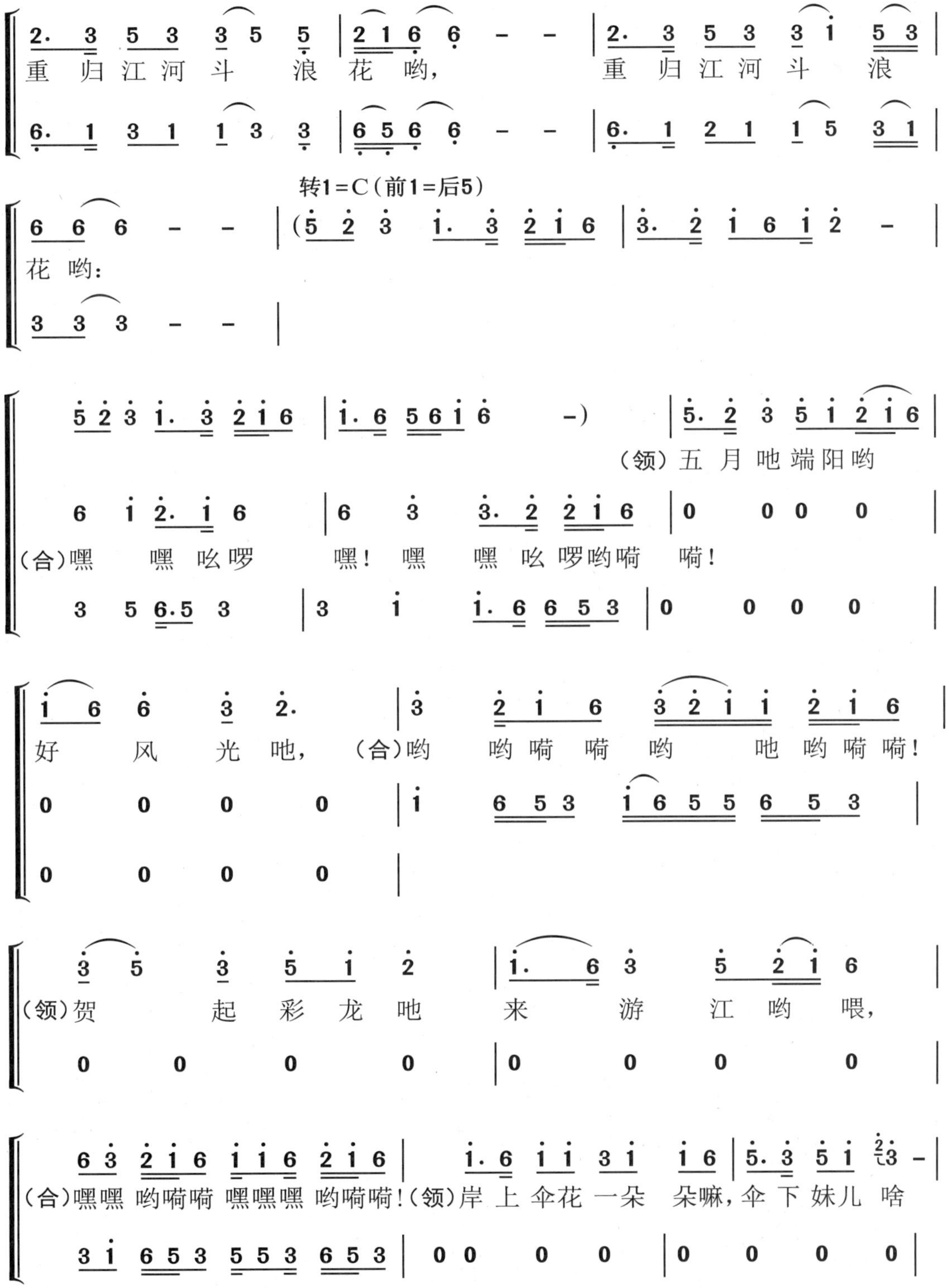

重归江河斗浪花哟，重归江河斗浪花哟：
转1=C（前1=后5）
（领）五月吔端阳哟
（合）嘿 嘿 吆啰 嘿！嘿 嘿 吆 啰哟嗬 嗬！
好 风 光 吔，（合）哟 哟嗬 嗬 哟 吔 哟嗬 嗬！
（领）贺 起 彩 龙 吔 来 游 江 哟 喂，
（合）嘿嘿 哟嗬嗬 嘿嘿嘿 哟嗬嗬！（领）岸 上 伞花 一朵 朵嘛，伞 下 妹儿 啥

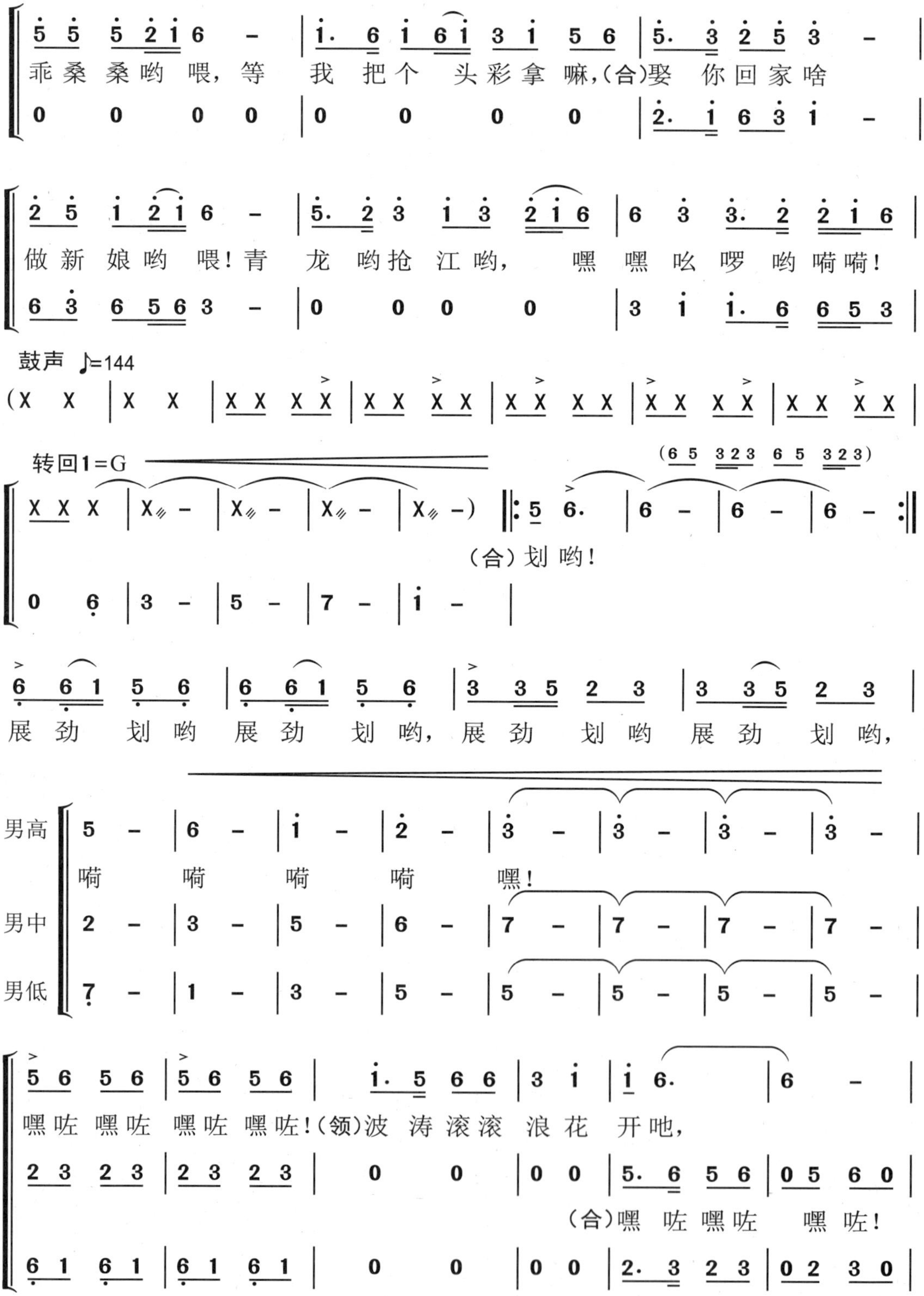

乖桑桑哟喂，等 我 把个 头彩拿 嘛，(合)娶 你回家哈
做新娘哟 喂！青 龙 哟抢 江哟， 嘿 嘿 吆 啰 哟嗬嗬！
鼓声 ♪=144
转回1=G
(合)划哟！
展劲 划哟 展劲 划哟，展劲 划哟 展劲 划哟，
男高
嗬 嗬 嗬 嗬 嘿！
男中
男低
嘿咗 嘿咗 嘿咗 嘿咗！(领)波 涛 滚滚 浪花 开吔，
(合)嘿 咗 嘿咗 嘿 咗！

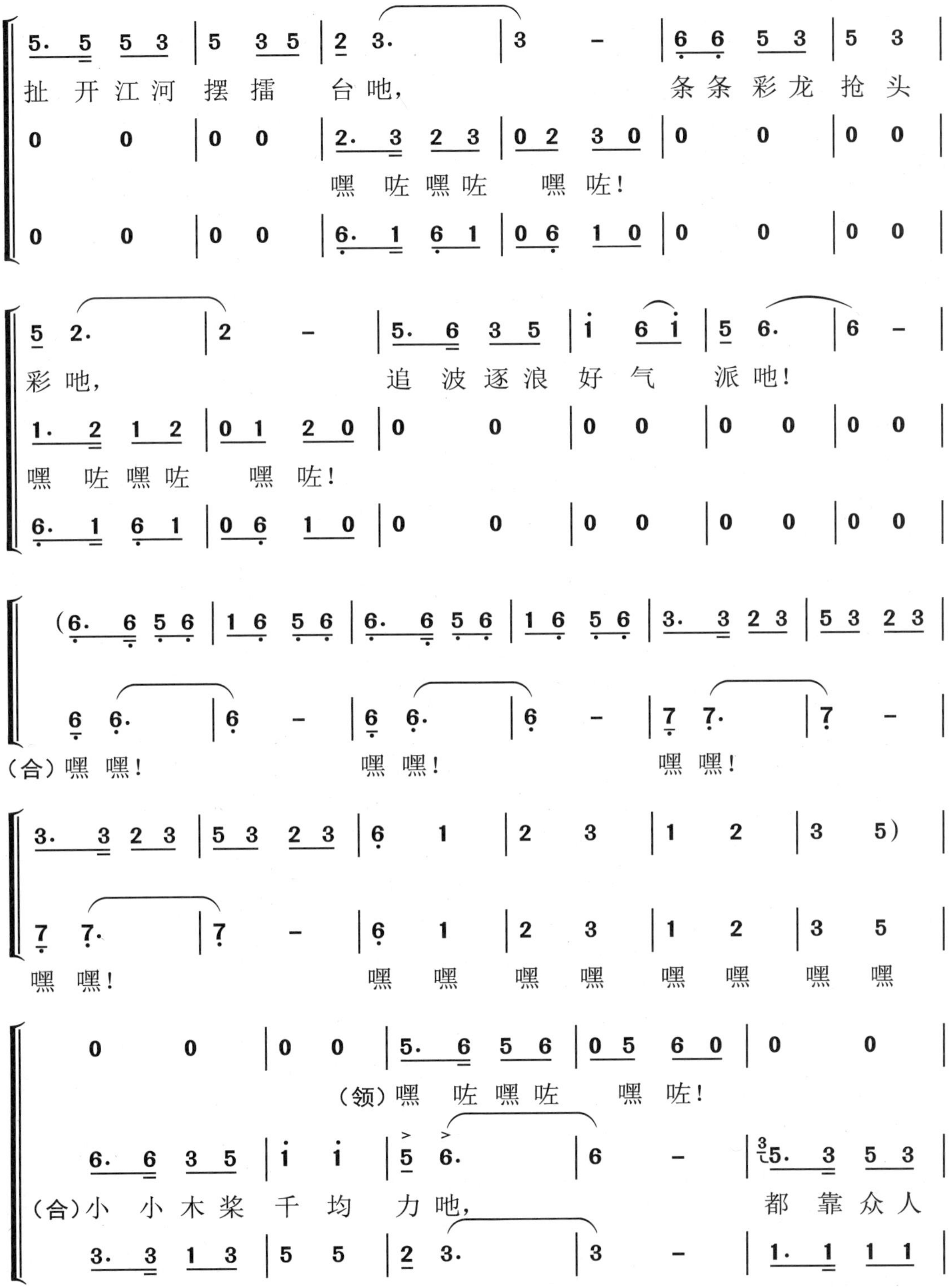
扯开江河摆擂台吔，条条彩龙抢头
嘿咗嘿咗嘿咗！
彩吔，追波逐浪好气派吔！
嘿咗嘿咗嘿咗！
（合）嘿嘿！嘿嘿！嘿嘿！
嘿嘿！嘿嘿嘿嘿嘿嘿嘿嘿
（领）嘿咗嘿咗嘿咗！
（合）小小木桨千均力吔，都靠众人

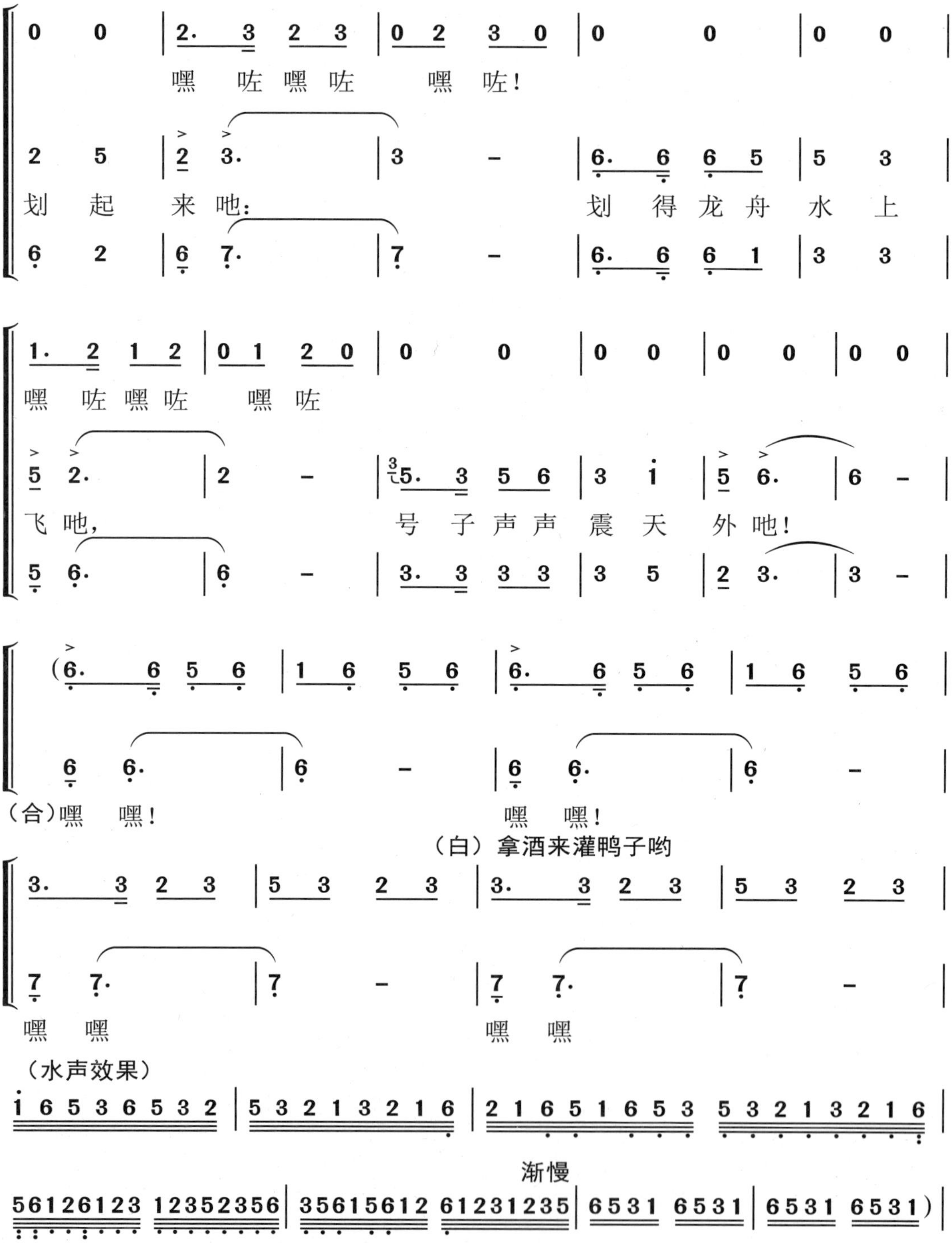
嘿 咗嘿咗 嘿 咗!
划 起 来吔:
划 得龙舟 水 上
嘿 咗嘿咗 嘿 咗
飞 吔,
号 子声声 震 天 外吔!
(合)嘿 嘿!
嘿 嘿!
(白)拿酒来灌鸭子哟
嘿 嘿
嘿 嘿
(水声效果)
渐慢

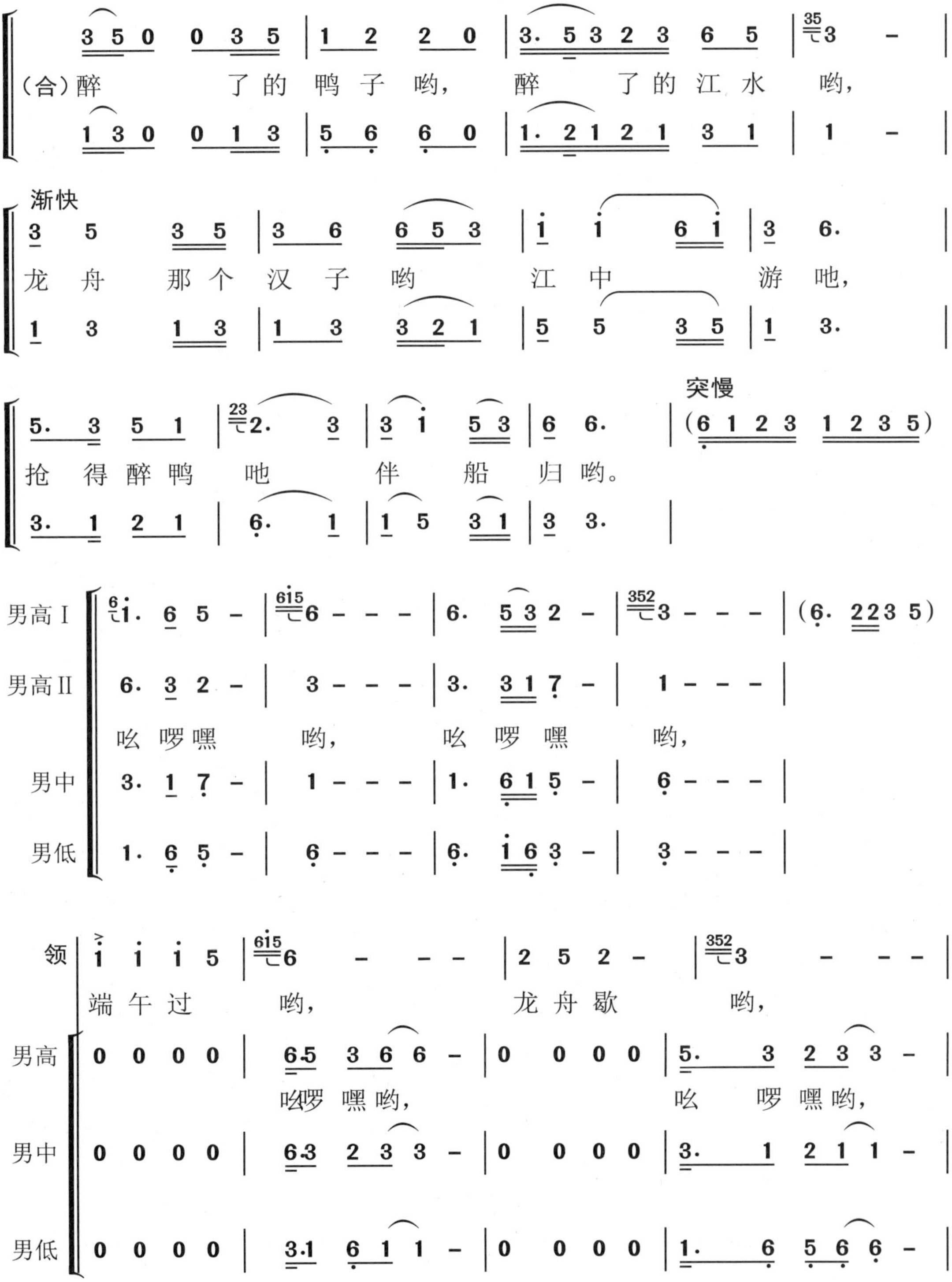
(合)醉 了的鸭子哟，醉 了的江水 哟，
渐快
龙舟 那个汉子哟 江中 游吔，
抢得醉鸭 吔 伴 船 归哟。
突慢
男高Ⅰ
男高Ⅱ
吆 啰嘿 哟，吆 啰 嘿 哟，
男中
男低
领
端午过 哟，龙舟歇 哟，
男高
吆啰 嘿哟，吆 啰 嘿哟，
男中
男低

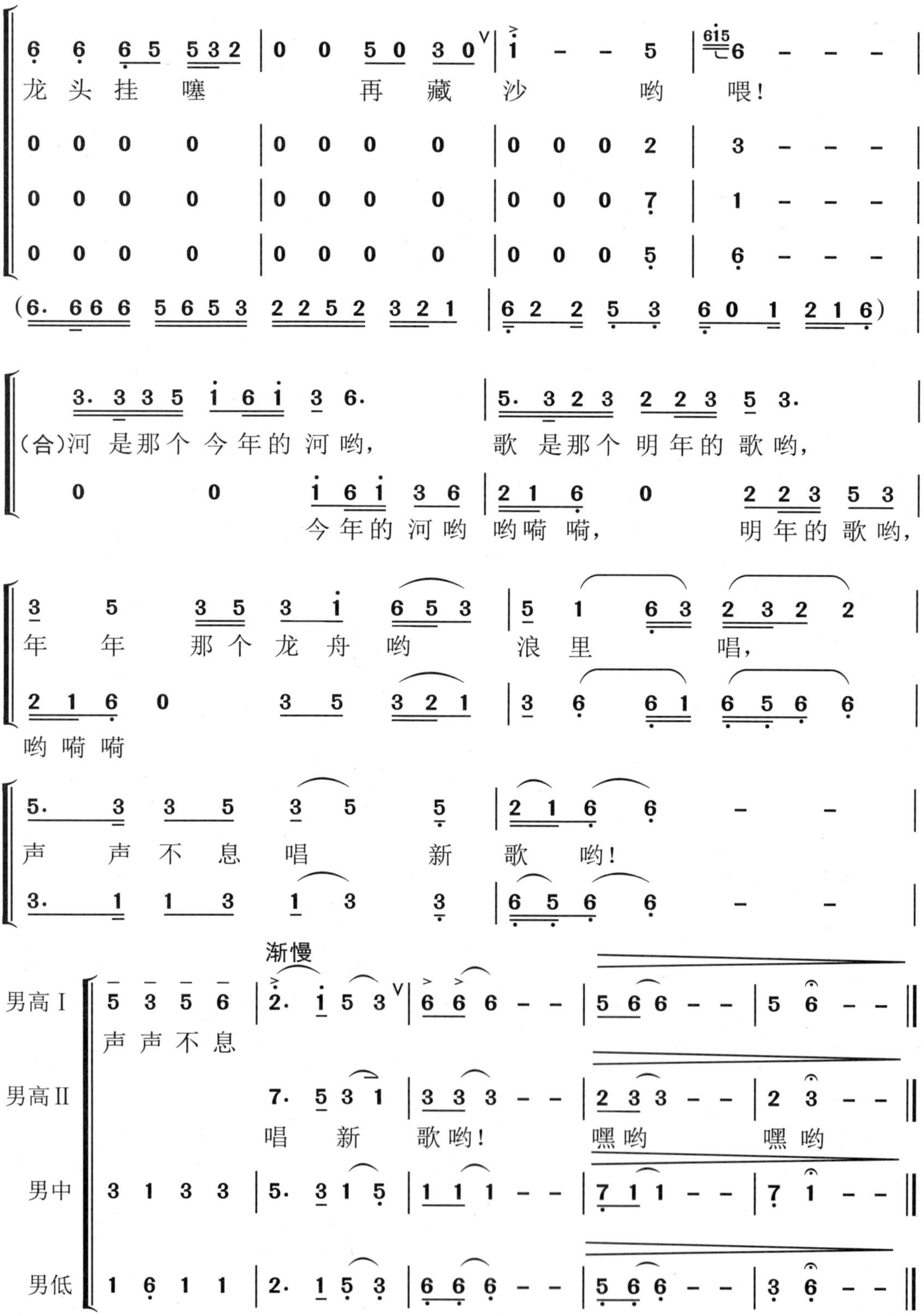
龙头挂 嗖 再藏 沙 哟 喂！
(合)河 是那个今年的河哟，
歌 是那个明年的歌哟，
今年的河哟 哟嗬 嗬，
明年的歌哟，
年 年 那个龙舟 哟 浪里 唱，
哟嗬 嗬
声 声不息 唱 新 歌 哟！
渐慢
男高I
声声不息
男高II
唱 新 歌哟！ 嘿哟 嘿哟
男中
男低

闺情·乡音·坐歌堂

（女声小合唱）

1＝G $\frac{2}{4}$ $\frac{3}{4}$

♩＝112 欢快、热烈

顾德维 词曲

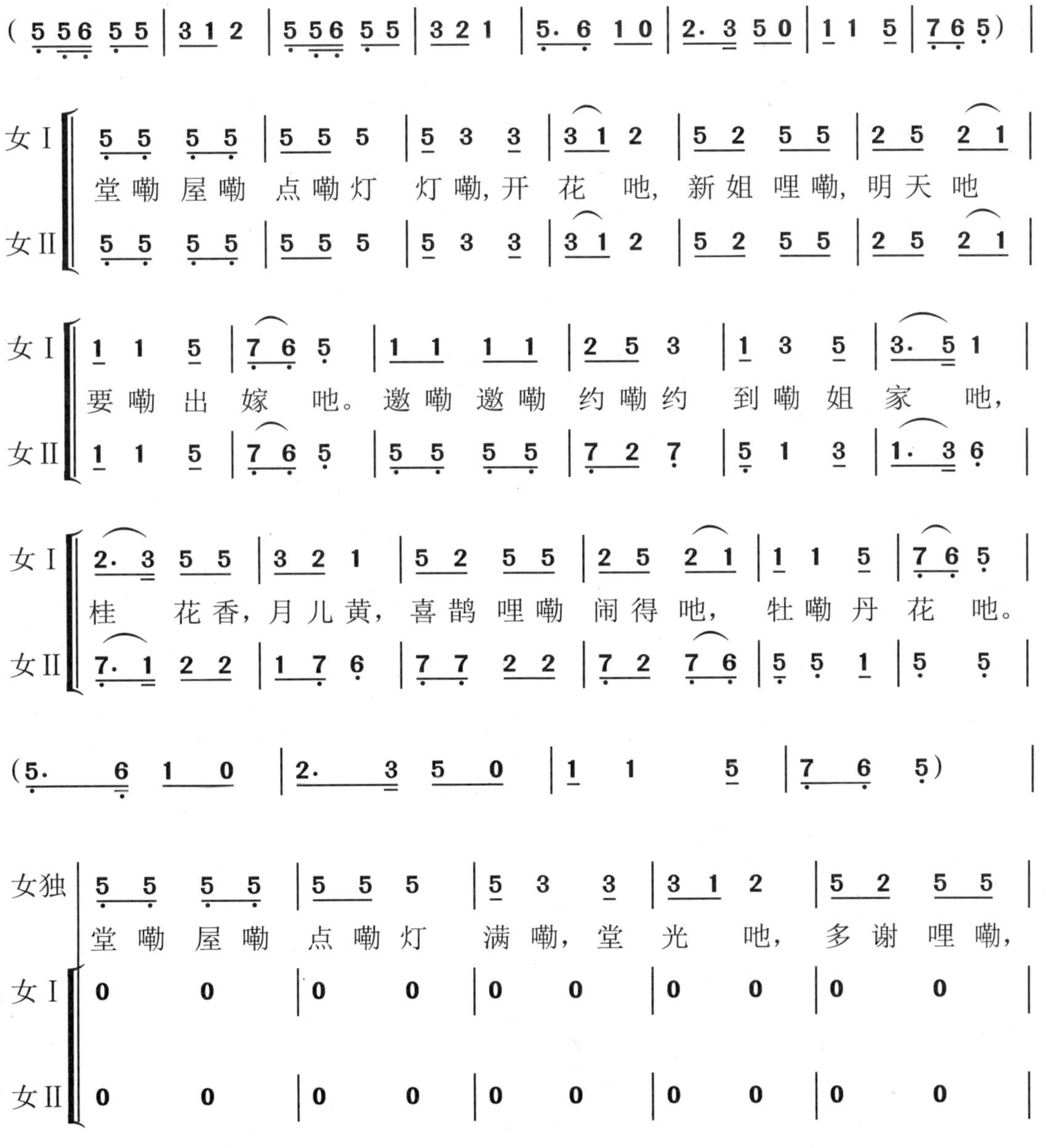

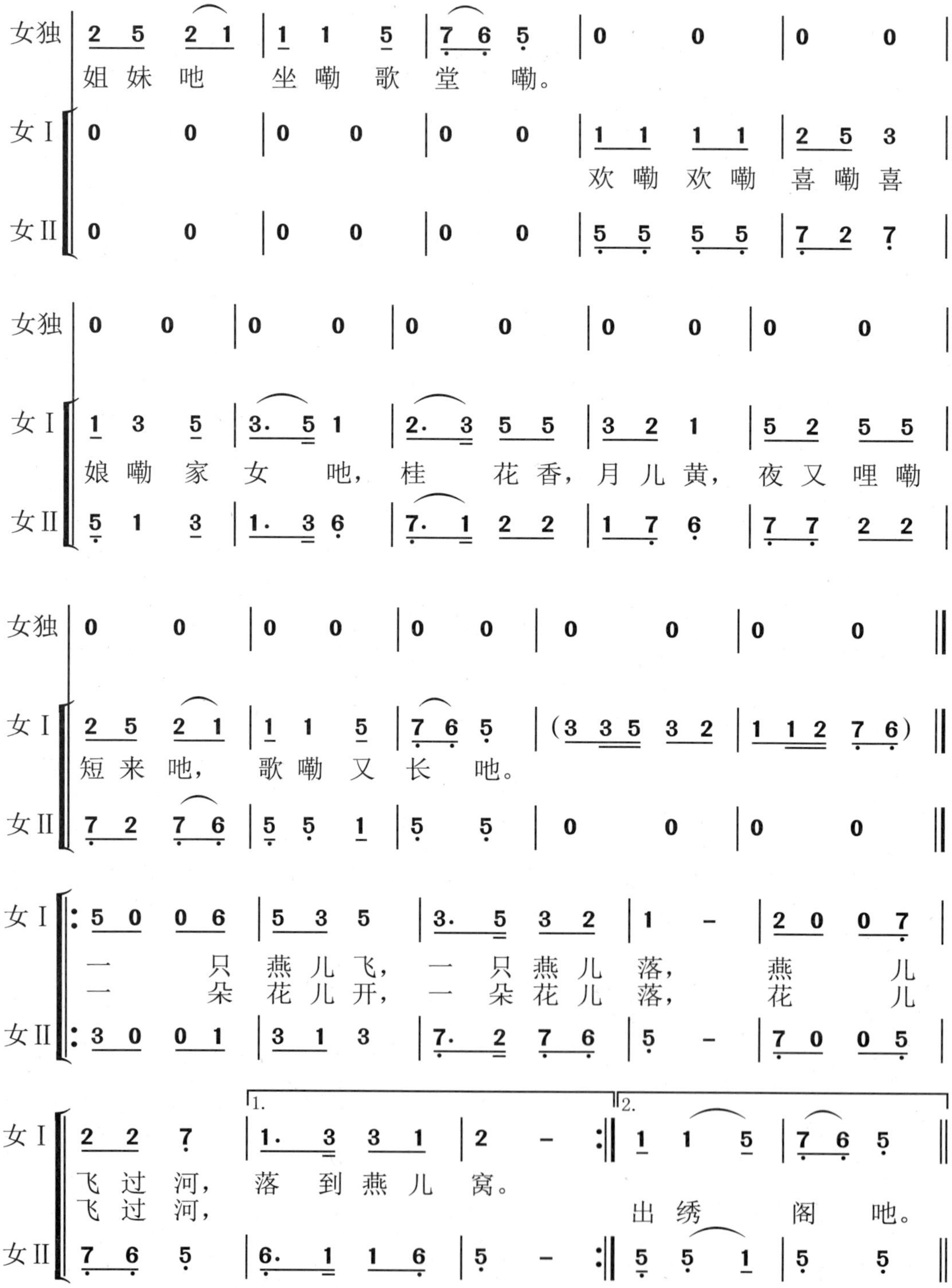
女独
姐妹吔 坐嘞歌堂 嘞。
女Ⅰ
欢嘞欢嘞 喜嘞喜
女Ⅱ
女独
女Ⅰ
娘嘞家女 吔，桂 花香，月儿黄，夜又哩嘞
女Ⅱ
女独
女Ⅰ
短来吔，歌嘞又长 吔。
女Ⅱ
女Ⅰ
一 只燕儿飞，一只燕儿落，燕 儿
一 朵花儿开，一朵花儿落，花 儿
女Ⅱ
女Ⅰ
飞过河，落到燕儿窝。
飞过河， 出绣 阁吔。
女Ⅱ

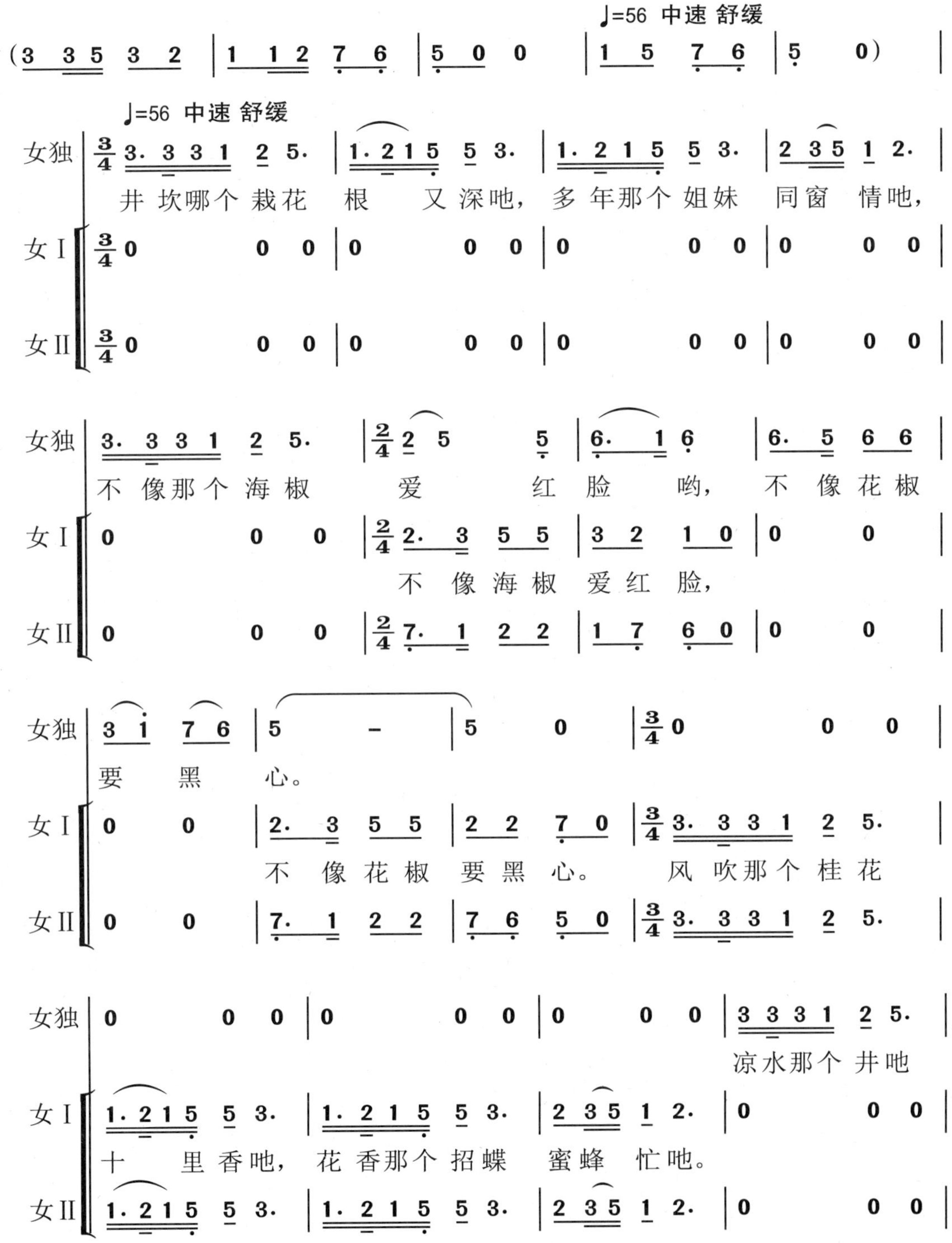

♩=56 中速 舒缓
女独
女Ⅰ
女Ⅱ
井坎哪个栽花 根 又深吔，多年那个姐妹 同窗 情吔，
不像那个海椒 爱 红 脸 哟，不 像花椒
不 像海椒 爱红 脸，
要 黑 心。
不 像花椒 要黑 心。 风 吹那个桂花
凉水那个井吔
十 里香吔，花 香那个招蝶 蜜蜂 忙吔。

女独
井 水凉 哟，花开花落太 匆
女 I
凉 水井吔 井水 凉。
女 II
女独
忙。
女 I
花 开花落 太匆忙， 媒人进房
女 II
♩=112 风趣地
女 I
姐 离 娘。
女 II
女 I
鸡 呀鸡嘴尖，鸭嘴圆又圆， 哄 人
天 花乱坠吹，花言巧语说， 风 起
女 II

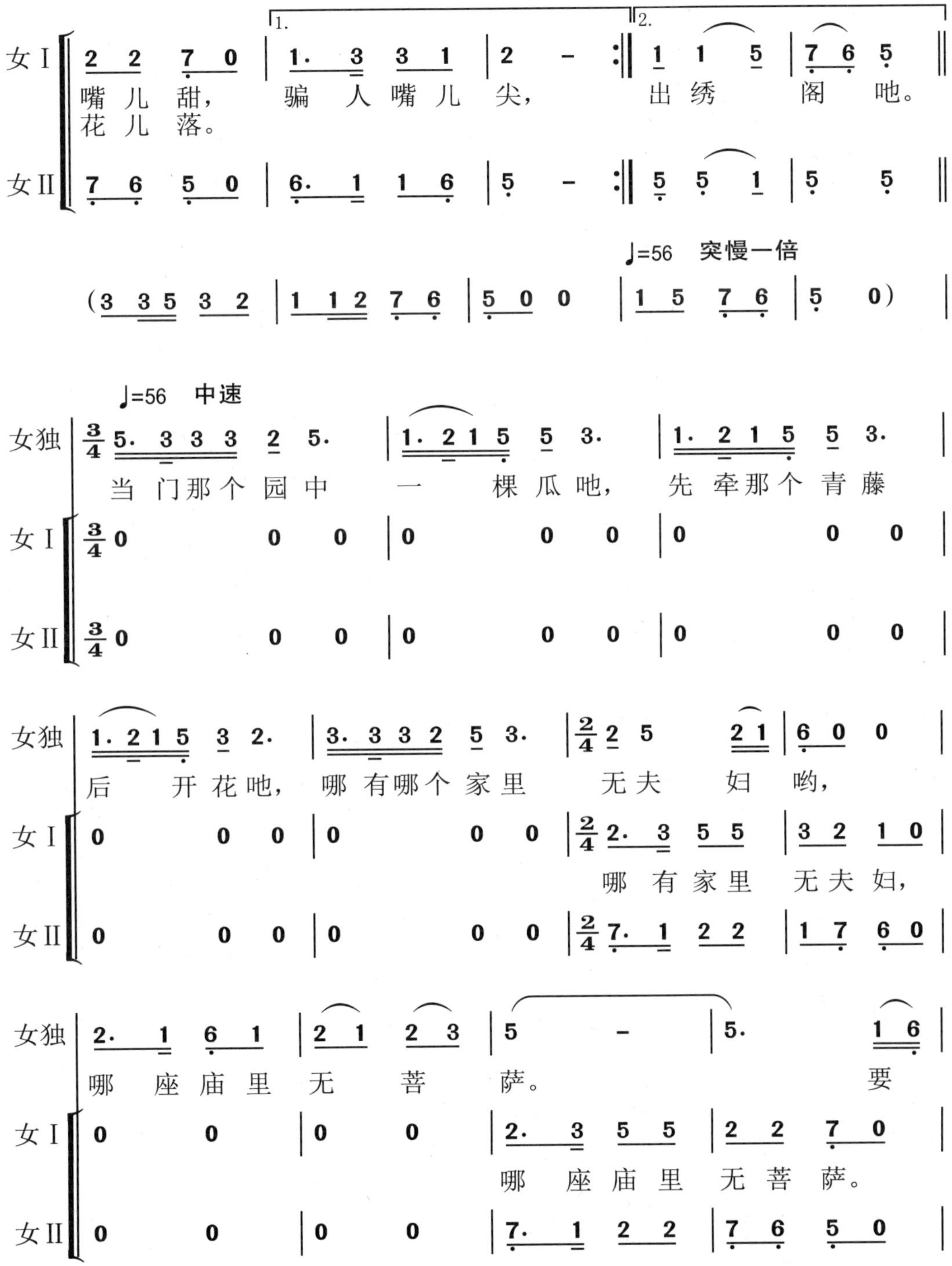
女Ⅰ
女Ⅱ
女独
嘴儿甜，骗人嘴儿尖，出绣阁吔。
花儿落。
♩=56 突慢一倍
♩=56 中速
当门那个园中一棵瓜吔，先牵那个青藤
后开花吔，哪有哪个家里无夫妇哟，
哪有家里无夫妇，
哪座庙里无菩萨。要
哪座庙里无菩萨。

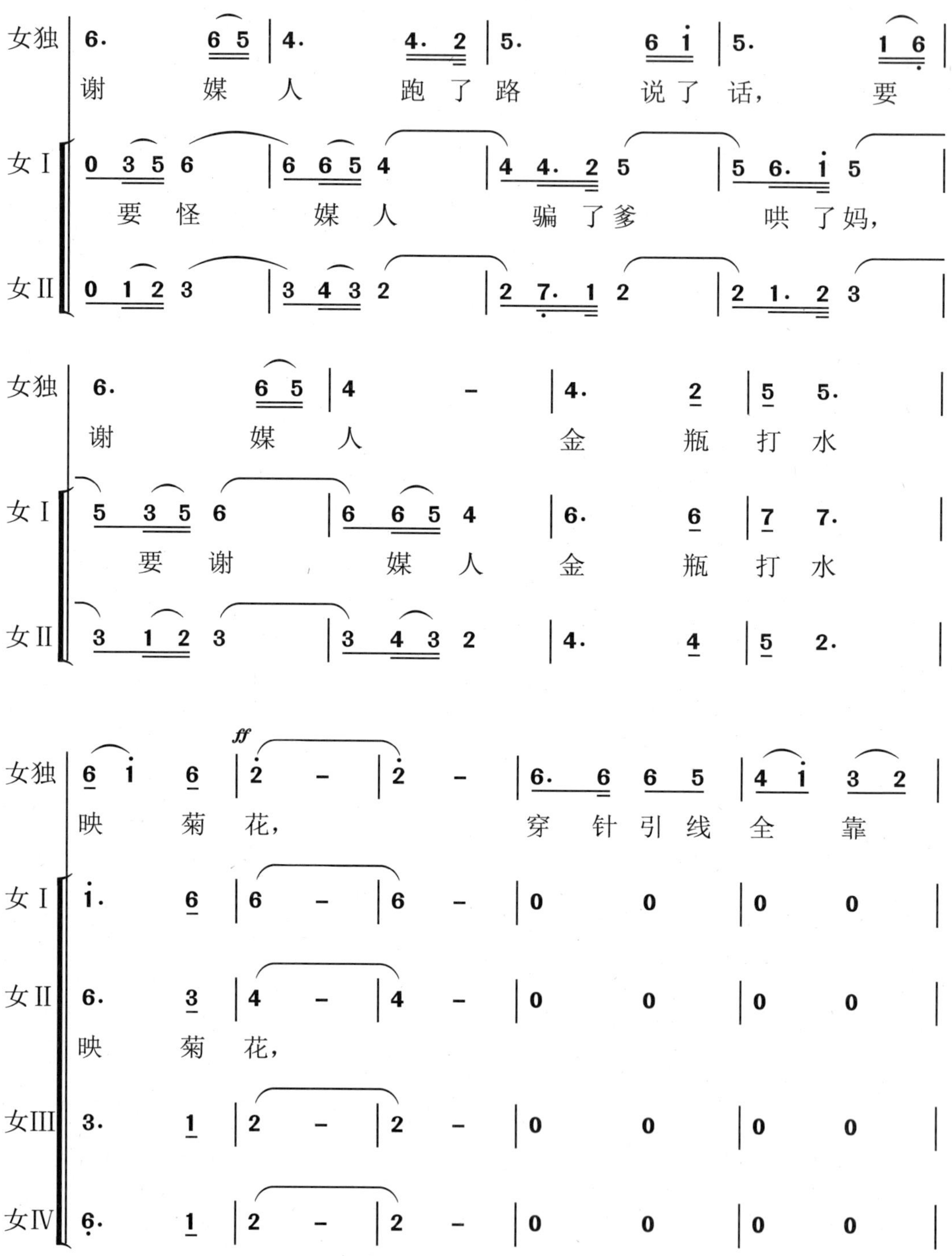
女独
谢媒人跑了路说了话，要
女Ⅰ
要怪媒人骗了爹哄了妈，
女Ⅱ
女独
谢媒人金瓶打水
女Ⅰ
要谢媒人金瓶打水
女Ⅱ
ff
女独
映菊花，穿针引线全靠
女Ⅰ
女Ⅱ
映菊花，
女Ⅲ
女Ⅳ

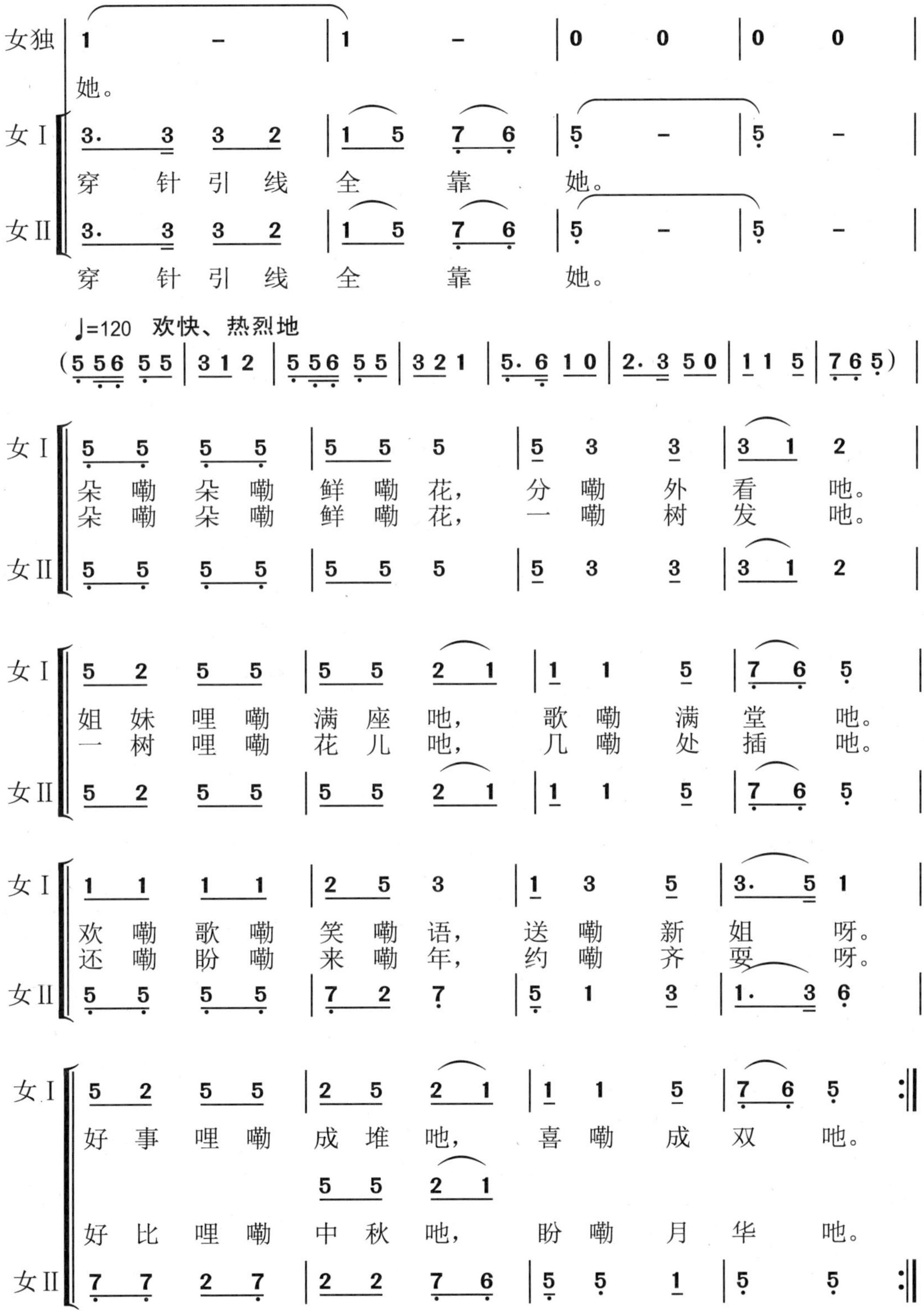
女独
她。
女Ⅰ
穿针引线全靠她。
女Ⅱ
穿针引线全靠她。
♩=120 欢快、热烈地
女Ⅰ
朵嘞朵嘞鲜嘞花，分嘞外看吔。
朵嘞朵嘞鲜嘞花，一嘞树发吔。
女Ⅱ
女Ⅰ
姐妹哩嘞满座吔，歌嘞满堂吔。
一树哩嘞花儿吔，几嘞处插吔。
女Ⅱ
女Ⅰ
欢嘞歌嘞笑嘞语，送嘞新姐呀。
还嘞盼嘞来嘞年，约嘞齐耍呀。
女Ⅱ
女Ⅰ
好事哩嘞成堆吔，喜嘞成双吔。
好比哩嘞中秋吔，盼嘞月华吔。
女Ⅱ

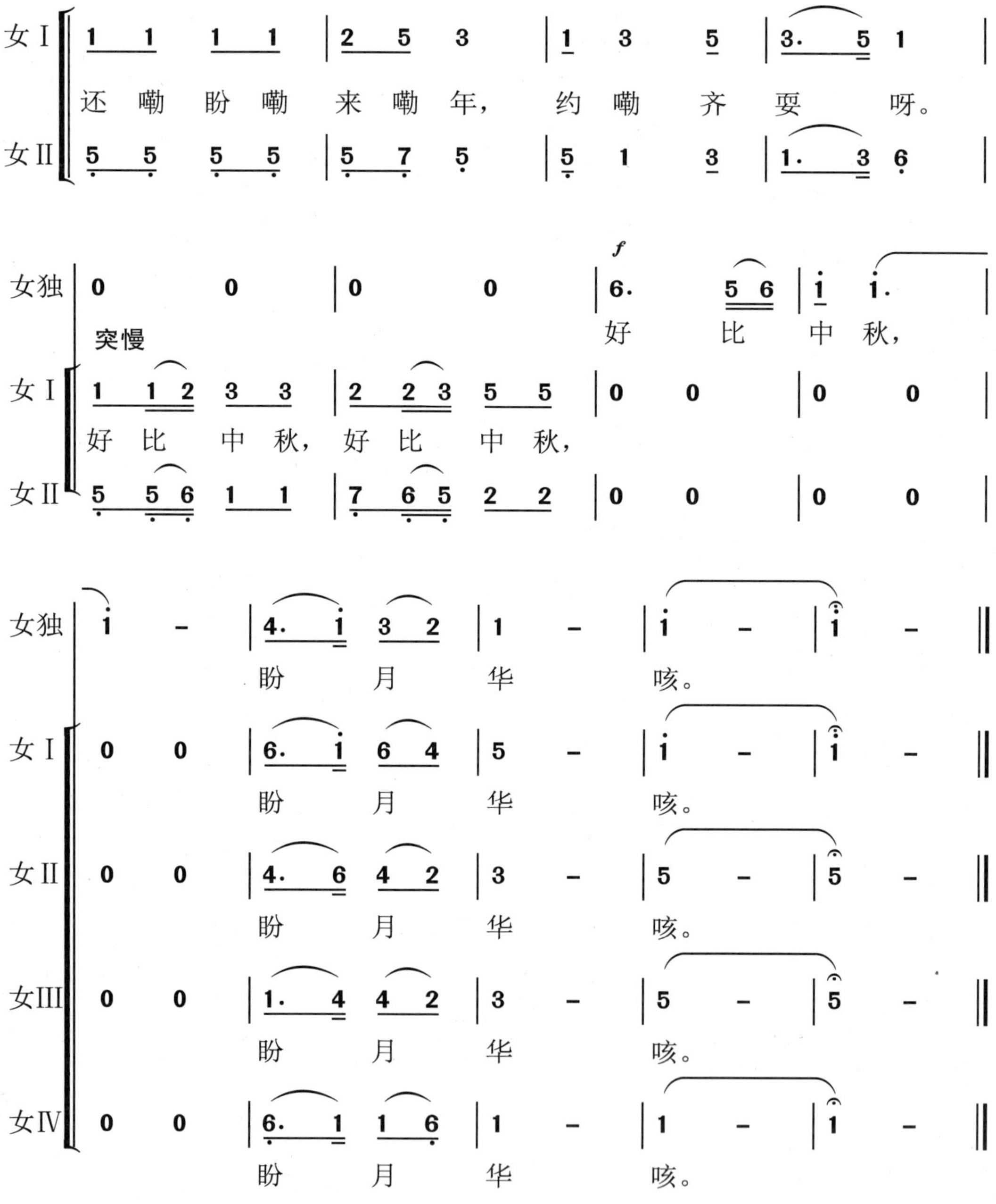
女Ⅰ
还嘞盼嘞来嘞年，约嘞齐要呀。
女Ⅱ
女独
突慢
好比中秋，
女Ⅰ
好比中秋，好比中秋，
女Ⅱ
女独
盼月华咳。
女Ⅰ
盼月华咳。
女Ⅱ
盼月华咳。
女Ⅲ
盼月华咳。
女Ⅳ
盼月华咳。

放歌钓鱼城

（男声独唱）

1＝F $\frac{4}{4}$ $\frac{2}{4}$　　　　张　勇 词

山歌风 粗犷 豪放地　　　　关惠明 曲

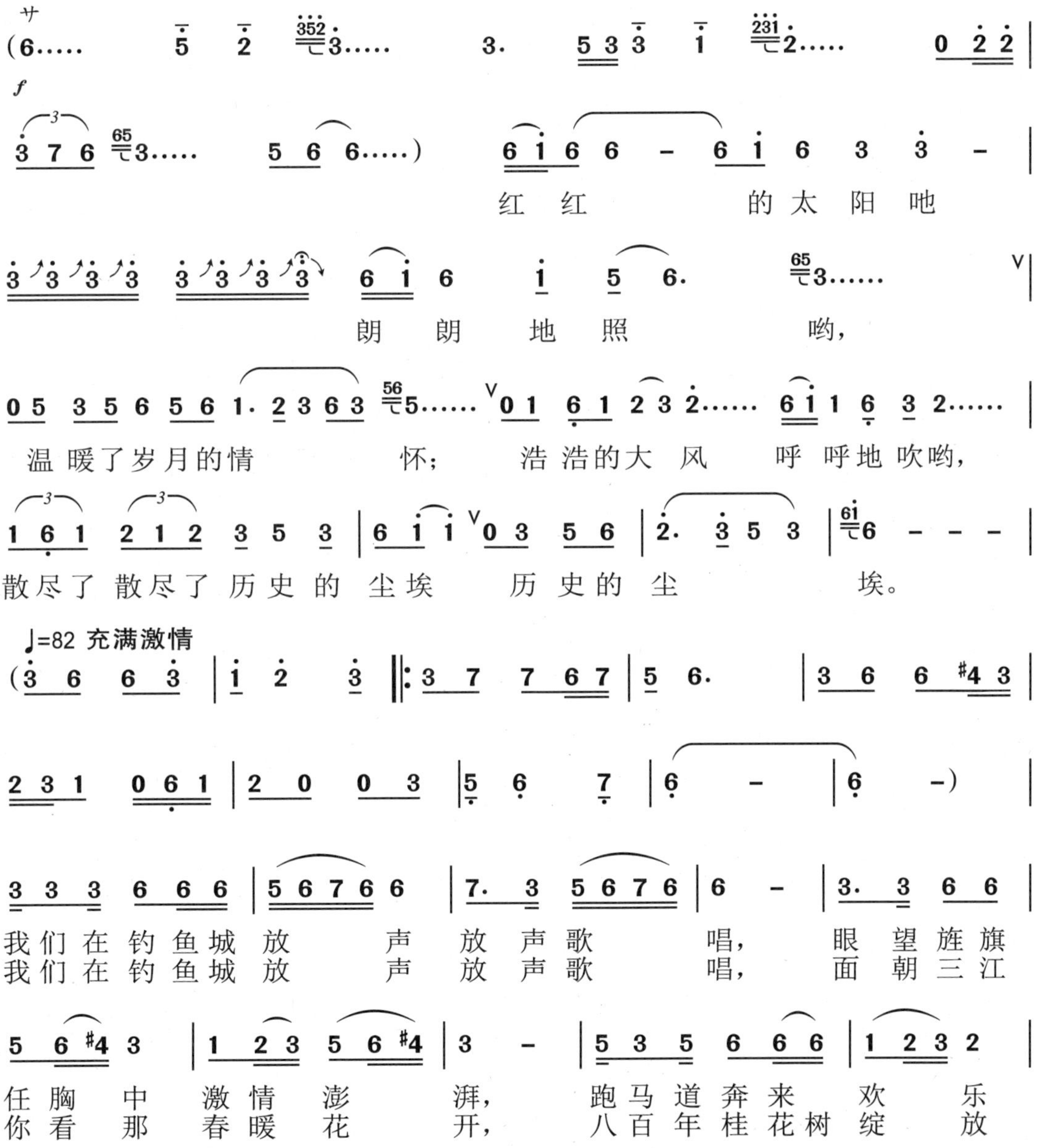

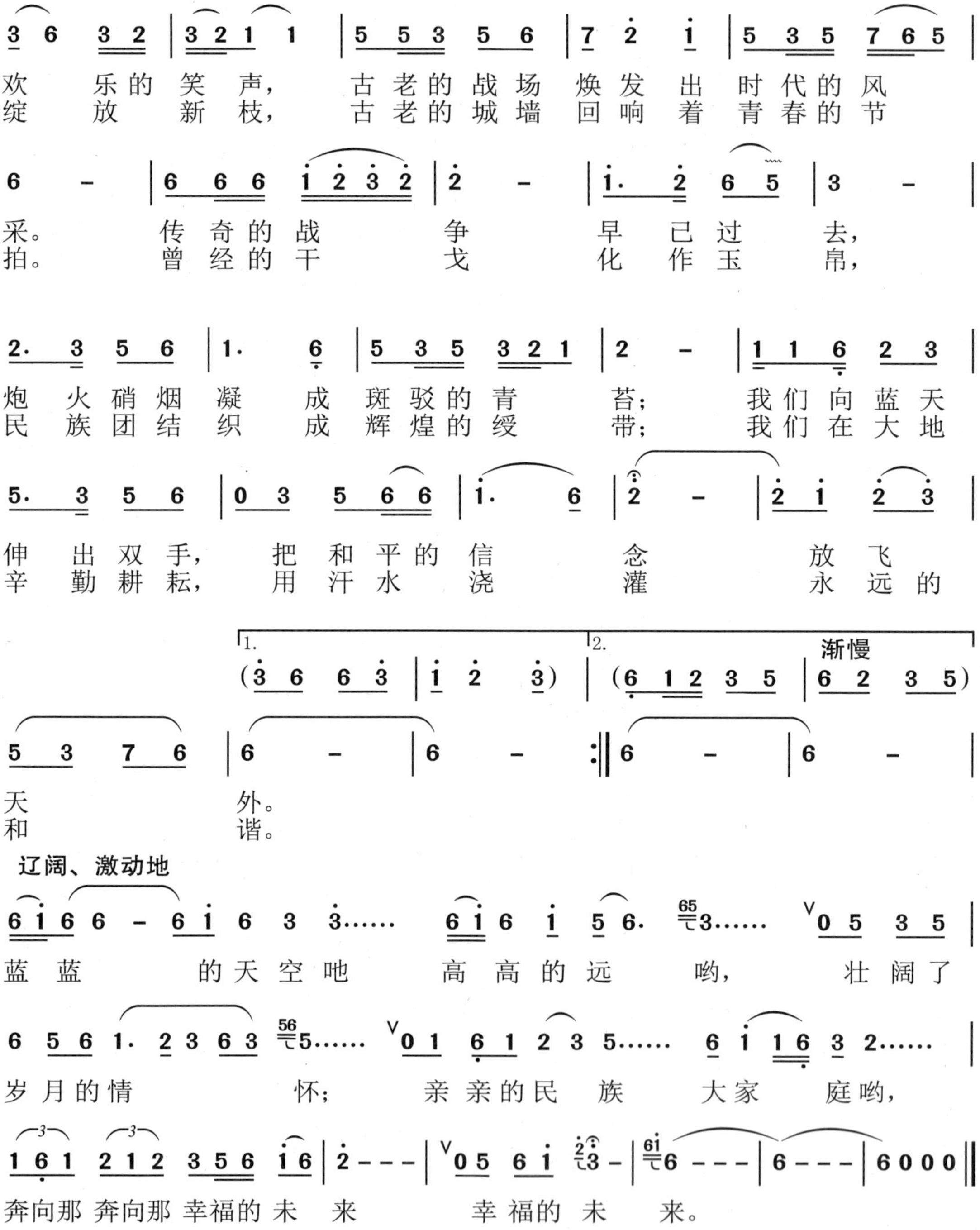
欢乐的笑声，古老的战场焕发出时代的风
绽放新枝，古老的城墙回响着青春的节
采。传奇的战争早已过去，
拍。曾经的干戈化作玉帛，
炮火硝烟凝成斑驳的青苔；我们向蓝天
民族团结织成辉煌的绶带；我们在大地
伸出双手，把和平的信念放飞
辛勤耕耘，用汗水浇灌永远的
渐慢
天外。
和谐。
辽阔、激动地
蓝蓝的天空吔高高的远哟，壮阔了
岁月的情怀；亲亲的民族大家庭哟，
奔向那奔向那幸福的未来幸福的未来。

月亮田

1＝E $\frac{4}{4}$

胡中华 词
刘 灿 曲

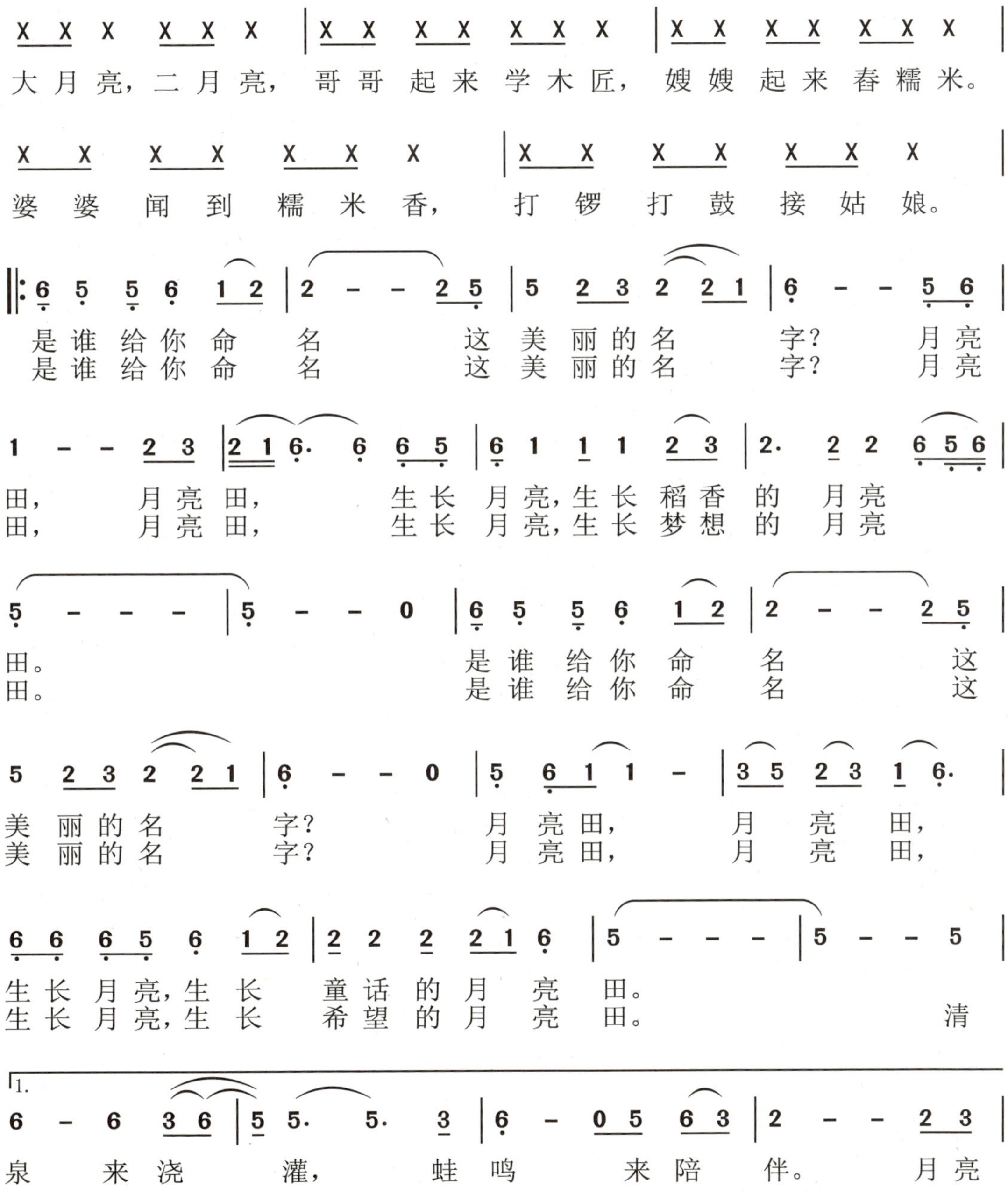

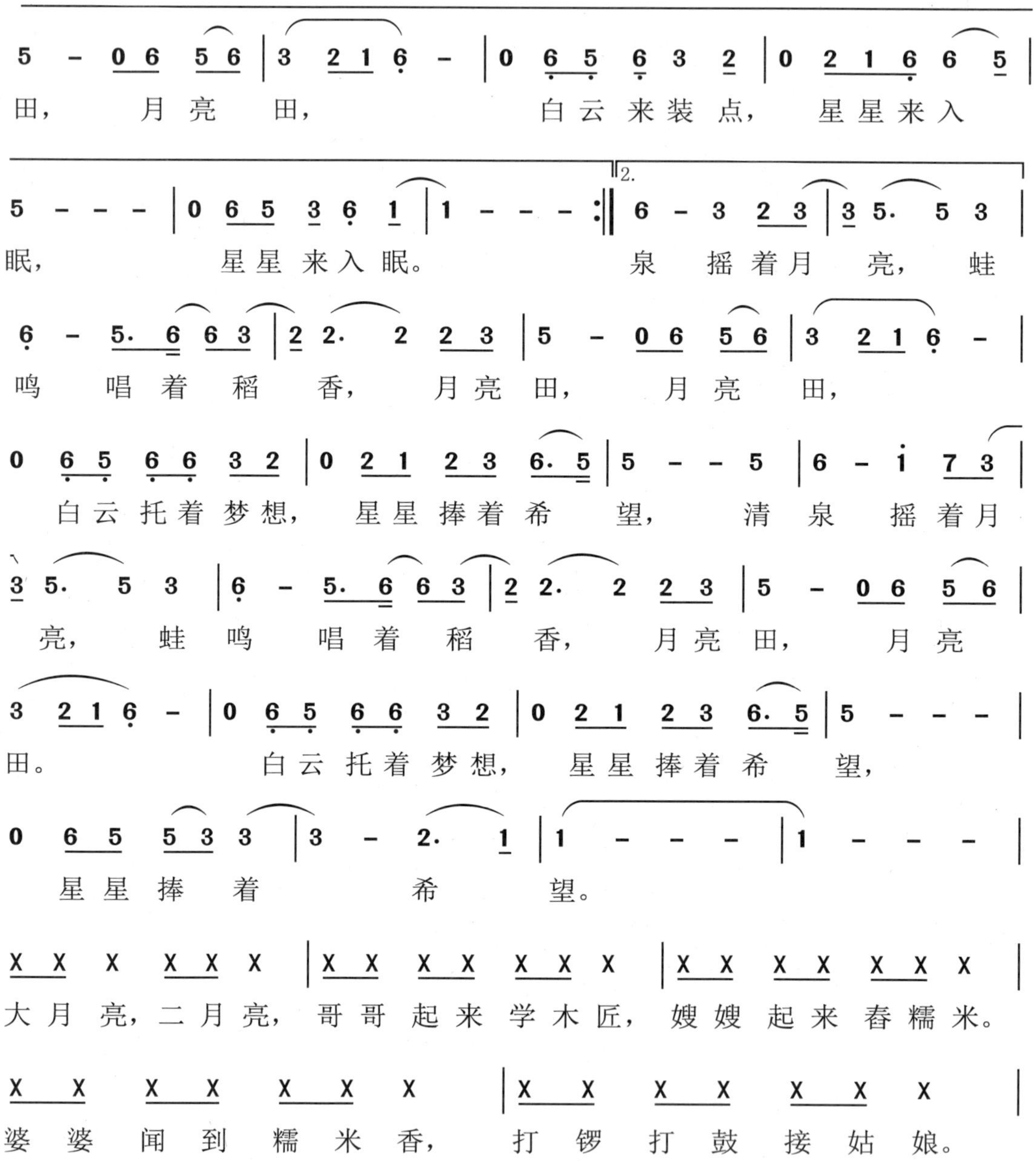
田，月亮田，白云来装点，星星来入
眠，星星来入眠。泉摇着月亮，蛙
鸣唱着稻香，月亮田，月亮田，
白云托着梦想，星星捧着希望，清泉摇着月
亮，蛙鸣唱着稻香，月亮田，月亮
田。白云托着梦想，星星捧着希望，
星星捧着希望。
大月亮，二月亮，哥哥起来学木匠，嫂嫂起来舂糯米。
婆婆闻到糯米香，打锣打鼓接姑娘。

我们会再见

叶 娇 词

周佩忻 唐晓波 曲

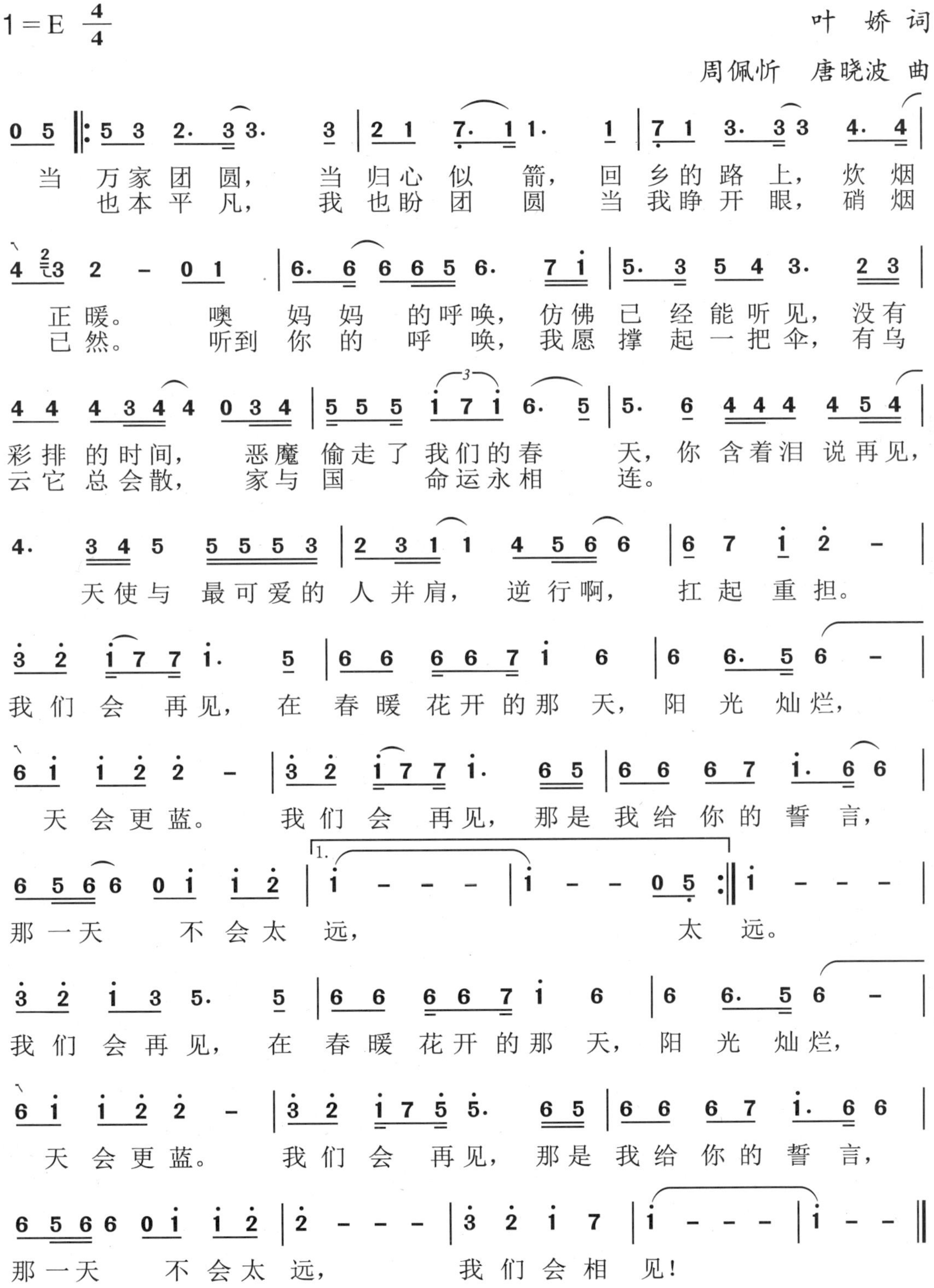

江城之恋

1 = ♭A $\frac{4}{4}$

梁　芒　词

杨　飞　曲

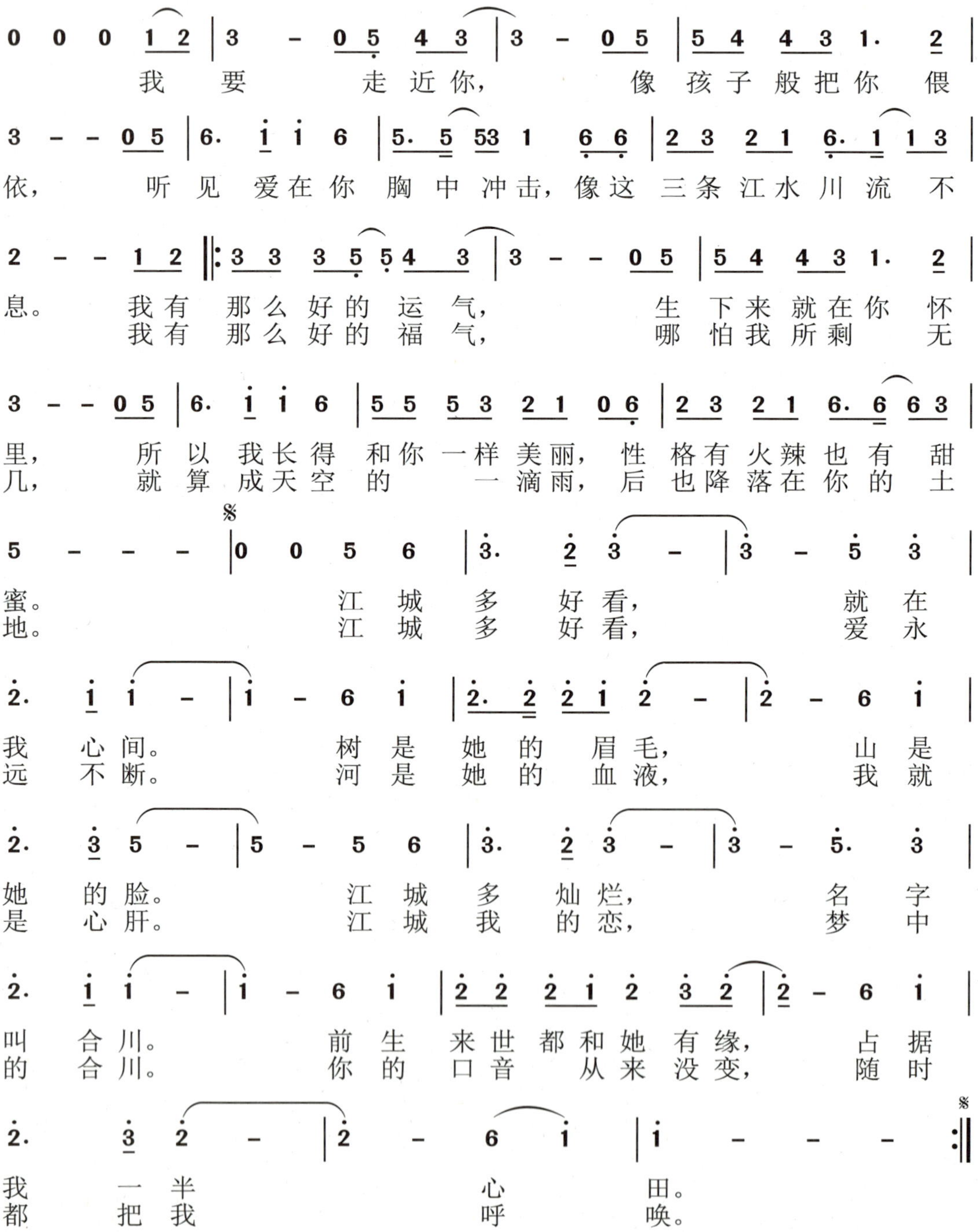

小妹长得一枝花

（女声小合唱）

1＝G $\frac{2}{4}$ ♩＝52

顾德维 词曲

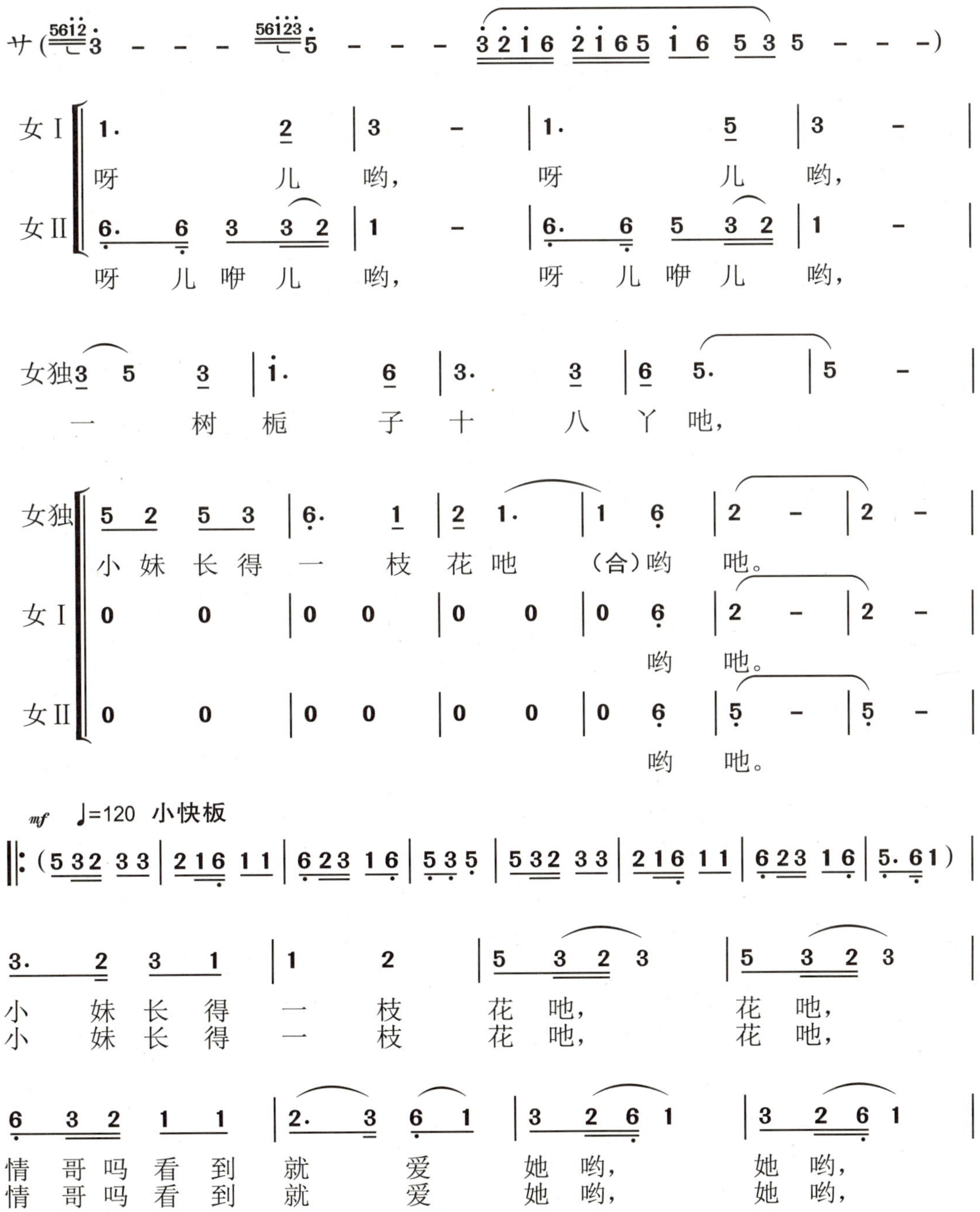

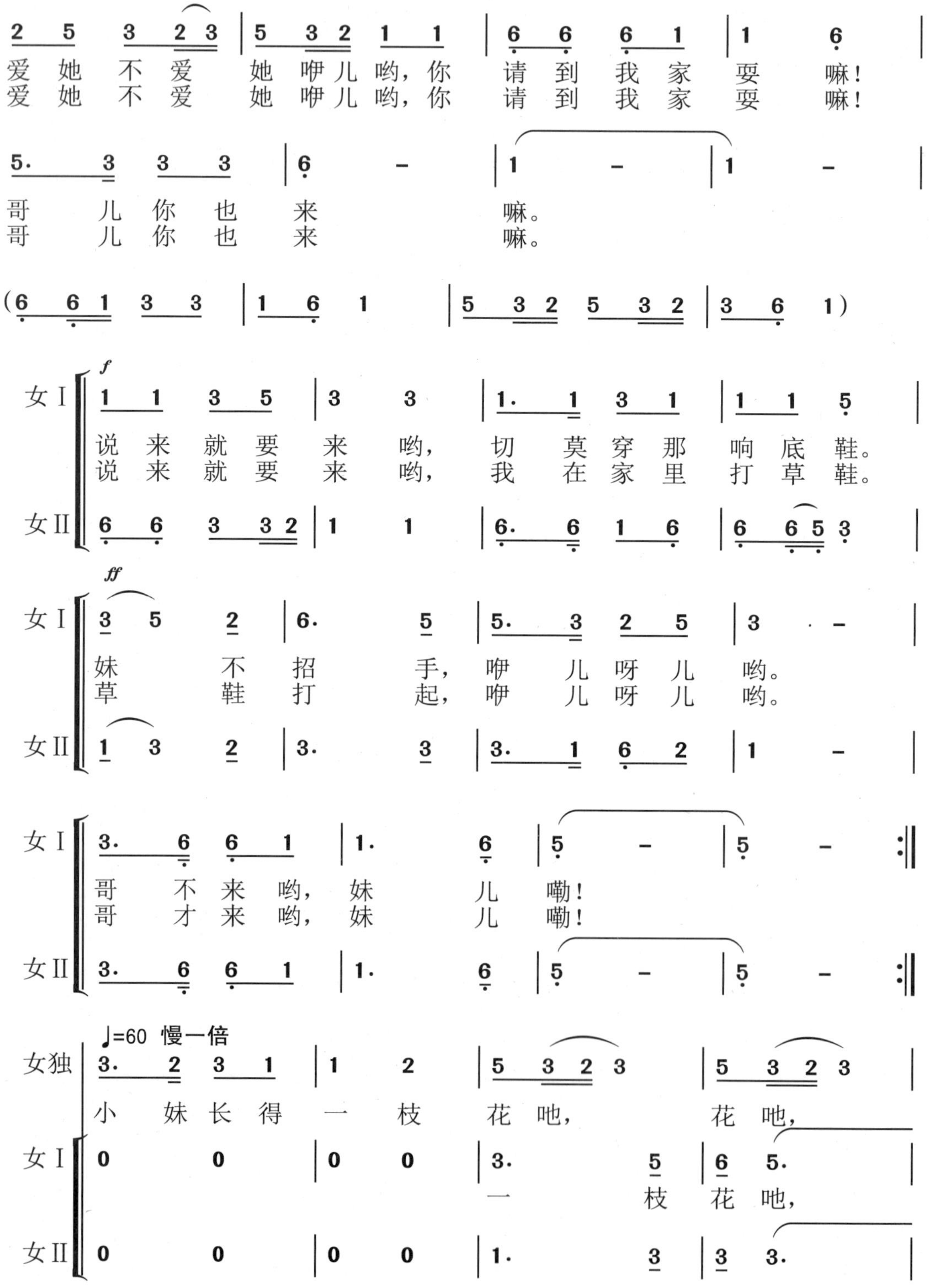
爱她不爱她咿儿哟，你请到我家耍嘛！
爱她不爱她咿儿哟，你请到我家耍嘛！
哥儿你也来嘛。
哥儿你也来嘛。
女Ⅰ
女Ⅱ
说来就要来哟，切莫穿那响底鞋。
说来就要来哟，我在家里打草鞋。
妹不招手，咿儿呀儿哟。
草鞋打起，咿儿呀儿哟。
哥不来哟，妹儿嘞！
哥才来哟，妹儿嘞！
♩=60 慢一倍
女独
小妹长得一枝花吔，花吔，
一枝花吔，

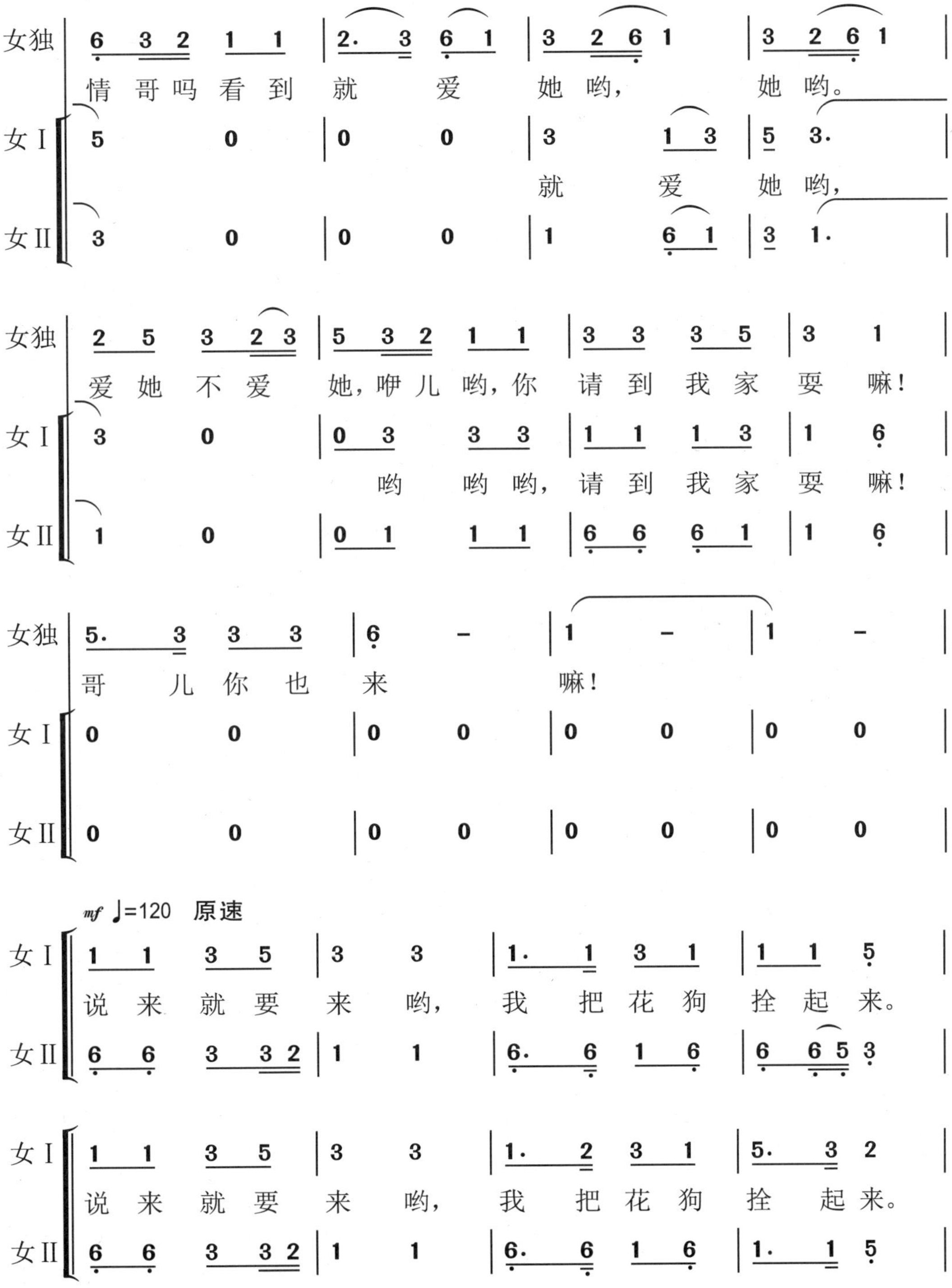
女独
情哥吗看到就爱她哟，她哟。
女Ⅰ
就爱她哟，
女Ⅱ
女独
爱她不爱她，咿儿哟，你请到我家耍嘛！
女Ⅰ
哟哟哟，请到我家耍嘛！
女Ⅱ
女独
哥儿你也来嘛！
女Ⅰ
女Ⅱ
mf ♩=120 原速
女Ⅰ
说来就要来哟，我把花狗拴起来。
女Ⅱ
女Ⅰ
说来就要来哟，我把花狗拴起来。
女Ⅱ

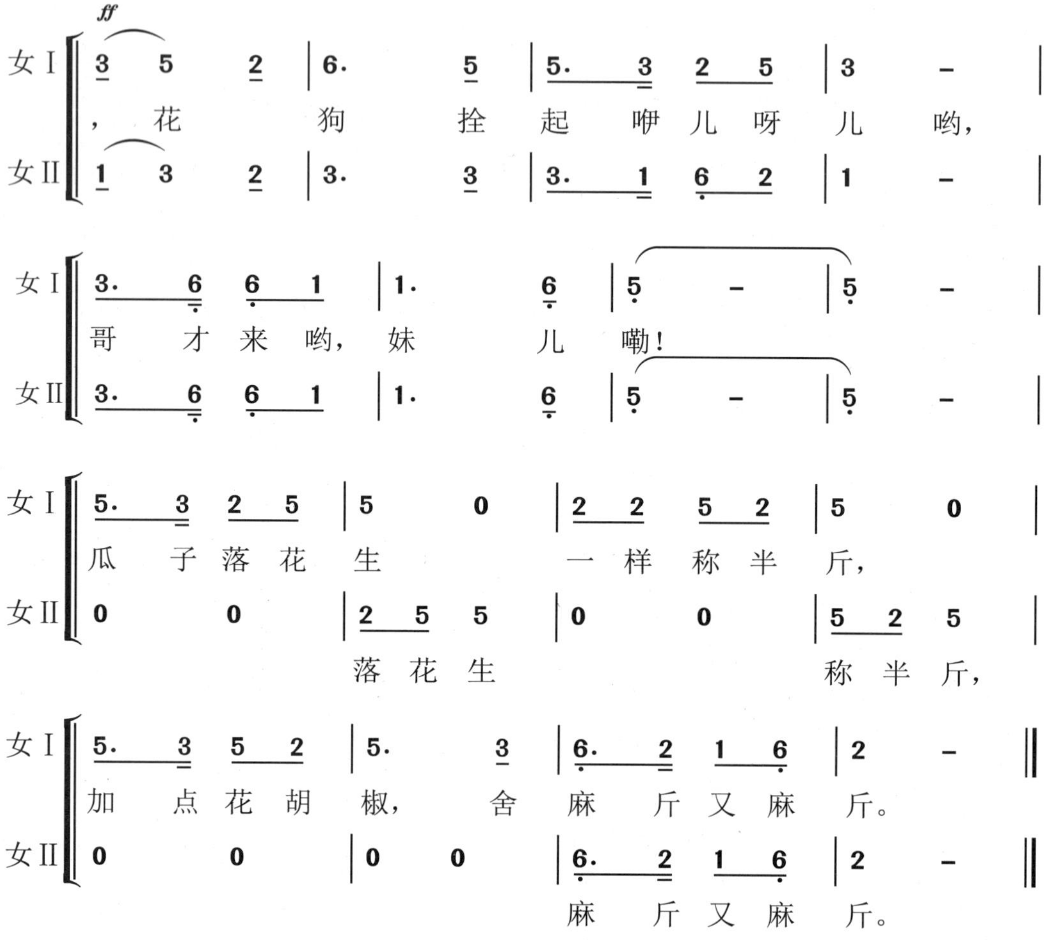
女Ⅰ
，花 狗 拴 起 咿儿呀 儿 哟，
女Ⅱ
女Ⅰ
哥 才来哟，妹 儿 嘞！
女Ⅱ
女Ⅰ
瓜 子落花 生 一 样 称 半 斤，
女Ⅱ
落花生 称 半 斤，
女Ⅰ
加 点花胡 椒， 舍 麻 斤 又 麻 斤。
女Ⅱ
麻 斤 又 麻 斤。

美术

邓建强美术作品

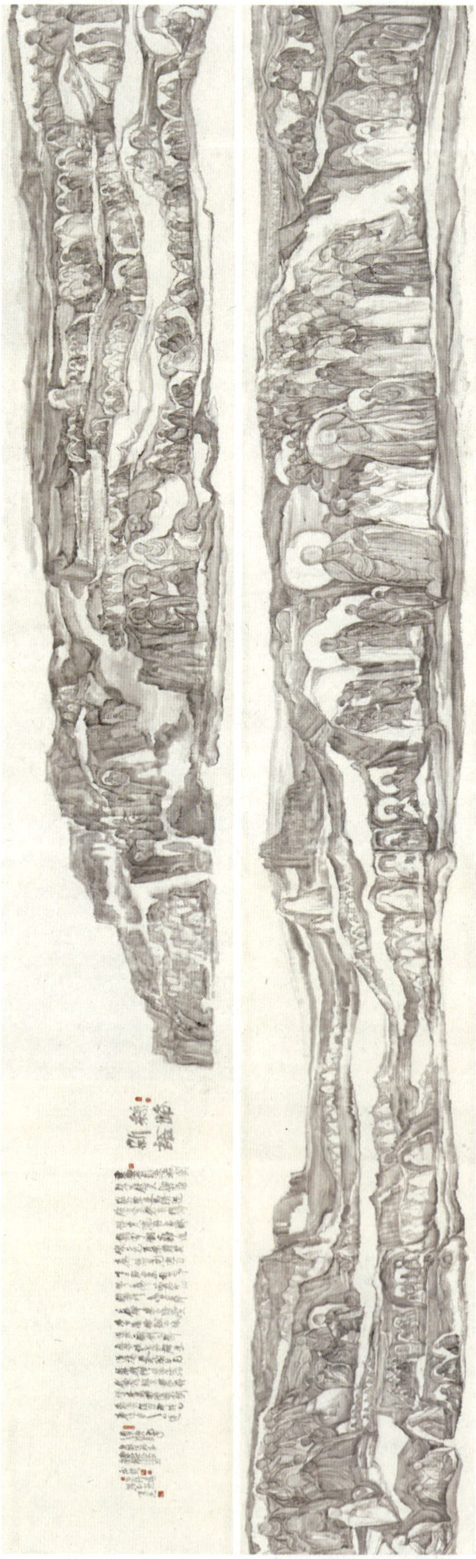

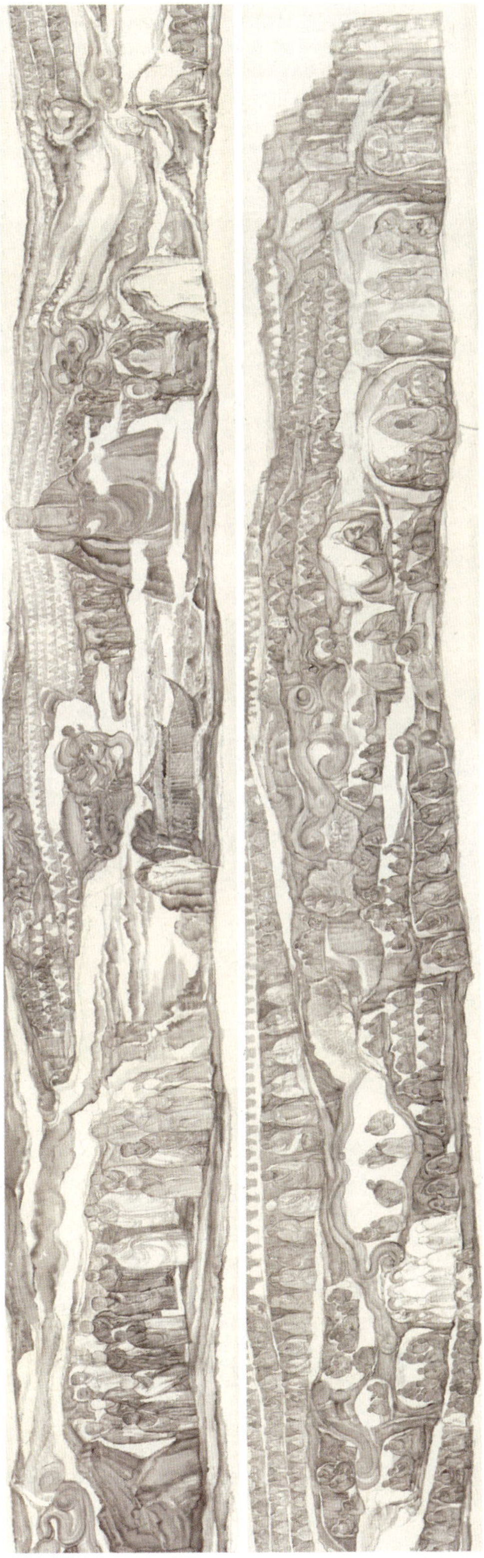

《丝路新语》68 cm×1800 cm（局部）

《大别山写生》60 cmx60 cm

《大凉山写生》60 cmx60 cm

《清荷幽香》245 cmx123 cm

《三峡石壁》60 cmx40 cm

《三峡石壁》60 cmx40 cm

《葫福图》68 cmx68 cm

《荷香乡里》180 cmx145 cm

《乡里荷梦》240 cmx200 cm

任家文美术作品

《春山十里图》68 cmx136 cm

《绿色山图》68 cmx68 cm

《红韵倾城》68 cmx68 cm

《晨曲》68 cmx68 cm

《金沙江畔》83 cm×76 cm

《层层秋岩》68 cmx68 cm

李伟平美术作品

《青藏高原》138 cmx138 cm

《高原人家》96 cmx40 cm

《巴渝人家》40 cmx96 cm

《奋进》40 cmx96 cm

《巴渝风情》40 cmx96 cm

《巴乡》40 cmx96 cm

《归牧图》96 cmx40 cm

《远雪》96 cmx40 cm

夏止鸣美术作品

《一家亲》版画 48 cm × 45 cm

《摇豆花》国画 88 cm × 72 cm

《二妞》国画 72 cm × 60 cm

《记忆一四七》国画 110 cm×75 cm

《初冬》国画 105 cm × 60 cm

《期盼》国画 80 cm × 80 cm

李彬琦美术作品

《送文化下乡》水彩 90 cmx70 cm

《街角》水彩 60 cmx60 cm

《玛吉阿米》水彩 38 cmx26 cm

《粉城记忆》水彩 75 cmx55 cm

《红色之路》油画 50 cmx100 cm

《外面的世界》水彩 75 cmx110 cm

《乡村老屋》水彩 18 cmx26 cm

《云端的对望》油画 100 cmx100 cm

胡馨美术作品

《静心若山》油画 60 cmx80 cm

《天路》油画 30 cmx40 cm

《秋意》油画 40 cmx30 cm

刘兴正美术作品

《故园印迹情似梦》中国画（水墨） 206 cmx190 cm

《春夏秋无冬》国画 180 cm×120 cm

《归途》中国画 138 cmx69 cm

《合州道中》国画 225 cmx93 cm

《乡清云淡傍三江》120 cmx136 cm

黄睿美术作品

《春山青霁图》油画 150 cmx150 cm

《冬至》水彩 38 cmx50 cm

《庭园春意》油画 160 cmx160 cm

《云窟印象》油画 150 cmx150 cm

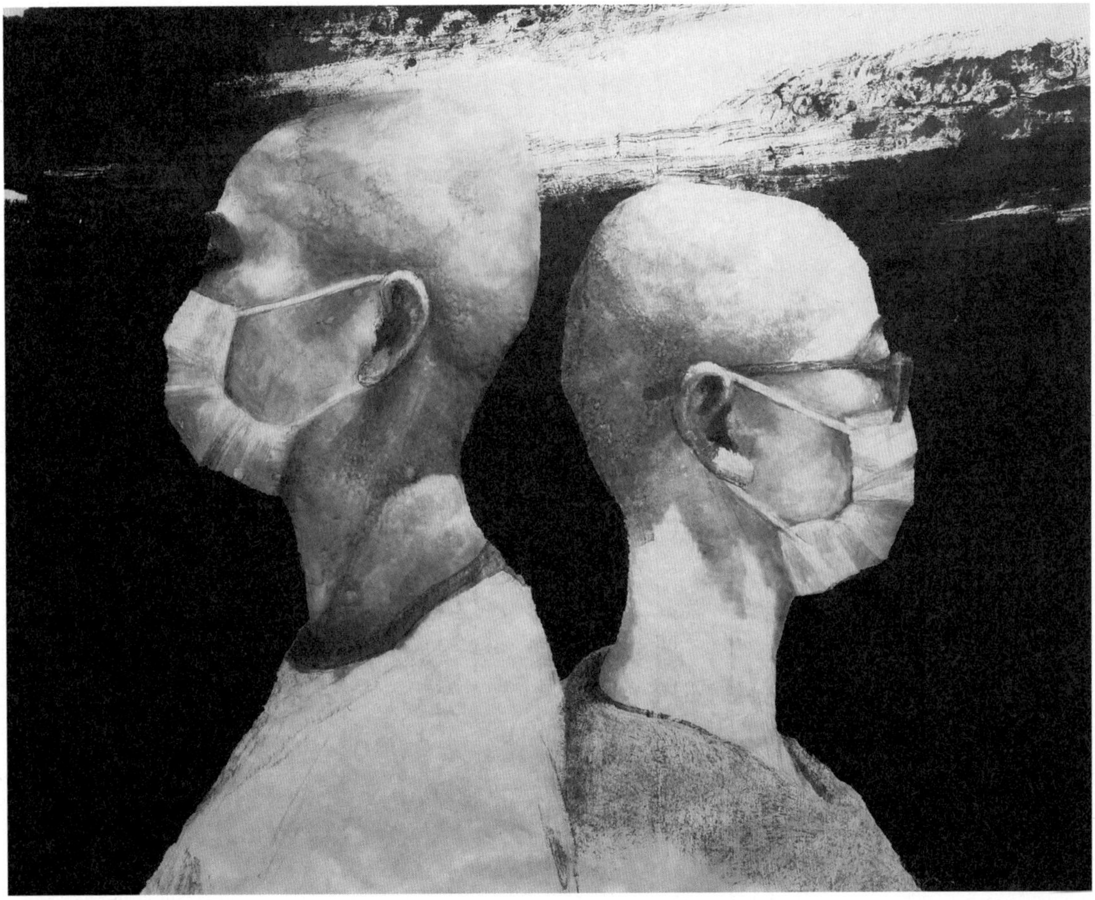

《2020 出征之二》国画 90 cmx100 cm

书法

任家文书法作品

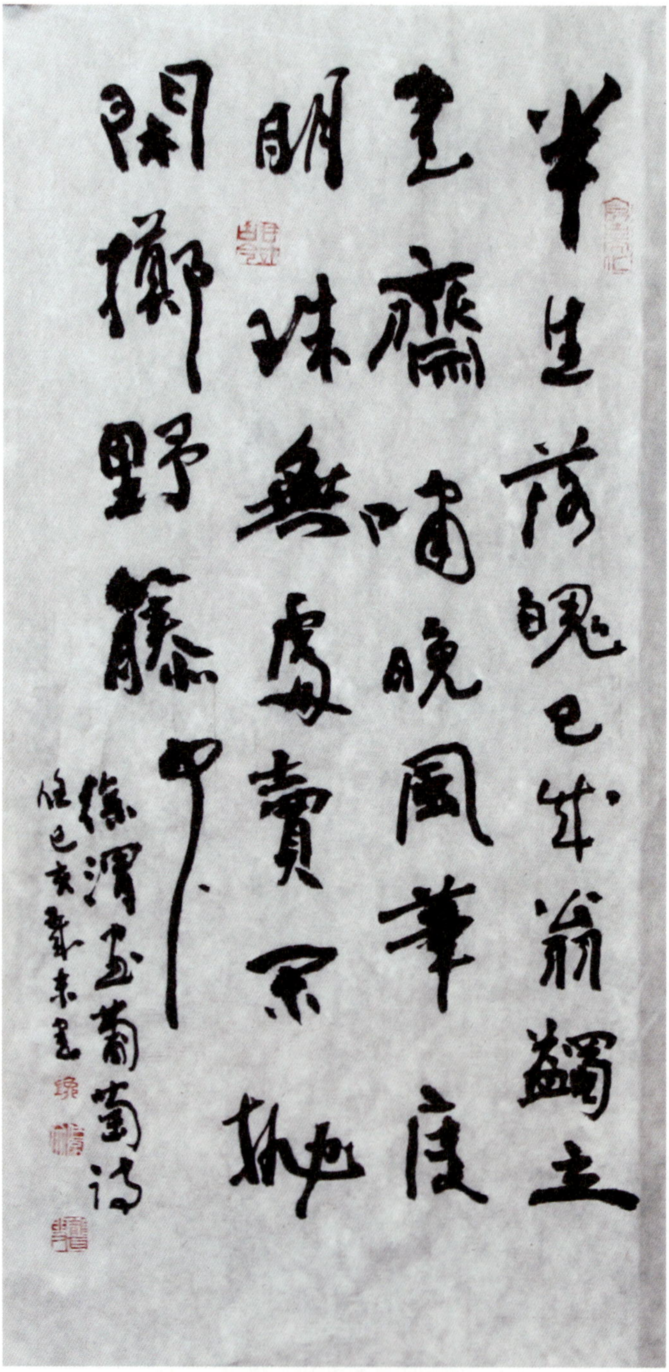

《徐渭书葡萄诗》 行书

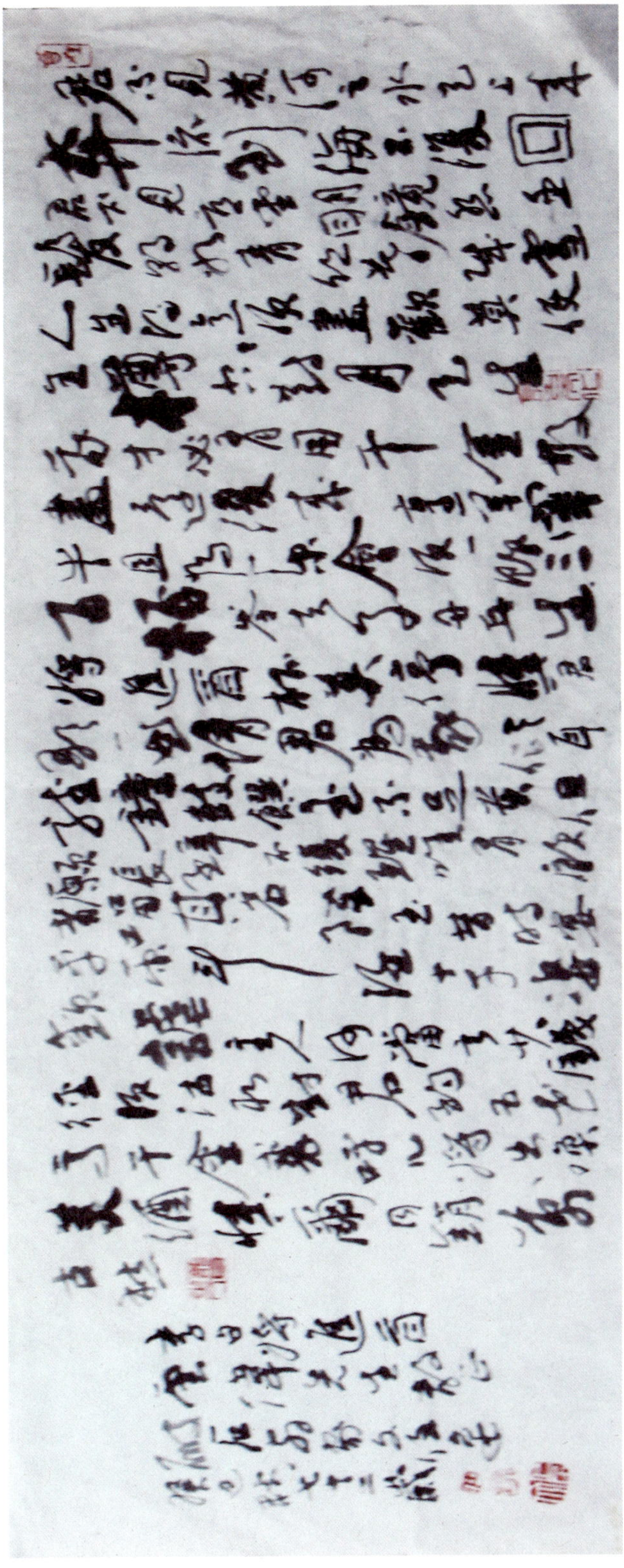

《李白将进酒》 行书

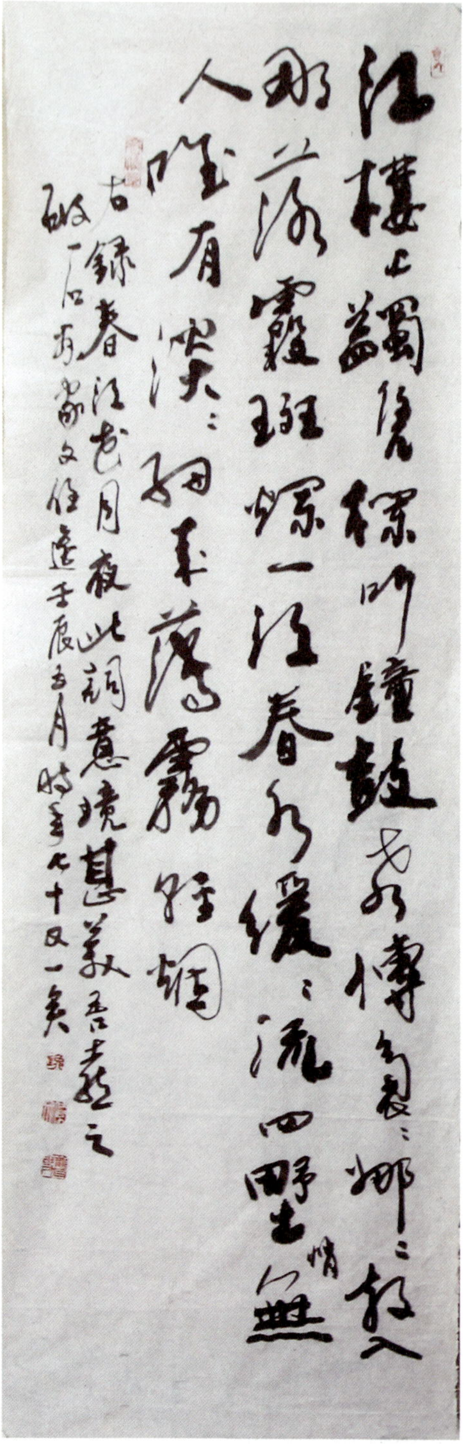

《春江花月夜节录》 行书

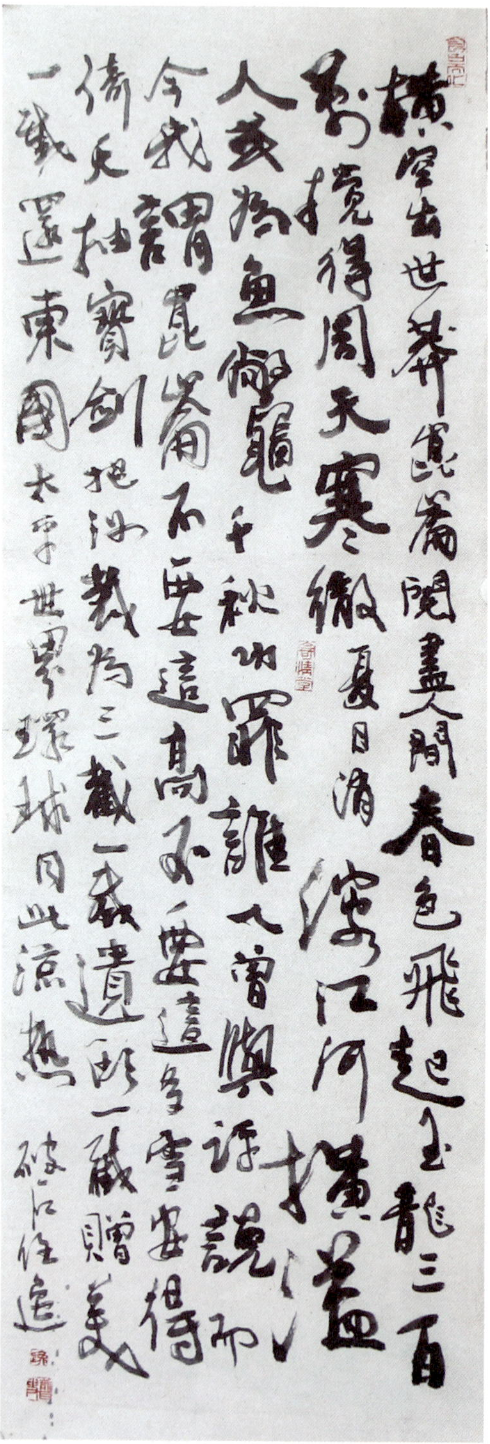

《自作诗一首》 行书

李秀娟书法作品

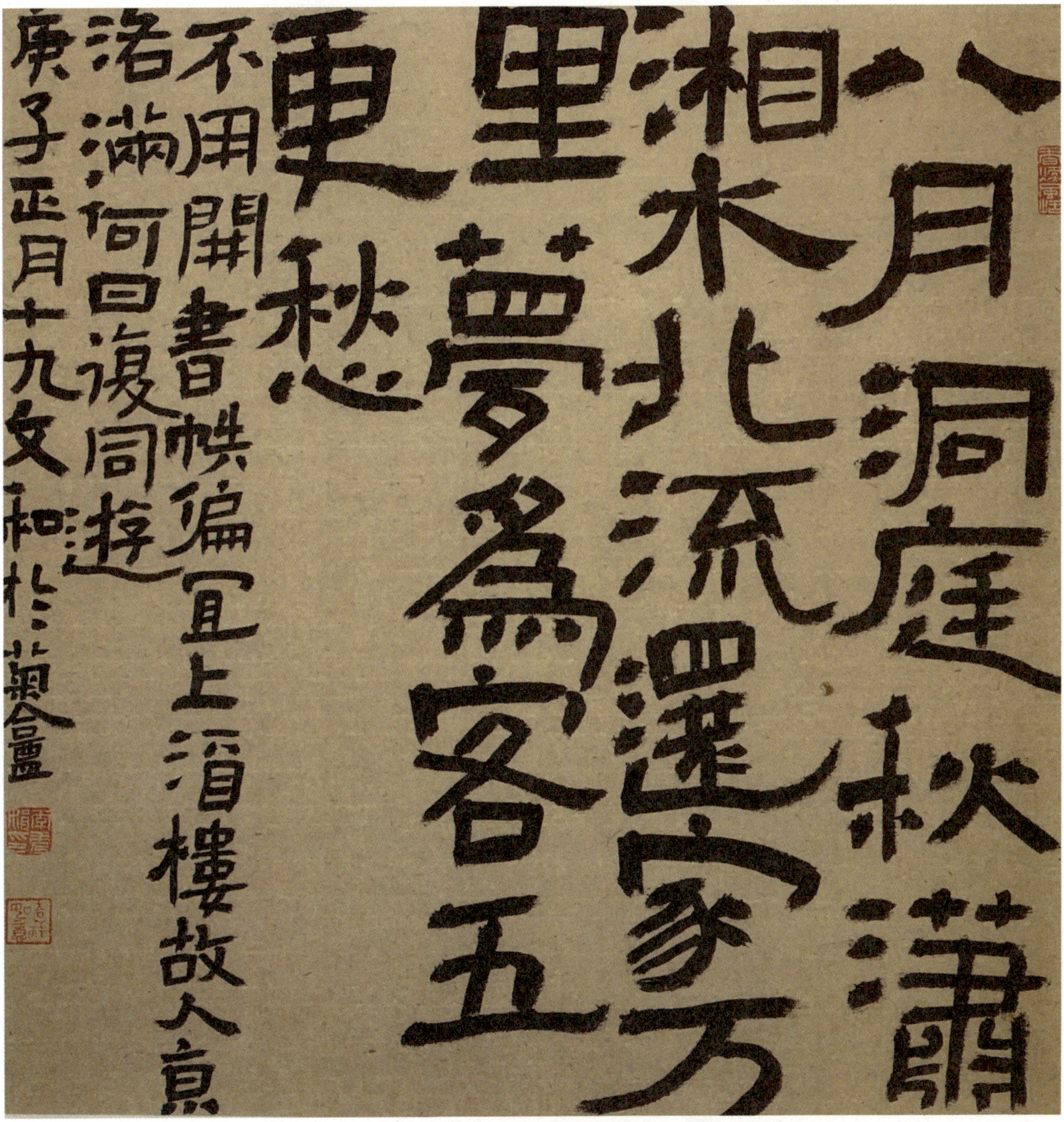

《八月洞庭秋》 隶书

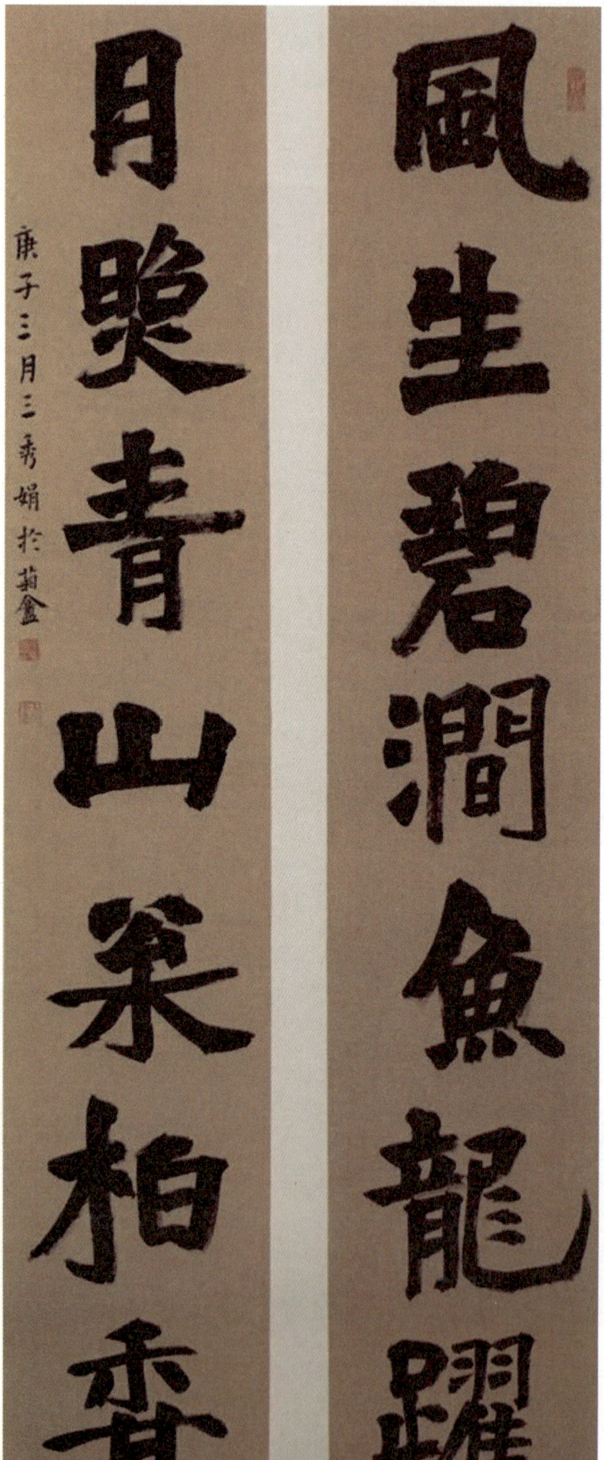

《风声月照联》 楷书

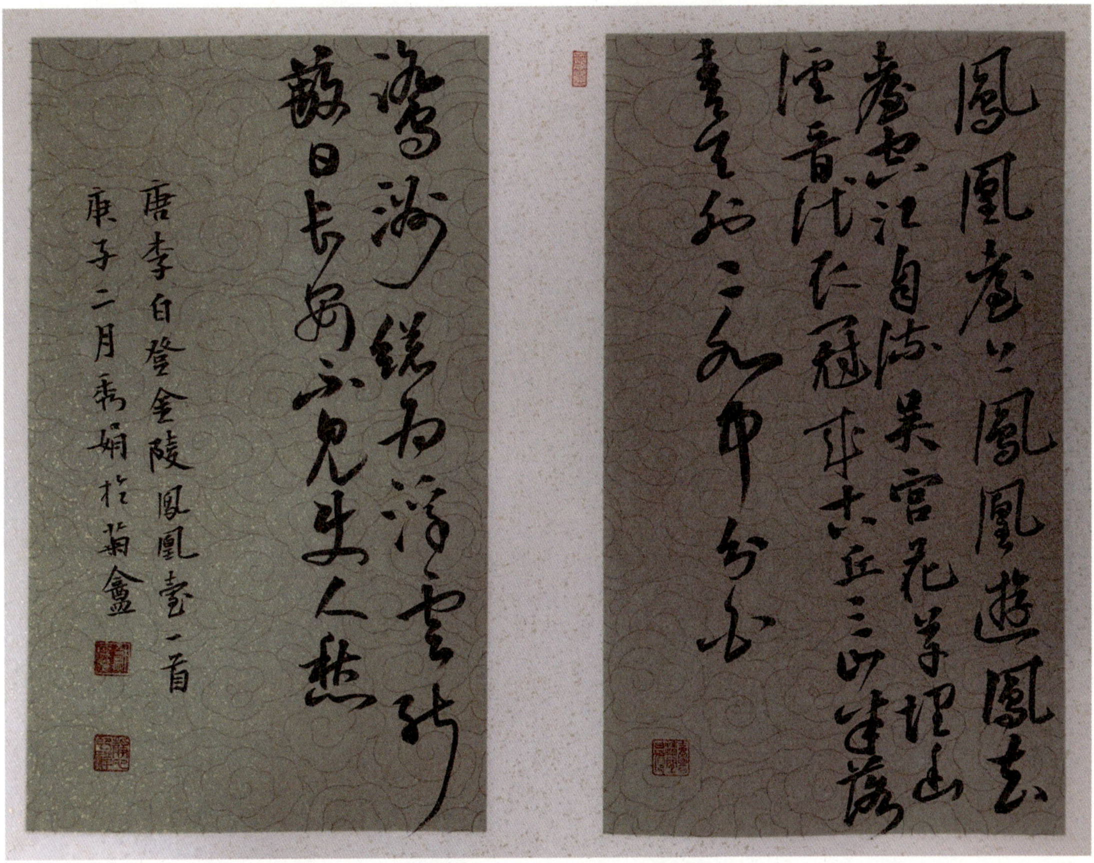

《凤凰台上凤凰游》行书

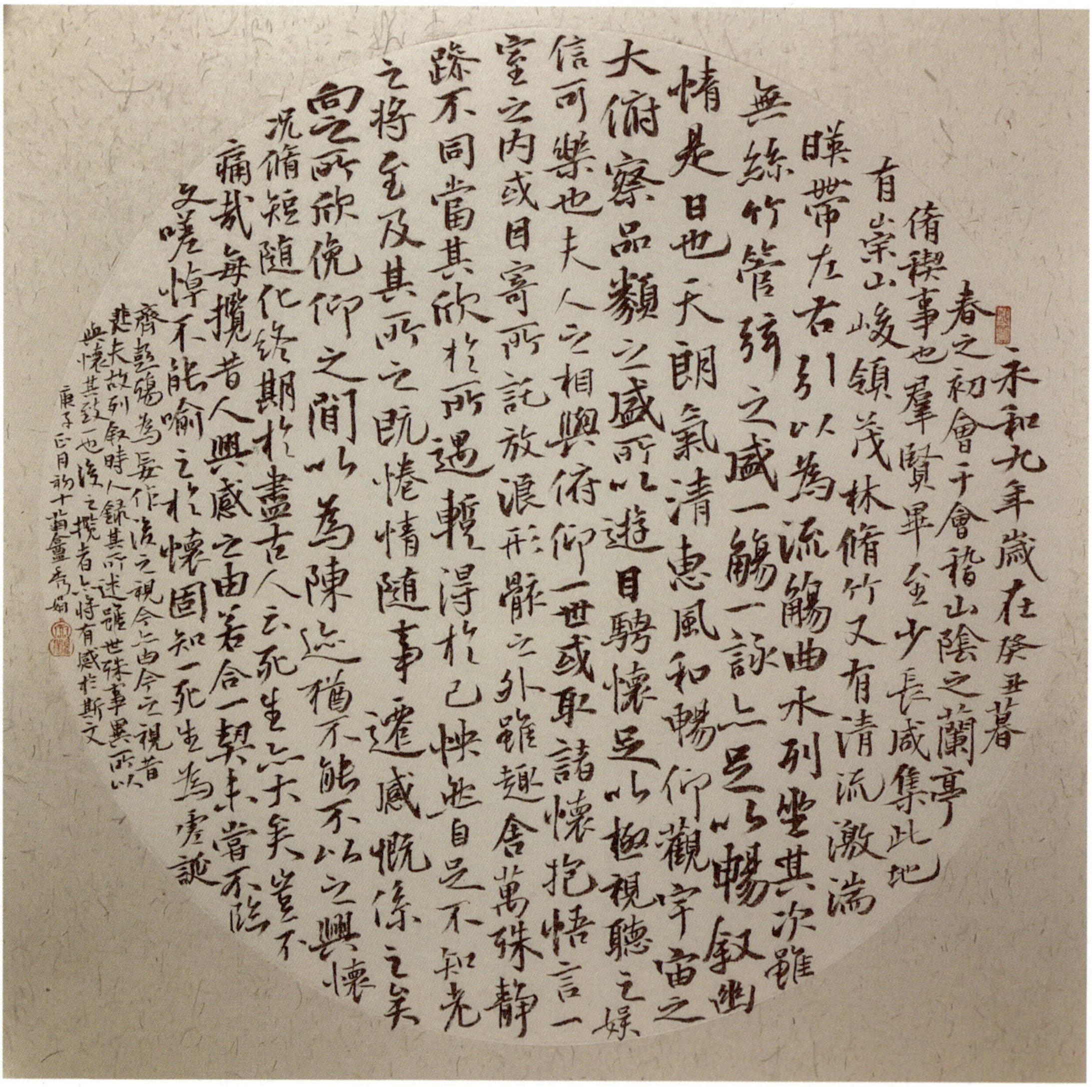

《兰亭集序》 行书

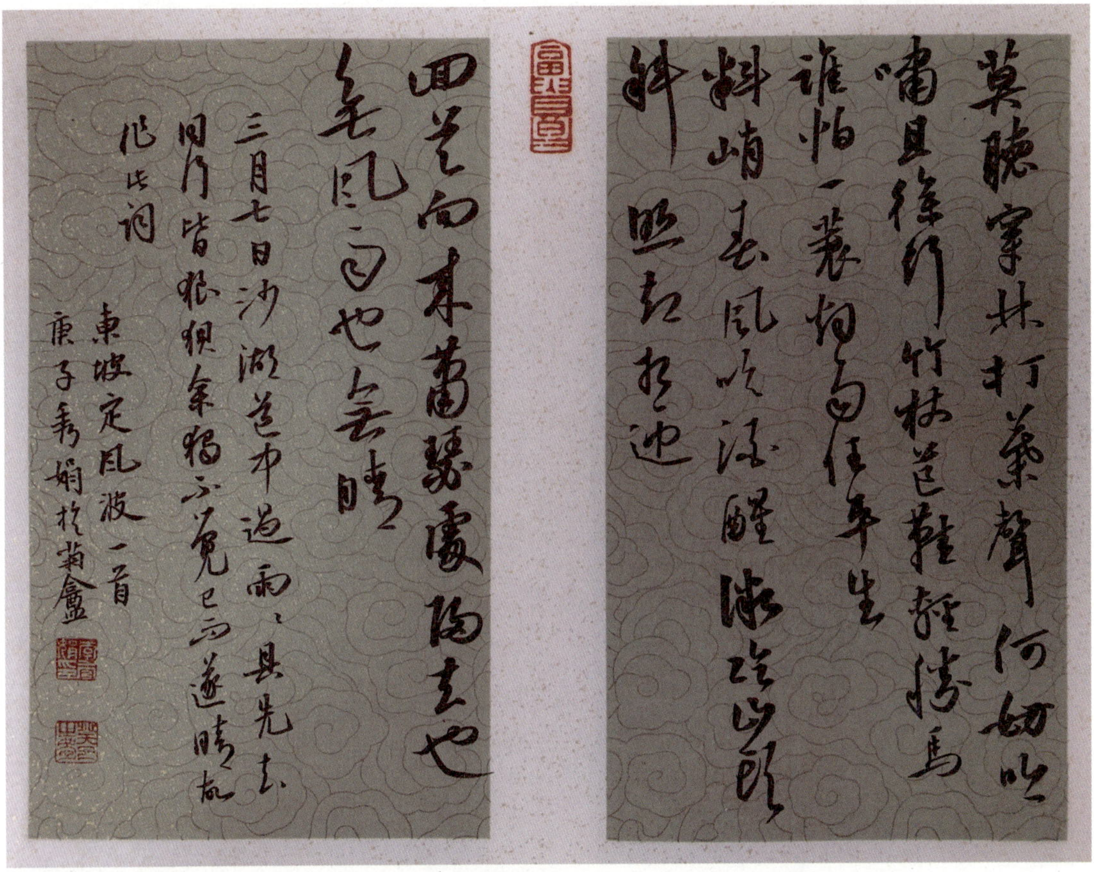
莫聽穿林打葉聲何妨吟嘯且徐行竹杖芒鞋輕勝馬誰怕一蓑煙雨任平生料峭春風吹酒醒微冷山頭斜照卻相迎
回首向來蕭瑟處歸去也無風雨也無晴
三月七日沙湖道中遇雨雨具先去同行皆狼狽余獨不覺已而遂晴故作此詞
東坡定風波一首
庚子秀娟於菊盦

《莫听穿林打叶声》 行书

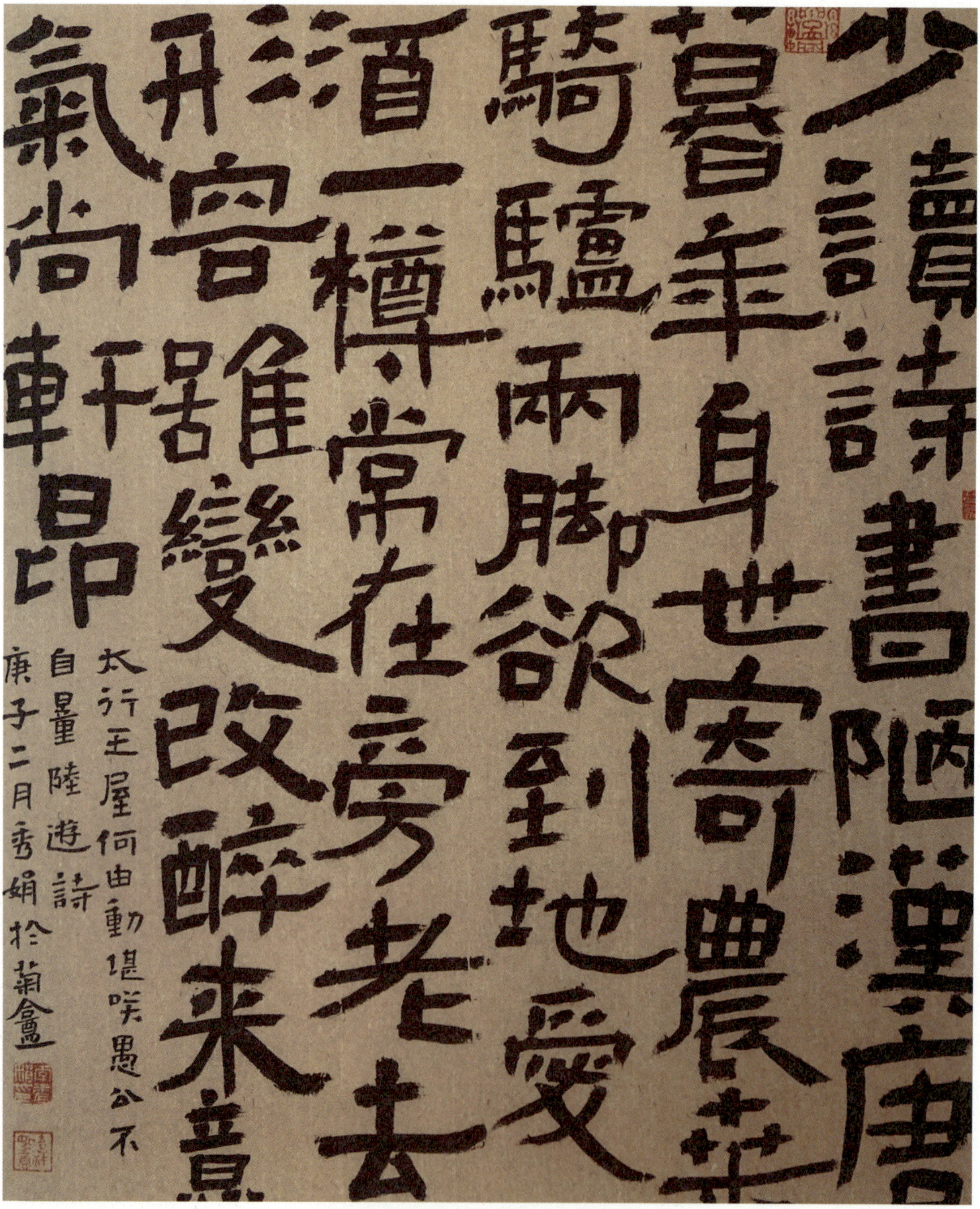

《少读诗书陋汉唐》 隶书

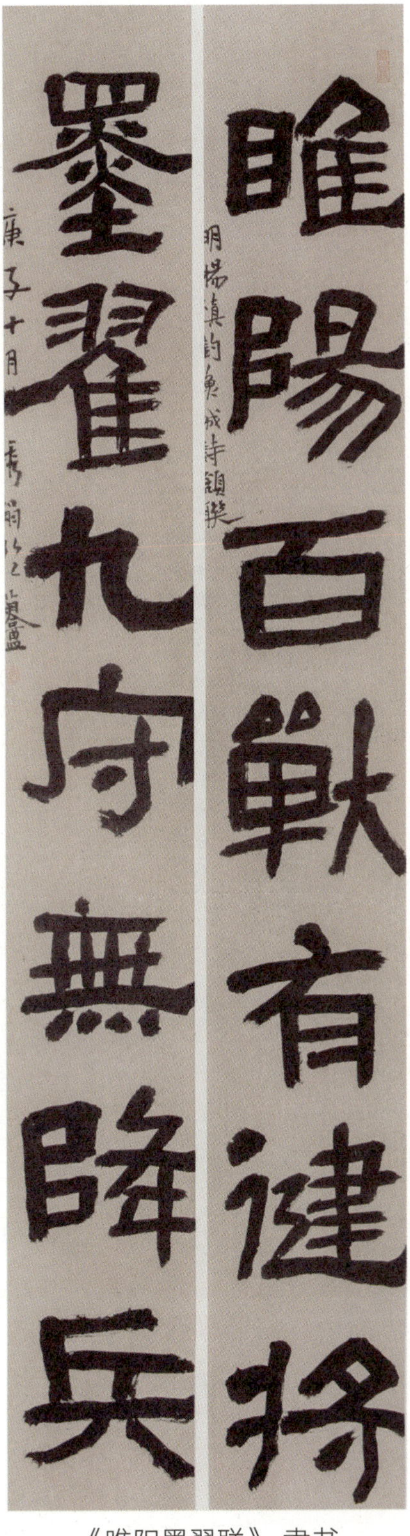

《睢阳墨翟联》 隶书

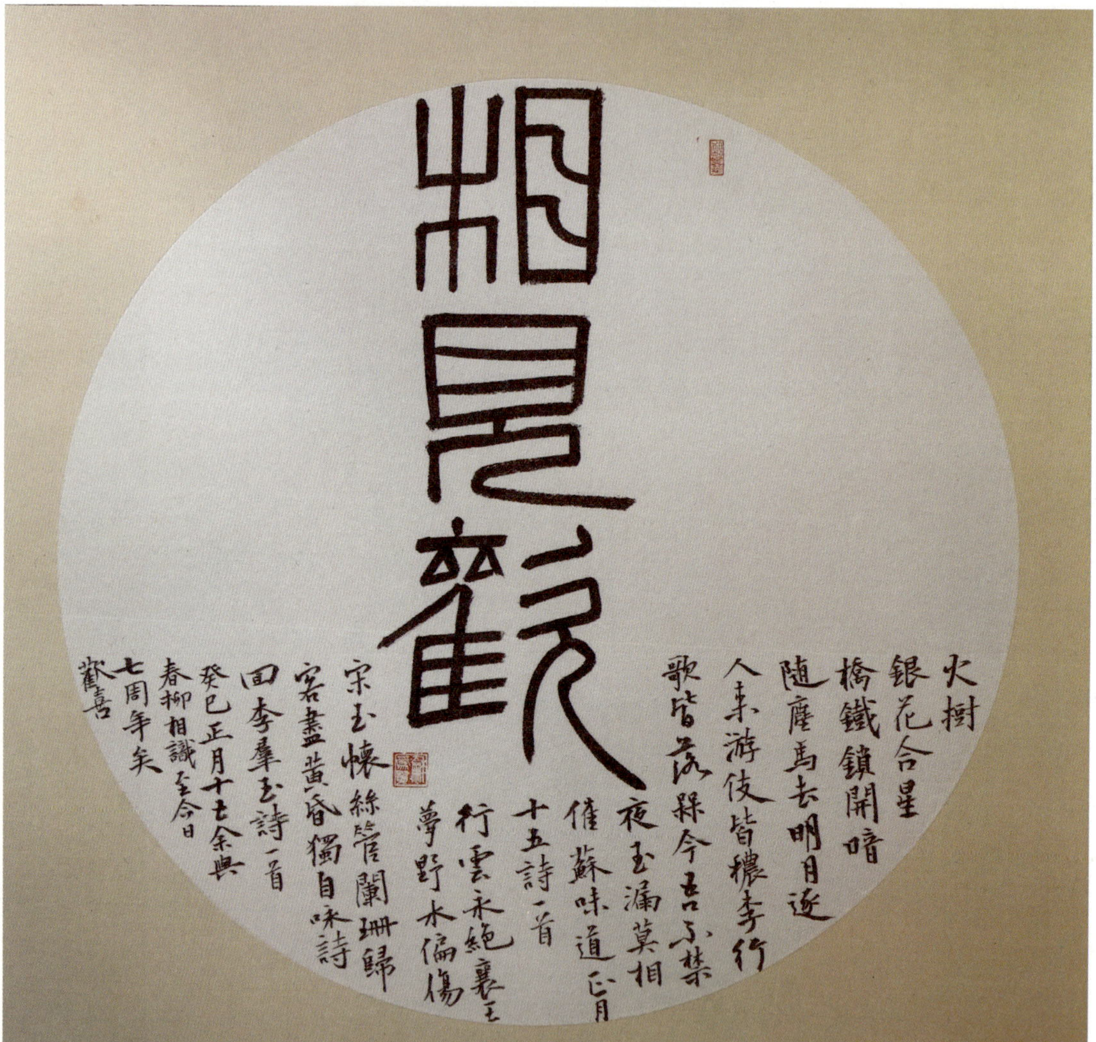

《相见欢》 篆书

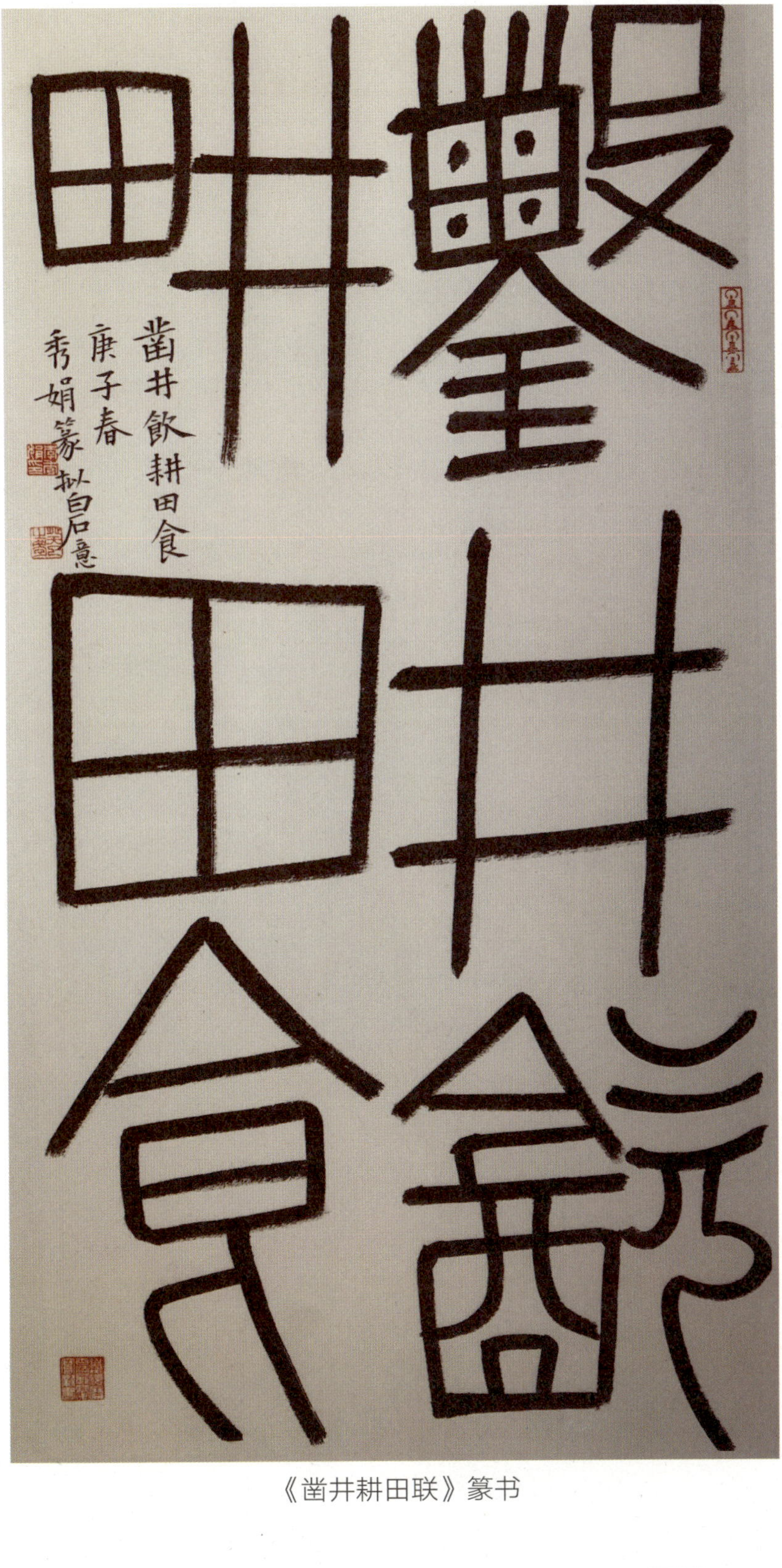

《凿井耕田联》篆书

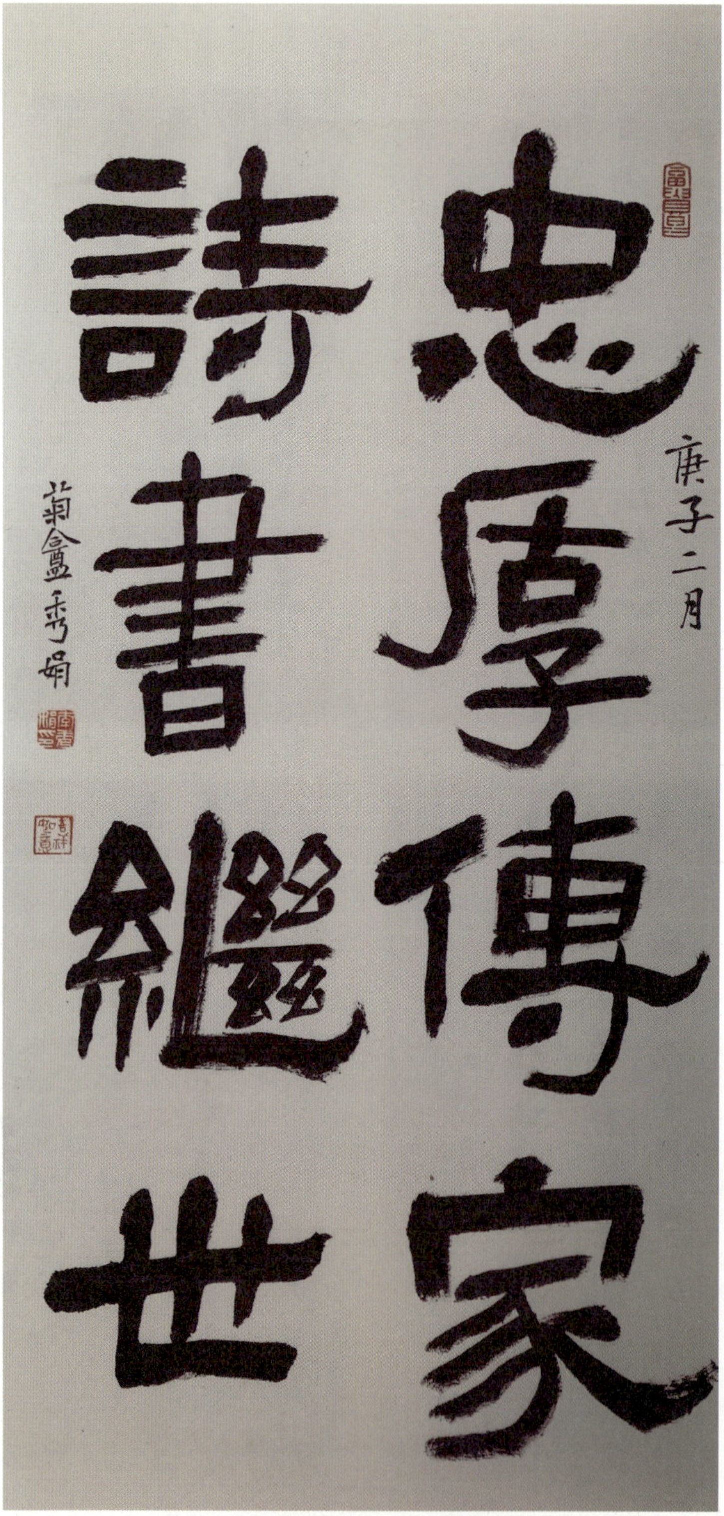

《忠厚诗书联》 隶书

华静书法作品

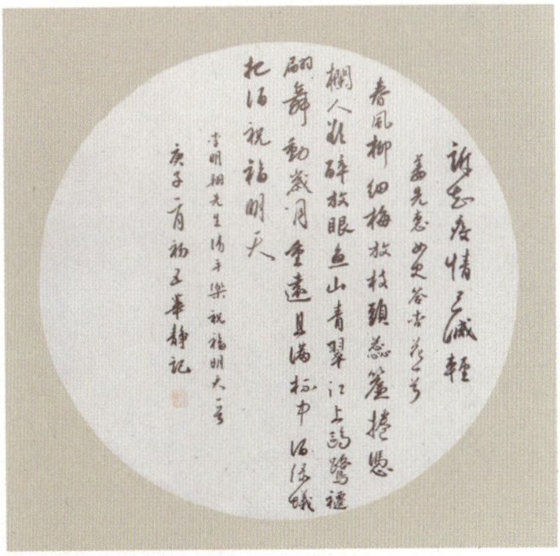

《合川本土诗人抗疫诗》行书

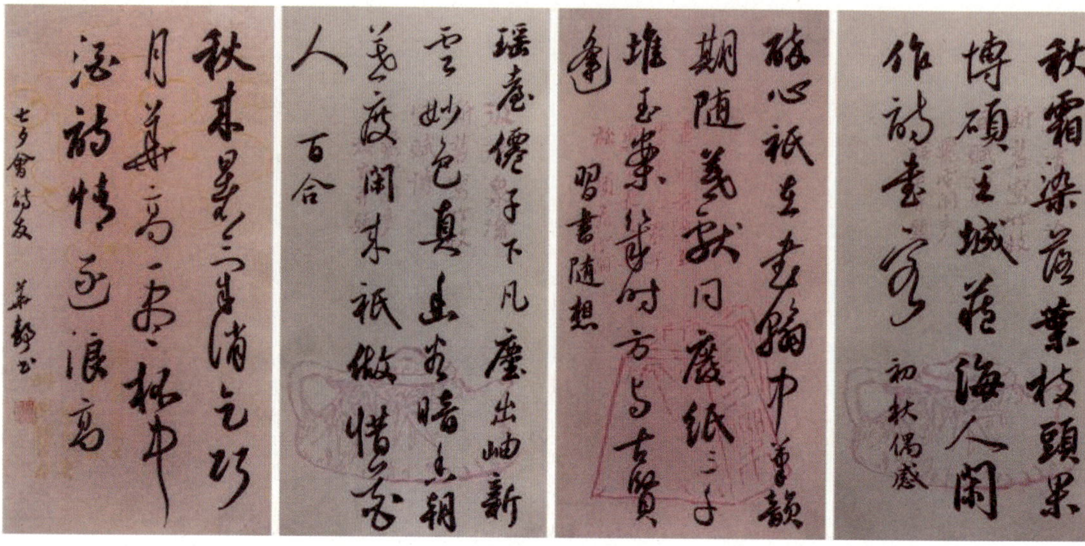

《华静诗》 行书

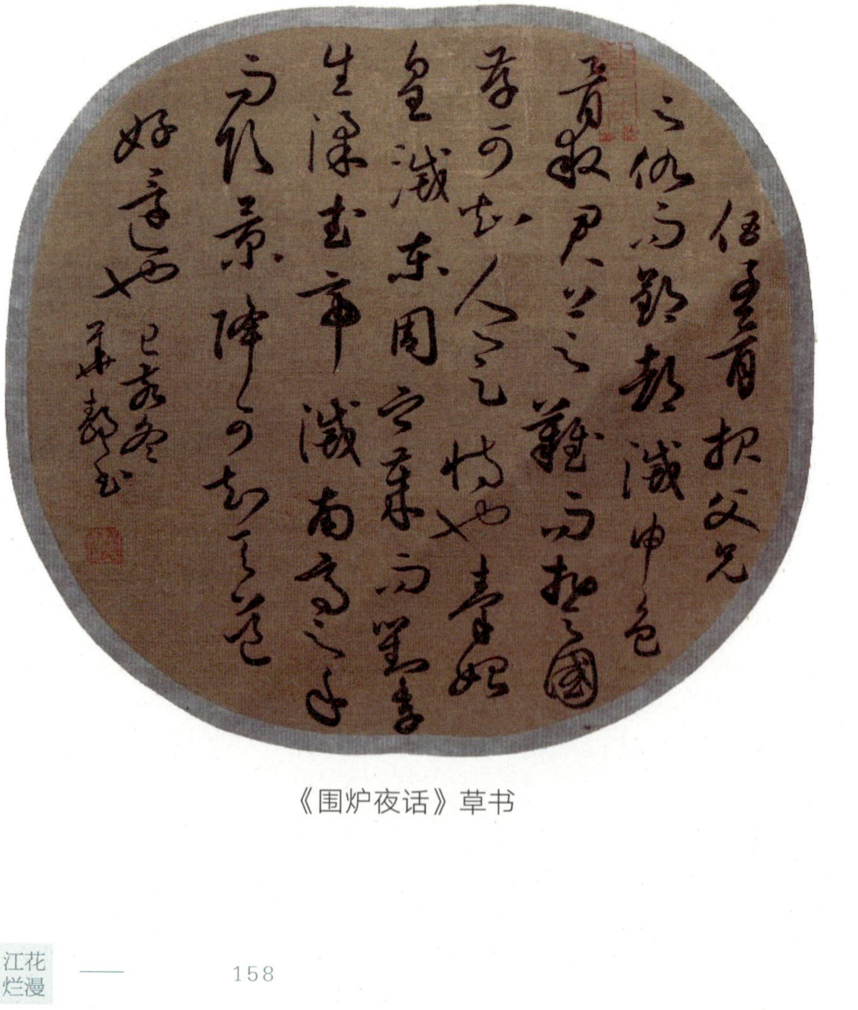

《围炉夜话》草书

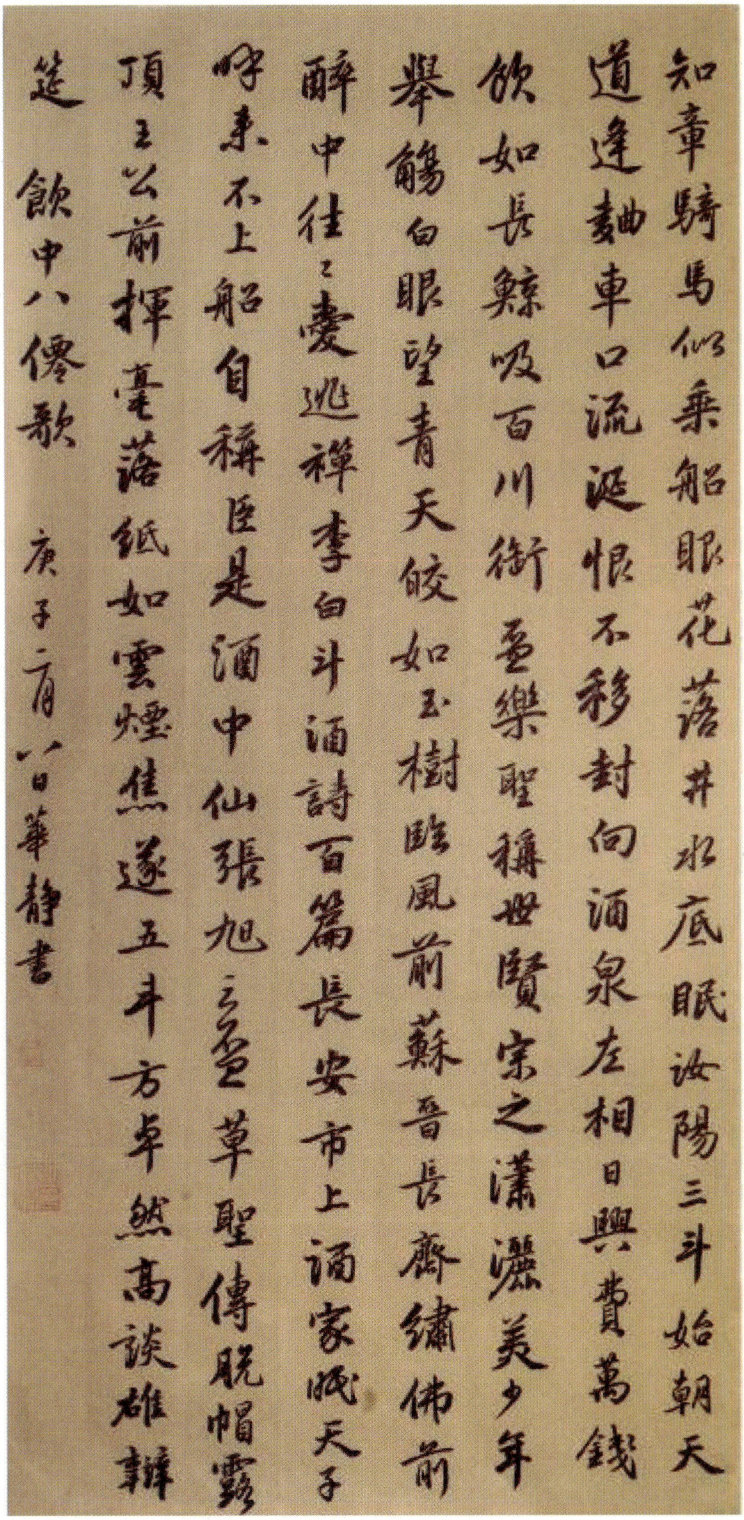
知章騎馬似乘船眼花落井水底眠汝陽三斗始朝天
道逢麯車口流涎恨不移封向酒泉左相日興費萬錢
飲如長鯨吸百川銜盃樂聖稱世賢宗之瀟灑美少年
舉觴白眼望青天皎如玉樹臨風前蘇晉長齋繡佛前
醉中往往愛逃禪李白斗酒詩百篇長安市上酒家眠天子
呼來不上船自稱臣是酒中仙張旭三盃草聖傳脫帽露
頂王公前揮毫落紙如雲煙焦遂五斗方卓然高談雄辯
筵
飲中八僊歌
庚子二月廿日華靜書

《饮中八仙歌》行书

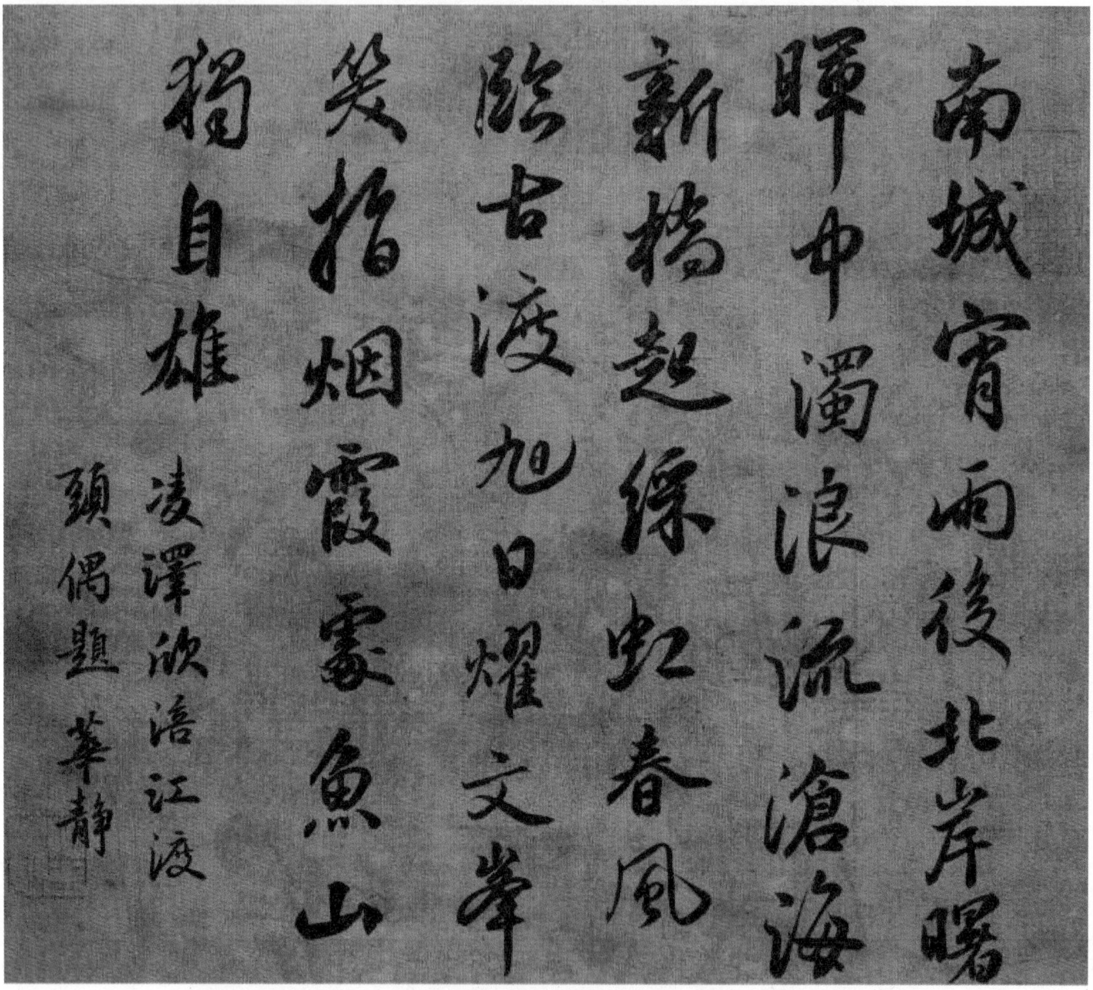
南城宵雨後北岸曙
暉中濁浪流滄海
新橋起綵虹春風
臨古渡旭日耀文峯
笑指烟霞處魚山
獨自雄
凌澤欣涪江渡
頭偶題 華静

《涪江渡头偶题》行书

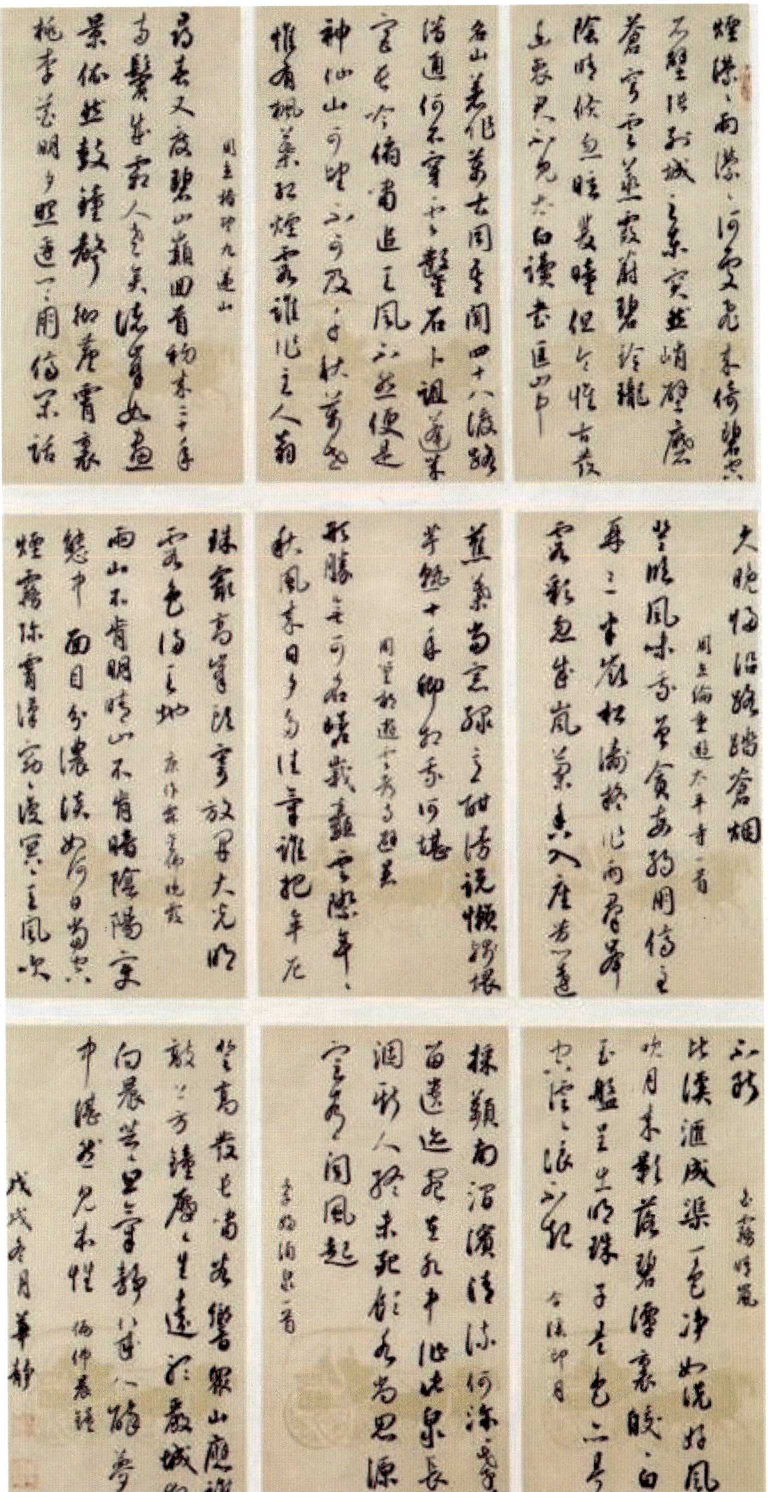

《重庆历代诗选》行书

诗歌

胡中华诗作

每当在土墙村听到一声鸟鸣

每当在土墙村听到一声鸟鸣
就感觉，春天来临，浑身苍翠

我爱土墙村的土黄
但我并不只写土墙色的诗
我还爱它的深绿
这层叠的锦绣时光，真耐看呀

鸟鸣拂过柳条，青竹溪
像一条流动的绿绸，默默打扫着
脑海里的乌云

鸟鸣落在荷塘
她在一朵莲的花心回应
我是一条红鲤鱼
附在藕根，暗自欣喜
虽不合襟闭目
但鳞片，已难扣稳战栗

在土墙村
我和她，像爱情，被啼鸣得无比青翠

双龙湖之夜

湖水慢慢变暗
而我，不能将你明亮地遗忘
这群山里
应该安排两张紧邻的床
白蝴蝶伏在红芍药的唇上，蓝衬衣
盖住乌黑的光
一种值得回忆的痴迷与宁静
是我用诗歌还你的春分
虽然，现在夜已深
但忧伤犹浅
啊！双龙湖失眠了
既有狂澜翻腾又有微波荡漾

土墙村的蝉

土墙村的蝉，拼命地嘶鸣
用了我猛烈的火焰
你要让夏天热上加热
热到所有的人都怀念冰雪

没谁愿说你的喊叫是土黄色
但有人在仿效你
一生为蝉，以露为饮

土墙村的蝉，我是你的同类
共为歌者，要用大嗓高腔
唱到酷爱难以用尽

风过竹林

风过竹林……这时
绿是真的，斑鸠的叫声很翠

我的笋子刚醒
像一个梦，从地下冒出
笋尖，那一滴露水，还未成熟

我在快速向上长
仿佛有什么在催促，一生节节拔高
每个节里，灌满豪情
忧伤如笋衣，层层脱落

我有带雪的竹枝词
被梦湿透的湘妃泪，但都不敌
相思竹。在粉墙弄影

我不说上午是美好时光
“下午是另外一些东西”，在这里
我要听懂窗外的潇潇声
无论昼夜，晴雨

风过竹林……这时
我不显示什么，只让欢乐盘根错节

搓麻绳

放下锄头，摘下麦秸草帽
脱掉棕黑蓑衣
顺手往墙钉上一挂
抖动拍打身上的泥土，使劲甩动滴水的头发
从风雨中归来的母亲
静静地
倚靠在门框上，搓麻绳

院子突然晴朗
天空明亮地落在她的面前
吐一口唾沫在手心
双掌合一
将麻线抵着大腿，一阵搓捻
此时的母亲
多么有仪式感

眼睑低垂
把雷声搓熄，把闪电搓灭
把花香搓进鸟语
把情歌搓进洞房，把喜筵搓到院坝
把生儿育女搓成满足
把杨柳风搓绿，把杏花雨搓细
把一些小欢喜搓出记忆

她不停地搓
搓秧田青青
搓高粱着火，搓锄头镰刀冒汗
搓白发似槐花

搓酒坛子发烫让亲人豪饮
搓眼缝放开
搓高速路经过土墙村不是细绳子

搓呀搓，难道她要将铁杵搓成绣花针
将玉米搓出油
将牛羊搓出奶，将快乐搓出梦
噢！难道母亲
情意绵绵
是要在她做饭和我写诗的间隙
把生活搓得更加结实

落花

飞坠的落花不是跌碎的往事
这些小花瓣
被香气看得很重，它们的内心
还有着许许多多的等待
要迎风盛开
它们不相信花苞生来就是坟墓
伤痛会跟随一生
它们花心的蝴蝶也不是奢侈的小快活
而绝对是
冰消雪融后的大温暖
也是一种
意料中的奇迹——落花之处
黑夜变成黎明

二月，在桃林

我举起右手，不是攀折桃花
而是去抚摸春天，轻触二月的边沿
偷听你在一朵花里
暗自窃笑

阳光和清香堆得我的嘴唇厚实
你背过身子
那朵花也随之反转，而此时
云朵落下
带着蓝天的气息

二月，在桃林
我举起左臂，不是攀折桃花
而是要让我红色的胎记和
鲜红的血液，流向你，温润你
结成桃子一样的果实

在回土墙村的路上

此时，我正在翻越茶叶山
盘旋于行吟
在下午两点到四点之间，其中横亘的
不是忧郁，而是鸟鸣和花语

在平仄平仄的石板路上
我边走边想，不怕绊倒
在词语的迷雾中另辟蹊径
前额陡峭
随风而来的，是茶树发芽的声响

冰雪融化，野花清香
我和路，越来越坚硬，但听半壁细瀑
似有句子中的潺潺
作了丹青引

快到家时，山岭躬身
小路降低
落日圆满，狗吠黄昏，飞鸟歌吟
而我，略显苍凉

观落日

阴影向着山坡攀爬。我站在
新作坊的侧面，马鞍山的正前
静静地，观落日
落日如土碗，朝着木桌子的面
缓缓下坠

落日照射的野水沟
是爱情诞生和停靠的湾
小山羊在那里啃食青草
我曾在那里采集野百合
趁着夕阳
带着明亮的暗香，反刍回家

落日的边沿，有我题写的名字
既有暮云淡
又有墨汁浓，而最多的是乡愁
愁到人白头

站在三月的末端，嗅吸晚霞的气息
我记住了落日的容貌
记住了他的来路和去处，我请天空
印出我对落日的赞颂，我请寨子山垭
挂起这个无边的纪念

在土墙村看云

在土墙村看云
云倾下雨水，像热泪，仅一滴
便打响了我的千花万卉

我要为土墙村增色添彩
仰面时
云朵若花，有回声来自蜂鸣蝶语
我不只惊艳自身

白云宁静，而此际
我难以按捺满腔激情，要将云朵染色
把它们变成牡丹
芍药、玫瑰、月季……

朴素，泉水一样的纯
绚丽，虹影一般的美
七彩天空倒映的土墙村，是一张
新鲜的画纸

云来云往，云起云散
任花色在云间变幻，如我无边的梦
闭目沉醉，我的身体
挤满花香……只要有雨水倾下
我就会，充满斑斓的回响

下山前后

我在蓝天与云朵之间穿行
脚印里，镶有鹰翅和豹爪
每走三步就有惊诧

这些小浆果，小尖刺
能压住泥泞，刺破雷声
如同闪电发光

这时，我应该左肩峰影高耸
右肩阴霾倾斜。一如这个季节
外表平静，内心凛冽

啊！落日在催促我下山了
越行越快的步伐震动得松树的花粉
金烟飘散，她让我闻到了
辉耀的忧郁气息

雪落土墙村

雪落土墙村
每座院子，变白

这么多不恨雪的人
这么多眼睛
在看，一尘不染的风景

忙碌够了的土墙村，不愿惊动雪
也不抱怨
雪遮掩了土墙色，手边的绿远去了
但还留有心上的青

在这农闲季节，有的乡亲在屋内喝酒
为欢声笑语添柴加火
有的在打麻将，在桌面，将天空
小块小块地搬来换去

一位乡村诗人，蛰伏的诗歌虫子
他闻到了
冰雪化水的花香味
暗自独语
我不相信，梦像大雪

雪还在落
土墙村，还在白

月光洒在晒坝上

月光洒在晒坝上
在田间地头收割回家的一把镰刀
是谁，将它
挂在这乡村的夜空
把成熟的庄稼反复照耀

月光洒在晒坝上
带着麦子气味的村民，在大黄葛树下纳凉
那些关于二十四节气的话语
被他们
一箩筐一箩筐地倒出来
有酒香，醉了传说
有蛙声，不像失恋

月光洒在晒坝上
新房子，在侧边，听得更新
萤火虫照亮狗吠
老人似小孩，小孩有故事
故事边
贴着几朵丝瓜花

月光洒在晒坝上
夜都深了，晒坝还在晒什么呢？哦，晒回忆
晒失眠，晒一群鹭鸶
在不远处
像站立的夜，长颈，微风，雪亮

春天，在土墙村写诗

春天，在土墙村写诗。我看见
二月扛着锄头，回来了……

我写李花的芳香压弯枝条，我写梨花
如雪……当我写到桃花反复盛开之时，
梦想就烂漫，门前的溪水，
就暖得又深了三分。

天空呢喃。燕子提着剪刀，
说是要剪掉，我最后的愁绪。

我写惊蛰之后，阳光朗照，
词语发芽。欢乐拱出新鲜的泥土，
清香缕缕，炊烟袅袅……
我写奶牛饱满的乳房，我写青草献身！

在土墙村，我写狗吠惊醒睡梦，
写雄鸡歌唱朝霞，写绿色的池水如镜——
扇动的红掌撑起天空，白云敞开嘹亮的歌喉；
我写鸳鸯嬉戏的舞蹈，写羊群反刍的色彩。

在土墙村的春天，我在梦中写到
雨水滋润夜色，写到丫头的花苞发胀，
写她唱杨柳青，在陌上行，写到她
梦莲塘，要在洁白的莲藕里，度过一生！

春天，在土墙村写诗
我要写到四月的山泉喷涌，写到五月的石榴花红！
我要写得土墙村布满词语的花影，
我要写得土墙村的田野挂满丰收的果实！

合州江畔夜饮

我们举杯邀明月
夜空，再空
也得和我们一起狂饮

酒瓶堆积如山
不是问题。一杯饮尽三江水
也不是问题。问题是李白
来与不来？还有那位
酡颜似牡丹的贵妃

嘉陵江下沉睡的红珊瑚，以及
五谷涅槃的小妖
魅惑成精

我们寂寞太久
苦闷太久，焦渴太久，孤吟太久
身体中的火焰
快成灰烬

杯中江浪滔滔
借几道记忆中的闪电
抹唇而过

想象生命非酒
壮怀岂能放置在斜坡

我们虽会沉醉
但灵魂清醒，决不跌倒

在万目睽睽的繁星下
即便万物酩酊，也当一场美好的微醺

我们举杯邀明月
邀自己
在这合州江畔，醉碎全部的阴影

不必忧伤

不必忧伤
三月还站在这里，春树还站在这里
花香还站在这里

黄鹂也能吐出清词丽句
何况花木多情

在你面前，我是一匹梦想的马
曾经跌倒
脸色苍白，爱情脱臼
四蹄泪流不止

是一阵春风将我扶起
骨骼中
熄灭了石破天惊，我昂头凝视
微风也有巨大战栗

不必忧伤
土墙村还站在这里，马鞍山还站在这里
我还站在这里

她在溪边洗衣

她在溪边洗衣
水流过她，而不是淌过青石滩
她哼着小调
歌声似乎在说：“现在不是凋零的时候
接着开花！”于是
上衣留下的乳白月光仍然很清澈
裙边抖落的花朵
一瓣一瓣地在水面回旋，不愿离去
有风告诉她
爱不能像一条河被封闭
它不但要奔腾
还得因爱分出更多的支流，让鱼虾们
牢牢记住
噢！这位会写诗的女人
突然明白了——
高洁，就是把脏衣裳当成自己
彻底洗干净

她弄皱了我的灵魂

爱有疼痛
这明伤隐疾，栀子花一样
忽明忽暗
肯定，她有金雾银露
还有尖刺
稍不留意，她就弄皱了我的灵魂
她的笑声，也曾似茉莉
更像打开了
香水瓶子或梦想木匣，媚我
诱我，醉我
这些年，苹果饱满的线条
光亮的色泽，还有蛊惑的芳香……
终于幻化成
内心的虫子和黑夜的骨折
哦！湛蓝的眺望
深灰的黎明

我的苦楝树

她是我的痛苦
我的苦楝树，野水沟里最多刺的那类
她摇曳在上坡山
会突然开花。星星点点的紫色诱惑
是我梦想的羊屎蛋，是我青春的公羊
蹦跳着的惊喜！我的苦楝树
她在入药之后，在驱逐了我的瘙痒之后
转身变脸。令两颊的晴空
风呼云啸，电闪雷鸣
她远去的身体成为丝网牢笼，而我
就是其中孤寂的苦囚
啊！她准备让我再痛苦百次千遍
再经受锤炼和折磨
炉火纯青
炼成痛苦的好钢，新了的旧人

月亮田

我土场镇土墙村这样朴实的村庄
竟然，有着
这么多好看的月亮田

清泉浇灌的月亮田
没有门框和窗户，大大方方敞开的月亮田
蓄满先辈汗水的月亮田
只要有谜，就会有底的月亮田
喜欢微风的月亮田

桃花雨悄悄湿了梦沿的月亮田
阳雀声唤起初绿的月亮田
能够让爱情拔节、灌浆、扬花的月亮田
青蛙摆放歌台的月亮田
有人在问“为什么我生在这镜子里”的月亮田
爱清澈到天蓝的月亮田

张家的月亮田
李家的月亮田，胡家的月亮田
弯弯的，镰刀样的月亮田
圆圆的，镜子样的月亮田
扁扁的，蚌壳形的月亮田
回忆中，碎过的月亮田
拿出热爱完整如初的月亮田

记住了身在学堂堡的月亮田
把天空放在心里的月亮田
翠鸟之声播撒，栽秧泡红在唇边的月亮田

小河绕过不忘问候一声的月亮田
美妙的月亮田
一生一世牢牢记住的月亮田

哦，我土场镇土墙村这样朴实的村庄
竟然，有着
这么多神奇的月亮田

土墙村

在重庆市，合川区，土场镇的西侧
在桃花山的东面
我的故乡——土墙村
一个有土就有生命的地方
那里，乳房一样
突起的小地址

满村的房屋都是篱笆，都是土墙
每座院子都被篱笆围着，都被土墙围着
桃红李白，被土墙围着
猪、牛、羊、鸡，被土墙围着
犁、锄、镰、篓
被土墙围着
一日三餐，红白喜事，酸甜苦辣
被土墙围着

葵花形的太阳
用土墙色说土墙村，好像土天堂
我们的土酒
在乡宴中飘香，飞过的鸟群也会陶醉
小桥用土墙色
说拱起的虹，河水欢笑
哗哗啦啦……歪斜的石板路
用土墙色说行走，说来来往往的人
灿烂的脸庞

黎明，土墙村的旭日像个大橙子
让土墙村金光四射

上午，土墙村的锁口，来了一位外乡人
她想偷听我的爱语
侧耳时，听到的全都是
谚语一样的狗吠
下午，坐在土墙村新作坊土院子里的
槐花，坐不住了
开始用影子漫步，像母亲缓步的劳作
而黄昏
让土墙色，暗自惊喜

在春天，你想在土墙村不开花
土墙村决不同意
在夏天，我不愿像蝉子一样唱歌真不行
土墙村会抱怨我寂寞
在秋天，嫂子的前胸更加突出
土墙村明白
因为那里胀满了月亮的乳汁
在冬天，这里的雪会燃烧，人更明亮
土墙村懂得什么是沸腾
什么叫照耀

我在土墙村诞生，必将在土墙村死亡
花开初始
叶落归根，我珍惜土墙色的命
关于红牡丹
黄玫瑰、蓝花楹、紫丁香……
我将它们
一一列为陪衬，就当我是土墙村里
古老的土墙院
站着土黄，倒下土黄，喜乐哀歌也呈土黄

哦，土墙村
不只是在重庆市，合川区，土场镇的西侧
桃花山的东边，它还在
陕西、山西、河北、河南
还在思古、乡愁
怀旧、团聚、离散、欢乐、疼痛
我此时遇见了自己
因了土墙村，因了情缘
抬头凝视，每一座土墙院子的屋顶
灵魂，闪闪发光

安卡诗作

春天，适合约一场酒

去楼顶数十次，所以认识了新事物。
比如玫瑰，从一朵到三十八朵
每一朵都有各自的打开方式。
萝卜竟然开出淡紫色的花，那么明亮
此前，也许闪耀在别人家的菜园。
菜花开在鱼池边，倒影似乎灵动了许多。
还有一些杂草，沉默或尖叫，都十分有趣。
从残冬到初春，
我戴着口罩与他们攀谈，
在阳光里，保持我单方面的欢喜，
仿佛人间没有一个遗憾的春天。

取下口罩，以春天的名义，我们约一场酒。
在江城一隅，三个女人敞开胃，频频举杯。
红的白的酒，在燃烧，在填满，在回旋……
像岁月，未被导航记录的驿站。
谁让你喝下十八年的第一杯酒？
谁的第一场酒醉在我的小屋？
不不，我们只是拉紧了青春的绳索，
不让光阴迷路。
而今顺酒而来的，除了龙市小镇，合阳城
以及生命的命题。

是需要约一场酒的。
新生事物那么多，岁月那么长，
我们需要用酒，探究时间的秘密。

六月，我们造一场雪

六月，云朵渐次病倒
夏风提着药箱四处奔走
闪电和雨水忙着纠缠
河水持续流淌着阴郁
种种事物在漩涡里夸大其词

这个季节不适合谈论风月
亲爱的，我们造一场雪
来遏制蔓延的病毒

我说，我们忽略太阳的高度
雪。就是我们给岁月种下的蛊
从零度回归零度
在六月打开一个缺口
供我们洁净的灵魂永久居住

八月，城市将我埋葬

八月的聒噪将埋葬
在最寂静深处
比如几尺泥土之下
以及遥远的星宿之中
我不窃听这世间的秘密
也不打听是否还能回去

八月的炙热将我埋葬
在最冰凉的河床
月亮透过河水圆在了他乡
一尾雀跃的鱼停靠在身旁
我便将落英缤纷的行程碎裂
并决定，不再歌唱。

呵，八月的城市是吞噬的继承者
冥顽地将我埋葬
素车白马，一路宣告——
一次吞噬埋葬一种绝望
一种埋葬预告另一种生长

局外人

从艺术中心广场走过的每一个清晨，
总会遇见两个下象棋的老人。
他们在广场的一个死角，佝偻着身子，用棋子聊天。
举棋不定时身子压得更低，果断出手时，
身子可以 45 度挺直。
与极速飞奔的车辆和昂头赶路的人群相比，他们像两个逗号，
连接两个无关紧要的句子。

这让广场特别空旷，适合过滤滚滚而来的
风，和无节制飘来的雨，过滤那些
纷繁复杂的信息，
如此，他们才能时刻保持头脑清醒，
洞察别人，审视自己
他们棋逢对手，仿佛与自己博弈。

我这个局外人，
在喧闹的广场，晃晃悠悠
最终，在离他们一米的地方止步
这是我认为的，最好的距离。

预谋

从冬天到夏天
雪融化了，河水升起来
我以鱼的名义复活
让名字开出盛大的花朵
你每每经过，寂寞成片成片的香

这是一场预谋。就像
一支芥末预谋一次心酸
一口烈酒预谋一次穿肠

你的故事情节跌宕
大批麻雀藏在身后，制造苍茫
你辗转红尘，布满尘埃，以及
羽毛、雪花、暗淡的月光
我佯装咳嗽，你便失去方向

这是一场预谋。就像
失去影子的人用皮影救赎自己
南辕北辙臣服于向隅而泣

（安卡，本名胡馨，重庆市作家协会会员。）

文贵杰诗作

合川书（组诗）

合川

那些匆忙行走在大街
穿过红绿灯、十字路口的
远远地，把我丢成孤单

我抬头，驻足间只抬手挪了挪眼镜
发现自己，陷入车流滚滚鸣笛之中
喇叭脆响，想把我围成摇头蚂蚁

瞅人群远去背影子，一浪匍匐一浪
我像是被浪，拍打在岸
拼命够悬空中一根救命稻草

没有什么形容词，可以拯救
内心的慌张，与泊在岸的陌生惶恐

一辆辆擦身过、飞驰去的车
也不知道有没有冲出喧嚣

我被人群抛落下后
如同车胎扔出下水道盖板的疼痛

有时候，驻足，抬头，东张西望

风声，若抹窗玻璃灰尘样
擦拭过我的眼球

瑞山路

瑞山路，是我
围绕生活移动的中心

离着海润国际小区，就差
一条街，一道斑马线，一个街口的距离
当然，十字路口的红绿灯
是每天生活，必经的关键

顺风亮绿灯。不顺风
红灯就一直亮着，看停下的行人
也有来自我不一样的麻烦

还在悟时， 别人
什么时候大摇大摆过去的
茫然不知。太不够意思了
都生活在同一片蓝天下

红灯，好像始终亮着
如此周而复始的生活，让我疲惫
甚至让时间堆积一起，奔赴得狼狈不堪
看来，对于浮在任何一粒尘土上的
张望，皆不是答案

瑞山路，对于一个要深入故乡的人
在变成一个围绕生活的中心点

念老塔耳门

时光像把刷子，不知道
什么时候，把记忆里的
老塔耳门，给刷成模糊的

一个叫作逝去的词语
又在什么时候，当成了时光的
手柄，有些责备造成词句的人

罢了。塔耳门
还让我叫成老塔耳门
咿咿呀呀的小孩，都匍匐成大人了

我已从当年一个追着客车跑的学生
铆足劲以为没有下一趟，到现在
追了 30 年，还不是给丢在了归途

追了 30 年，时光还在继续
塔耳门更年轻，我已奔老
这才是平衡术的真正要领

谁见过一个火炬手，什么时候
换过传递。我举着，就是让跑着的
一头乌发，看是如何燃烧成白发人生

差别不大

城里也这样，老人与小孩儿
走的，是些背驰时光的道

所以，很多时候不觉得奇怪
男人留长发，女人留短发
在这些人的眼里
生活永远没有正反面

羡慕，那些
说世界不大的，我们天天出进
能把每天穿行的城市街道
比作大世界

老人总是把漠然，像熄灯样调暗
小孩儿，什么也不懂
差点把给巧克力的大哥哥喊成小姐姐

一辆车飞驰而过，又一辆
重复同样的语言，音量调得高高飞上天
翻译过来叫按喇叭，不能翻译的是句野话

过来一个妹妹，穿破口破洞衣裤
穿成二十世纪六十年代的生活

差别不大，本来是不想挑明
结果，把自己从人群里拔出来
给拔得，生疼生疼的

想法

穿瑞山路，走柏树街，过涪江大桥
到南津街，东津沱
两元钱买 40 分钟路程

一个要深入故乡的人
把合川，当成身体内结构
好像熟悉了每个要塞
埋头匆匆，若血脉中一个点
流动，发出一闪一闪信号

背影后行踪，风一遍一遍喊醒
公交车一会儿就冲在前，开车门“哐当”
吞吐上车、下车的。想想
它遵循一个城市的法则也是不易

人群被穿出漏洞，又水样闭合
三三两两构成城市新陈代谢，停不下来行运
过涪江大桥，才见桥下江水
淹没来去匆匆人群，沉默集下的深度

一个要深入故乡的人
拿两元钱买 40 分钟路程
喧嚣、嘈杂一遍又一遍划耳过

挑担的

一担水果，穿街走巷
喧嚣，坐他肩头上
如同玩在公园里的跷跷板

一担水果压在肩头
其实不重，肩头被压凹的那部分
才是生活

称水果的天平秤杆上，看似移动有
公平的砝码，结果
遇上生活，也有称不对的时候

擦肩过的，熟视无睹
我们顺了一段路
穿过两个巷子
他的背影子，始终是
左肩换右肩，右肩换左肩

夜色，在将他渐行渐远地涂抹
我才发现，一个模糊意向
又被一个叫唤着换旧电器的声音挑担
从生计里，喊破嗓音替换

城里巷子，很深
就是靠着这些挑担的
一次次提醒……

拾荒者

那一身着装
为他们偏离城市人群
找到一个恰当的理由

朝前躬身拉的木板车
唧噶唧噶
慢悠悠跟随他们四处拾荒

捡破烂，翻回收垃圾箱，拾可回收垃圾
他们老远进城
一般都是农忙回家一趟
谁也不知道，他们
上有几老，下有几小
山野还有几亩耕地

堆得满满一木板车破烂摇晃
刚好高出他们背影子凋零

过桥上时，车辆围堵过他们
此起彼伏的喇叭声
总追得他们抑制不住惊恐

有时候，他们前看、后看、左看、右看地
张望疾走，要从慌乱中理清生活方向

论文

基于我国城市中老年人需求的公共文化服务研究

易　希

摘要：随着我国经济实力和人民生活水平的快速提高，人民群众对公共文化服务的需求日趋多元化和差异化。基于我国公共文化服务的现状和公共文化服务的社会意义，以重庆市合川区为例分析了当前我国城市中老年人的公共文化服务需求及存在的不足，然后提出了相应的解决策略：完善和落实公共文化服务方面的法律法规；加大对中老年人公共文化服务建设的财政投入；加强公共文化服务的人才建设；建立完善的中老年公共文化服务体系。

关键词：城市；中老年人；需求；公共文化服务

一、绪论

（一）我国公共文化服务的现状

近年来，随着我国经济、科技和文化实力的不断增强，人民生活水平有了大幅提高，人民群众在精神文化需求方面呈现出多样化、差异化趋势。党的十八大以来，我国的公共文化服务体系建设取得了一系列重要成就。党的十八届三中全会提出要“构建现代公共文化服务体系”，各级政府在近年来不断地丰富、更新和完善服务内容，创新服务方式，购买了很多服务项目，与社会组织等共同建设公共文化服务体系，取得了很大的成效。但是，目前我国仍然是一个发展中国家，在经济实力和文化软实力方面与西方发达国家还存在一定差距。同时，我国人口众多，且当前人口老龄化进程加快，公共文化服务体系的建设需要更多的资金投入来支撑，在公共基础设施和文化建设方面不能充分满足中老年人的需求。此外，在公共文化服务建设中缺乏相应的管理人才，服务创新性有待进一步加强。以上这些在一定程度上制约了公共文化服务体系的建设和发展。

（二）公共文化服务及其研究的意义

公共文化服务体系的构建和运行关系广大人民群众，特别是我国中老年人的精神文化需求的满足状况。20 世纪 90 年代以来，我国的老龄化进程加快，预计到 2040 年，65 岁及以上的人口占总人口的比例将超过 20%。因此，我们必须重视广大中老年人，特别是退休之后的中老年人、空巢老人的业余生活和精神文化需求。公共文化服务可以使他们享受到丰富多彩的精神文化生活。

同时，日臻完善的公共文化服务体系对于提升我国人民的获得感、幸福感和满意度可以起到非常积极的作用，是评价一个国家综合国力的标准之一。目前，我国社会的主要矛盾已经转化为人民日益增长的美好生活需要和不平衡不充分的发展之间的矛盾。这一矛盾的转化说明我国人民的物质生活水平有了很大的提高，对美好生活的向往更加强烈，特别是在精神文化层面有了更高的需求。改革开放以来，特别是党的十八大以来，我国的经济发展水平和人民的生活质量较之以往有了巨大的提升，文化软实力也有了显著的增强。但是，我国的公共文化服务能力还需要进一步加强。所以，对我国的公共文化服务体系建设进行研究，可以针对其中存在的问题有针对性地提出意见和建议，这对于满足中老年人的精神文化需求，保护他们的权益，提升他们的幸福感具有重要意义。

二、公共文化服务的社会价值

（一）城市中老年群体的生活现状

城市中老年人相对于农村地区的中老年人生活条件更优越，但是他们的精神生活常常被社会和其子女忽视。有的中老年人伴侣健在，子女也在身边，其心事可以向他们诉说，还有朋友可以交流，这一类中老年人的精神生活比较丰富，不会出现抑郁、烦躁、无法交流情感的问题。但是，在城市中更多的中老年人特别是老年群体，他们与子女不在一起居住，心事无人诉说，容易产生苦闷、孤单、抑郁、烦躁等情绪。很多老年人因为丧偶，如果找不到合适的情感寄托，心理会发生扭曲，并且得不到有效解决。就一些刚退休的中老年人来说，他们脱离了原有的社交圈和工作圈，其身体和心理都不太适应环境和生活方式的突然改变，一时找不到情感寄托，其精神需求得不到满足，容易出现抑郁。

（二）城市中老年群体对精神文化的追求

城市中老年人不同于农村的，一般来说，城市的中老年人群有较高的文化素养，且物质生活比较丰富，不用过多地操心吃穿住行等。但同时，他们对精神生活有更高的追求和需要，在退休之后不仅仅局限于跳广场舞等社交活动，有的还希望继续参与社会建设，多与社会交流，让自己不落后在时代潮流中。他们对唱歌、跳舞、器乐、体育等方面的活动都非常感兴趣，希望可以寻找到志同道合的同龄伙伴，在寄托自己情感的同时参与公共文化服务。但是，现在的城市高楼林立，生活节奏越来越快，人与人之间的关系越加淡漠，如果没有良好的契机，没有适当的平台，那么中老年人就无法有效地寻找到交流伙伴。

（三）公共文化服务对城市中老年群体的重要性

一个良好的城市中老年人公共文化服务体系可以给中老年人带来满足感和幸福感，既可以有效解决他们孤独、情感无法寄托等问题，又能对社区关系和解决我国人口老龄化过程中的现实问题产生一定的积极影响。同时，做好中老年人的公共文化服务，一方面，有利于增强中老年人的素质意识，营造积极向上的社区文化氛围；另一方面，有利于促进家庭和谐与国家长治久安。所以，良好的公共文化服务对于中老年人很重要，对于国家的发展和社会的稳定也有非常重要的作用。

三、城市中老年人公共文化服务需求的差异性

（一）城市中年人的公共文化服务需求

本文所谈的中年人主要是指其年龄位于 55 周岁至 59 岁之间的人。世界卫生组织将 45 周岁至 59 周岁的人称为中年人，但在 45 周岁至 55 周岁间的人还未到法定退休年龄，所以我们不予分析。这些中年人大多刚从企事业单位或政府机关退休，无法在短时间内适应退休后的生活，他们更需要的是提供公共文化服务的平台，通过结交新朋友，培养新乐趣来克服自己内心的焦虑。这一类中年人从内心深处还不认为已经年老，对生活仍有积极的追求和向往。笔者主要针对重庆市合川区城市中 55 周岁至 59 周岁这一类人群，一共采集了 50 个样本，对他们的公共文化服务需求做了调查。具体调查结果如表 1 所示。

从表 1 可以看出，刚退休的中年人希望可以多学习新的东西，同时加强体育锻炼，而对于政府组织举办的文艺演出并没有很大期待。

表 1 重庆市合川区城市中年人对公共文化服务的需求

中年人对公共文化服务的需求	人数 / 人	百分比 /%
增开老年大学的兴趣班	23	46%
建立公共交友的平台	18	36%
增加社区的体育活动设施	32	64%
政府定期组织文艺表演活动	8	16%

（二）城市老年人的公共文化服务需求

本文所谈的老年人是指年满 60 周岁的人群。我国目前的人口老龄化程度加深，根据国家统计局发布的统计数据，截至 2017 年年末，我国 60 周岁及以上人口 24090 万人，占总人口的 17.3%，其中 65 周岁及以上人口 15831 万人，占总人口的 11.4%。这些老龄人口的赡养问题给我国的社会带来了巨大的挑战，同时他们的精神需求和心理问题也需要得到足够的重视。

这一类老年人的生活闲暇时间比较多，城市中的老年人生活压力也并不大，但是由于他们在学习新知识、新技能方面的能力和年轻人相比相对较弱，掌握现代科技的能力不强，再加上一些根深蒂固的思想观念的影响，所以通过网络和手机进行娱乐的方式对于他们来说并不现实，他们更注重公园的修建、文艺晚会的举办或社区活动室的条件。对于这些问题，笔者在重庆市合川区的城市老年人中选取了 50 个样本进行了访谈调查，统计结果如表 2 所示。

从表 2 可以看出，老年人对于进入老年大学学习新知识感兴趣的人不多，但是对参加文艺表演活动的积极性非常高，这是因为老年人的精力不再旺盛，对于接触新鲜事物的兴趣也并不浓，更加偏向于一些静态的娱乐活动。

表 2 重庆市合川区城市老年人对公共文化服务的需求

老年人对公共文化服务的需求	人数 / 人	百分比 /%
增开老年大学的兴趣班	12	24%
建立公共交友的平台	20	40%
增加社区的体育活动设施	28	56%
政府定期组织文艺表演活动	35	70%

四、我国目前公共文化建设中存在的不足

（一）文化软实力不足

文化软实力是一种文化概念，是从文化和意识形态体现出来的一种难以言喻的力量，是国家的根基所在。2013 年，习近平总书记提出要提高国家的文化软实力，这关系着我国“两个一百年”奋斗目标和中华民族伟大复兴的中国梦的实现。它是一种文化独有的创造力、凝聚力、号召力和影响力，同人民的生活息息相关，同国家的前途和命运也有着紧密联系。文化软实力在很大程度上表现在一个国家公民的整体素质和道德素养、创新精神上，看一个国家国民的素养和创新意识，就可以知道这个国家的文化软实力如何。

事实上，文化软实力和公共文化服务有着密不可分的关系，两者相辅相成，互相影响。文化软实力的不足导致公共文化服务体系发展进度慢，公民的素质和自身的文化素养不足以支撑高层次的公共文化服务体系建设。同时，又因为公共文化服务提供的文化产品和平台不能满足群众日益增长的精神文化需要，人民群众无法通过政府提供的文化服务提高自身的素质，也制约了文化软实力的提升。一个好的公共文化服务体系可以引导公民进行丰富多彩的文化交流，接受中华民族优秀文化的洗礼，接受更多新兴的理念。目前，我国公共文化服务有待进一步加强，其所提供的文化服务对人民群众的文化引导力有限，对于提高文化软实力所发挥的作用不够明显。

（二）公共文化服务体系的服务效率低

建立起一个良好的公共文化服务体系不是一件容易的事情，需要大量的资金投入，同时需要管理者合理地进行任务安排。但是，公共文化服务是一项没有盈利的服务，其基础设施及服务都是免费的。很多地方由于受当地经济发展的影响，文化基础设施建设并不完善，只是为了响应国家号召而进行建设，但在许多方面没有做到位。比如，有些地方虽然花费了大量的人力、物力修建了图书馆、文化馆，但其中的基础设施并没有完善，图书馆的馆藏图书并不多，涵盖面窄，其管理人员也不是专业对口的人员，缺乏合理有效的管理模式。此外，无法长时间进行有效的维护，资金不足或是地方政府的工作重心有所偏移等，都造成了公共文化服务的效率不高。

目前，我国的公共文化服务设施大多是由政府出资建设，但很多地方政府的财力有限，如果没有中央政府的支持，这方面的建设就会不完善、不健全。特别是，一些地方在建设公共文化服务基础设施的过程中，对于中老年群体缺乏足够的关注，存在相应的公共文化服务缺失。

（三）公共文化服务内容不能满足中老年人的精神文化需求

目前，我国开展的公共文化服务项目主要有以下几类。

一是公共文化艺术基础辅导培训。这一类培训主要针对舞蹈、声乐、戏剧、曲艺、美术、书法、摄影等艺术门类，主要目标人群是一些基层的指导老师、学生、无业人员等特殊群体。对于中老年也有相应的培训班，但是开设的班级很少，而且很多需要线上报名抢课，这就导致很多对现代科技不熟悉的中老年人无法了解这些情况，并且无法操作。

二是一些公益性的展览。比如摄影展、绘画展等，这些展览一般针对所有社会公众开放，设立在一些公共场所，可以在一定程度上丰富市民的文化生活。但是中老年人中有这一类爱好和善于钻研此类的并不多，大多也只是走马观花式地看一下，起到打发时间的目的，并不能在实质上解决中老年人的精神文化需求。

三是图书馆、文化馆的建设和完善。据不完全统计，我国几乎所有城市都建有公共图书馆或图书阅览室，以满足广大市民的业余文化生活需求，同时培养市民的文化素养。但在现实中存在这样一个问题，即有一部分中老年人的整体素质不高，一些中老年人不顾图书馆或图书阅览室的规定，在里面喧哗或三五成群地聊天，影响了正常的公共秩序，他们可能没有多少文化素养，对阅读没有兴趣或需求，只是为了在里面蹭空调或者蹭个座位。出现此类情况的原因是当地政府没有为这一类中老年人开设专门的活动场所，他们无处可去，只能到图书馆或图书阅览室这样一个舒适的环境中，以满足自身的需求。

四是相关的文化机构的专业人员会指导群众进行文艺作品创作，他们会召集一群有兴趣的人员一起参与舞蹈、音乐、摄影等类型作品的创作，以丰富中老年人的业余生活。但是这样的机会相对较少，同时由于相关的专业人员缺乏，能够带领创作的团队经验不丰富，最后引起诸多问题，不能有效地满足中老年人的精神文化需求。

（四）公共文化财政投入和结构有待完善

近年来，我国不断加大对公共文化服务建设的投入力度，取得了明显的成效。2016 年 7 月 1 日，习近平总书记在庆祝中国共产党成立 95 周年大会上提出了“四个自信”，即坚持中国特色社会主义的道路自信、理论自信、制度自信和文化自信，为我国的文化软实力建设指明了方向。

根据《中国文化文物统计年鉴 2017》的统计数据，从 2000 年到 2016 年，我国对文化建设的投入越来越大，在 2016 年时已经达到了 770.69 亿元，各种文化服务设施也在不断地建立和完善，给广大人民群众提供了一个较好的文化服务环境。具体的统计数据如图 1 所示。

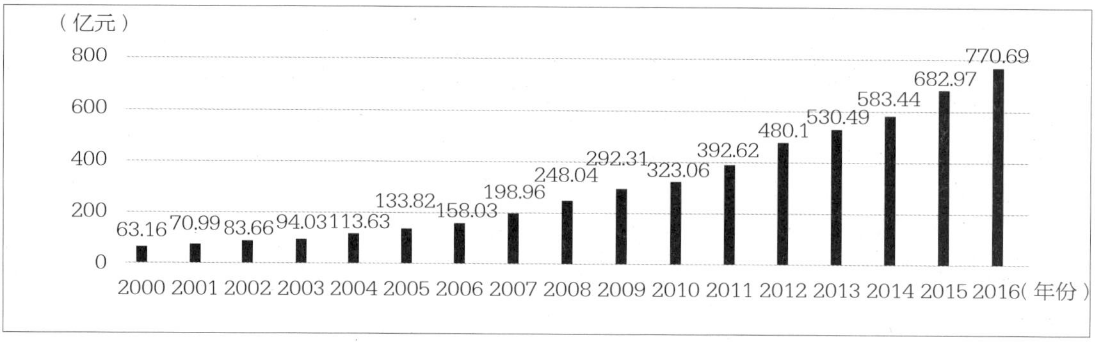

图 1 我国 2000—2016 年对于文化建设的投入资金

虽然我国对于文化建设的投入非常之大，但是仍然存在一些问题。国家对于文化建设方面的投入由中央政府主导拨付资金给地方政府进行建设，但是其中可能会存在监督力度不足等问题，地方的建设达不到中央要求的水平，还有可能在建设文化服务设施的过程中遇到财政、结构等问题，而无法完成既定目标。同时，在我国，政府的投入是文化服务建设的主要资金渠道，政府的建设力度在很大程度上决定了整个文化服务体系的发展程度。而由于个人、企业、组织等认为公共文化服务属于公益类的项目，其收益小，投资效果不好，所以愿意支持公共文化建设的社会力量很少，这就造成了中央或地方政府的财政压力过大。

此外，我国并没有建立起一个完善的公共文化服务投入的评价体系，对于财政款项的拨付、使用和相关基础设施的建设等，缺乏专业人员的审核、审计，缺乏有效的评估机制。目前，我国在这方面的评估工作仍然没有对主体的权利和义务进行非常明确的界定，整个评估体系还没有足够完善的机制。这些问题的存在会导致政府拨付的资金得不到高效的使用，经费去向的记录模糊，效果事倍功半。

中老年人需要的文化服务性质与一般的文化服务项目不同，它需要更多的专业性和特殊性。如果整体的文化服务管理模式有所欠缺，那么对于中老年人这一特殊群体来说其存在的问题就会更加明显。

五、完善公共文化服务的基本策略

（一）进一步完善和落实我国公共文化服务方面的法律法规

要建立一个完善的公共文化服务体系，需要用法律法规对执行主体进行规范化，建立起一个明确的秩序，这样才能够保证公共文化服务的有效落实。针对地方政府、社会组织、企业、个人等，形成完善的财政投入机制，建立起有效的文化资源管理模式，这对于公共文化服务体系的建立和发展有重要意义。

2017 年 3 月 1 日，我国正式实施《中华人民共和国公共文化服务保障法》，该法对公共文化服务的设施建设要求、服务内容的范围以及其保障制度都做了明确的要求和规定。这一项法律的颁布对我国的公共文化服务体系的建设起到了主导性的作用，但仍然需要各级政府部门和社会上的多元力量配合实施，这样才能够取得预期的效果，产生其应有的法律效益，才能对公共文化服务体系的建设产生积极的影响。

（二）加大对中年老人公共文化服务建设的财政投入

虽然我国对公共文化服务的建设投入力度很大，但缺少专门针对中老年群体的建设项目。国家在进行文化建设投入时，应该多将中老年人这一群体进行单独的考虑和考量，建立起特殊的文化服务体系，为中老年人提供一个满意的精神文化家园。例如，加大在社区的文化基础设施建设力度，方便中老年人在社区进行文化活动，政府可以投资设立中老年活动中心（室），提供一个舒适、安逸的场所，供中老年人娱乐、交友和学习。

（三）加强公共文化服务的人才建设

在现阶段，我国专业的公共文化服务人才还比较缺乏，尤其是那些既有艺术修养又有志于积极投身公共文化建设的人才十分稀缺。所以，国家和各级地方政府应该注重对这一类人才的培养和引导，建议出台相关的人才引进计划，以生活补贴、房屋补贴、工作环境改善等方式吸引相关人才，投入到公共文化建设中。

（四）与社会组织、企业、个人等合作，建立完善的中老年公共文化服务体系

我国的公共文化服务体系主要由政府主导建立，社会组织、企业和个人等参与建设的非常少，这是因为公共文化服务的投入大但收益少，回报效果不好。但社会因素的加入过少会导致整个服务体系结构单一，没有融入多样化的元素，其能够服务的人群会非常有限。针对中老年人的文化服务需要在多样性、多元化上下功夫，从而满足他们的多种精神文化需求。中老年人不仅需要艺术、体育、交友等某一个方面的服务，而且需要在不同的时间段进行不同的文艺活动。所以，社会组织、企业和个人等的加入会对整个服务体系建设起到积极作用，会让提供服务的场所更加密集，提供服务的人员更加专业化、多元化。

加强基层文化阵地建设的现实意义和具体措施

周佩忻

摘要： 进入新时代以来，我国经济快速发展，人民群众的精神文化需求不断增长，基层文化阵地建设的地位更加凸显。加强基层文化阵地建设既有助于改善人民群众的文化环境，也有助于有效推进基层文化建设的进程。为此，要采取以下三个措施：采取多种方式促进文化建设提质增效；开展灵活多样的文化建设活动；加大基层群众文化的宣传力度。

关键词： 基层文化阵地；建设；现实意义；具体措施

在新时代背景下，我国的经济、文化体制改革持续深化，文化建设的地位更加重要，作用更加凸显。同时，文化建设的领域和广度不断拓展，一方面为基层文化建设提供了新的途径和方法，有利于从整体上更加系统、深入地推进文化工作，促进人民群众文化水平和文化素养的提高；另一方面有助于协调好物质文明和精神文明之间的关系，为经济的高效运行和健康发展奠定坚实的基础。在当前的基层文化阵地建设工作中，需要不断地进行内容的更新和转化，优化文化的体系和结构，站在人民群众的角度去研究和探索新的工作内容，充分挖掘文化的内涵，切实有效地展现文化的特色和魅力，充分发挥文化的教育引导作用，以更有效地引领广大人民群众参与文化建设，提出更多更加可行的意见和建议，从而有效推动我国的精神文明建设。

一、加强基层文化阵地建设的现实意义

中国特色社会主义进入了新时代，经济社会发展出现了新情况和新趋势，精神文明

建设也应引起高度重视，特别是基层文化阵地的建设与发展情况尤为重要。从目前我国经济社会的发展情况来看，人民群众对精神文化生活的需求越来越高。在此背景下，以加强基层文化阵地建设为基础，探索行之有效的方法，不断挖掘文化底蕴与特色，有利于切实丰富和改善人民群众的精神文化生活，促进中华民族优秀传统文化的传承、发展和民族精神的培养、弘扬，从而更好地推动文化建设的全面实施，同时也为经济的可持续发展提供精神动力和智力支撑。在基层文化阵地建设中，创新形式与方法，多组织开展人民群众喜闻乐见的文化活动，更能凸显时代特色，展现文化建设的本质，从而发挥其应有的价值与作用。其集中表现在以下两个方面。

（一）有助于改善和优化人民群众的文化环境

从人民群众的立场，去思考基层文化阵地的建设，更能展现文化的独特之处，不断地引领人民群众前行，为他们整体素质的提高创造条件。在基层文化阵地建设过程中，引领人民群众不断地进行文化内容的挖掘、迁移和转化，更能形成浓郁的文化气息，优化文化环境，让人民群众充分感受文化的特色与魅力，并增强文化认同感和自豪感，同时也能够促进整体的文化建设，更好地为建设社会主义现代化强国服务。

（二）有助于有效推进基层文化建设的进程

加强基层文化阵地建设，开展好群众文化工作，不仅能够为人民群众提供更为丰富多彩的文化知识，开阔他们的视野，丰富他们的精神生活，而且能够切实有效地改进整体的经济环境，促进经济发展。在基层文化阵地建设的过程中，通过有效的策略，不断地进行文化工作的延伸，能够展现文化的内涵、特色和魅力，引发人民群众的情感共鸣与思想共振，使他们不由自主地喜欢上周围的群众文化，乐于参与群众文化活动，并积极提出自己独特的看法和建议，从而增强人民群众的主人翁意识，这也有助于有效推进基层文化建设的进程。

二、加强基层文化阵地建设的具体措施

进入新时代以来，我国的群众文化建设发生了翻天覆地的变化，特别是党中央提出坚持以人民为中心的发展思想，弘扬社会主义核心价值观，全面优化文化氛围，真正为基层文化阵地建设开辟出了一片广阔的发展空间。在文化领域，广大群众文化工作者努力进取，积极研究和探索与文化阵地建设有关的具体方法和策略，更新和丰富文化建设的内容，提供更多的机会，确保广大人民群众的主动参与，使基层文化阵地建设的作用更加突出，促进了全社会精神文明水平的整体提升。具体的措施如下。

（一）采取多种方式促进文化建设提质增效，推动基层文化阵地建设

基层文化阵地的建设工作不能流于形式，而应采取多种有效手段提质增效，这样才能从整体上推进文化建设的可持续运行和发展。具体而言，在实际的基层文化阵地建设工作中，需要着重做好以下几个方面的工作：第一，加强文化馆等群众文化活动场所的基础设施建设；第二，加强专业化的人才队伍建设；第三，建立健全群众文化工作的体系，提升服务质量与水平；第四，努力挖掘和充实群众文化的内涵，形成比较完善的群众文化体系。这样才能使人民群众更加积极地参与文化建设，共享文化发展成果，真正为人民群众文化素养的整体提升铺设一条正确的道路。比如，要加大投资力度建设一批文化场馆，推动文化活动中心（室）早建成早使用，这里不仅仅需要设有办公室、培训教室、文化信息资源共享室、文化科技培训室、图书室、书画创作室、体育活动室、多功能厅、小功能影院、生活 E 站、室外运动场等活动场所，还要配备投影仪、功放机、音响、点歌台、体育器材、音乐器材、图书、期刊等，这样才能推动各项工作有条不紊地开展。

（二）开展灵活多样的文化建设活动，把握基层文化阵地建设的工作方向

目前，在我国文化领域，一切为了人民群众的发展而开展的文化活动，已经广泛而深入地走进人民群众的生活，确保了文化发展的成果真正为人民群众共享。在这一过程中，基层文化阵地建设要牢牢地把握其前进的方向，切实有效地调整、优化文化建设的进程，要遵循以人民群众为中心的原则，把满足最广大人民群众的精神文化需求放在工作的首位，在深入调研的基础上广泛开展深受人民群众喜爱的文化活动。例如，可以定期深入群众开展调研，针对他们的精神文化需求适当地进行文化工作的调整和优化布局，这样才能真正走进人民群众的心中，并赢得他们的喜爱与支持，促使他们更加积极主动地参加文化活动，发挥个人的优势，展示个人的才艺。以上这些能够确保基层文化阵地建设正确的工作方向，使其真正满足人民群众的需求。

（三）加大基层群众文化的宣传力度，确保基层文化阵地建设工作的落实

基层文化阵地建设工作涵盖各个层面，应该适当地进行拓展和延伸，加大群众文化的宣传力度，这样才能从整体上把握文化发展的进程，不断地提高人民群众的文化素质，增强他们对文化的感知，促使他们主动地融入文化建设之中，积极建言献策，从而更好地保障基层文化阵地建设工作的高效落实。在此过程中，可以适当地运用现代化的网络技术，加大文化建设的宣传力度，与此同时还可以通过电视、广播、报纸、宣传册等多种媒介，鼓励广大人民群众参与文化活动，增强其文化意识。对于群众集体中自发组建的文化队伍，要通过购置专业化的设备等方式加大扶持力度，帮助其快速提升专业性和实践性。因为这类队伍一旦发展壮大，不仅能够带来更为丰富的群众文化资源，也必将

会有力地推动群众文化建设工作的良性循环和发展。

总的来说，基层文化阵地建设已经成为文化自信的重要组成部分。针对前文所述的情况，细致而全面地进行群众文化建设，能够真正挖掘出本地的文化资源，不断地拓展人民群众的文化空间和领域。此外，针对当地人民群众的实际需求切实有效地调整和优化群众文化的进程，可以使文化的领域越来越广阔，真正与经济和社会的可持续发展紧密地结合在一起，从而促进我国文化建设的整体水平不断提升，效果不断增强。

参考文献

[1] 陈俊英 . 探索群众文化建设的创新与发展 [J]. 科技资讯，2014（10）：232.

[2] 贺明卫 . 如何做好基层群众文化工作的若干思考 [J]. 文化创新比较研究，2017（34）：2-3.

[3] 梁丽跃 . 新形势下群众文化的建设与创新 [J]. 戏剧之家，2019（13）：258.

对乡镇文化站的现状及发展的思考

高　爽

摘要：随着我国脱贫攻坚战取得全面胜利，我国农村经济快速健康发展，农民的生活水平有了显著提高，对精神文化生活的需求越来越高。作为社会主义新农村文化建设的重要组成部分，乡镇文化站在服务乡村振兴中发挥着重要的作用。本文主要对乡镇文化站的发展现状进行了分析，并对新时代语境下乡镇文化站的建设与发展提出了一些对策与建议。

关键词：乡镇文化站；现状；发展；思考

一、我国乡镇文化站建设现状分析

当前，我国脱贫攻坚战取得了全面胜利，已经实现了在中华大地上全面建成小康社会的第一个百年奋斗目标。同时，多年来，我国大力实施统筹城乡发展战略，城乡一体化协同发展取得了显著成效。在此背景下，我国农村经济快速发展，农民的生活质量有了很大的提高，广大农民朋友对精神文化开始有了更高的追求，以丰富业余生活，提高自身文化素质。为了全面推进乡村振兴，加快农业农村现代化，各级政府不断加大对农村公共项目的扶持力度，大力支持农村文化建设，取得了比较突出的成效。但是在公共文化服务方面，城乡之间还存在一定的差距。就我国乡镇文化站而言，其在建设方面还存在以下问题。

首先，存在资源浪费的情况。虽然现在大部分地方政府在乡镇文化建设方面给予了更过的关注和支持，在物力、财力方面的投入都比较大，基层文化站基本做到了全覆盖，但是真正有效利用起来的非常少，例如一些文化站被占用情况严重，部分文化站建立起来后空间大量闲置，造成了严重的资源浪费。

其次，基础设施有待进一步完善。相关调查结果显示，很多地区的乡镇文化站都存在基础设施不完善的情况。例如，没有做好应有的维护、更新工作，存储的资料相对过时，设施比较陈旧，没有在真正意义上发挥出应有的公共文化服务作用。

最后，缺少专业的工作团队。农村的文化建设工作想要顺利开展，还需要保证农村文化工作队伍中具有较高文化素质的专业工作人员。但是，乡镇文化站的工作人员大部分为非专业人员，需要同时兼顾乡（镇）政府的其他工作，从技术和时间上都不能做到专人专职。而且，现在乡镇中大部分年轻人都选择进城寻找工作，留在乡镇的多为老人、妇女和儿童，普遍存在文化程度较低的情况，这直接加大了乡镇文化建设的难度。

二、强化乡镇文化站作用的对策与建议

乡镇文化站，也称综合文化站，是政府举办的提供公共文化服务、指导基层文化工作和协助管理农村文化市场的公益性事业单位。乡镇文化站主要服务于满足乡镇人民群众的精神文化需求，有助于提高乡镇人民群众的文化素养，有助于社会主义新农村建设，有助于巩固脱贫攻坚成果，有助于乡村振兴战略的实施。因此，必须要重视乡镇文化站的建设与发展工作，使其更加有效地发挥出应有的作用。具体的对策与建议如下。

第一，因地制宜地开展服务工作。乡镇文化站应该根据乡镇区域经济的发展情况、文化特色以及民风民俗等进行文化站服务规划，充分考虑文化建设与乡村文化发展之间的契合程度，开展具有鲜明地域特色的文化体育活动，这样也能够更好地吸引当地人民群众的关注，激发其参与积极性。除此之外，乡镇文化站还应该充分运用“互联网 +”、大数据等技术手段，通过互联网开展各种类型的产业培训，增加农村居民在种植、养殖等现代化农业方面以及发展特色历史文化旅游产业方面的知识储备，帮助他们朝着更好的方向发展。

第二，做好相关结合工作。目前，我国脱贫攻坚目标任务已如期完成，乡村振兴全面推进，乡镇的发展趋势越来越好，乡村旅游方兴未艾，“乡镇抱团”为新时代美丽乡镇的发展积蓄新动能，越来越多的年轻人选择回乡创业，加上 5G 时代的到来，因而乡镇群众的文化需求越来越大。在部分人口密度大、经济发展快的乡镇，艺术培训机构、轻饮食等应运而生。考虑到当前很多地方的乡镇文化站工作人员不足、专业受限等情况，做好相关结合工作，是乡镇文化站谋划好未来发展的一个不错思路。一是与市场相结合。采取低租金、严考核的方式，通过低廉的租金吸引培训机构、轻饮食、书吧等文化机构

入驻文化站，并建立合同式的考核管理制度保障免费培训、读书沙龙等向公众开放的场次、人数。二是与学校相结合。一方面，采取“请进来”的方式，邀请学校的专业老师走进文化站，利用周末或节假日开展免费培训，惠及偏远乡村居民、贫困家庭等群体；另一方面，采取“走出去”的方式，利用自身的资源优势使泥塑、峡砚雕刻、戏剧曲艺等优秀传统文化进校园，滋养学生健康成长。

第三，强化监督管理工作。进一步重视乡镇文化站的管理与监督，将乡镇文化站的具体工作纳入绩效考核范围之内，并根据具体的绩效考核来制订详细的考核标准，进一步细化并明确乡镇文化站的工作与管理职能，强化相关工作人员的责任意识。这样有助于对乡镇文化站的工作进行强化管理。具体而言，在文化基础设施建设方面，应该强调乡镇文化站的工作职能，根据当地的实际发展需要，积极鼓励各种社会力量参与乡镇文化建设，按照相应的文化场馆的建设标准，将其纳入乡镇建设发展规划之中，为服务乡镇居民的文化生活提供便利服务；在文化知识传播方面，乡镇文化站应着力为农村送智慧，树精神，正民风，创造文化财富，营造文化环境。除此之外，乡镇文化站还可以积极联系一些公益性的艺术团队来开展文化分享活动，为乡镇文化站的建设与发展注入更多新鲜活力，不断丰富乡镇居民的精神文化生活。

第四，提高工作人员的考核标准。乡镇文化站工作人员的专业素养直接影响乡镇文化站的服务水平，因此必须要重视乡镇文化站工作人员的专业素养和考核标准。一是严格招聘要求。可以在招聘的时候就提高相应的管理要求，采用竞争上岗的形式，择优录取，提高薪资待遇吸引优秀的专业人才，提高人员招聘的质量。二是严格考核标准。建立清晰、明确的奖惩管理机制，将相关工作人员的工作情况与薪资待遇直接挂钩，以薪资奖励的形式来激发工作人员的工作激情，进而提高乡镇文化站的服务效能。

综上所述，乡镇文化站作为社会主义新农村文化建设的重要力量，在新时代乡村振兴与发展中发挥着重要的作用。我们要高度重视目前乡镇文化站建设存在的问题，积极思考，认真谋划，有针对性地采取相应的改进措施，使其更好地服务于乡村振兴战略的实施。

参考文献

[1] 陈玲．关于乡镇文化站推进新农村的文化建设策略探讨 [J]. 科教导刊，2017（17）：191.

[2] 李雄．江西乡镇综合文化站服务效能建设路径 [J]. 九江职业技术学院学报，2019（3）：89-90.

[3] 崔芳．乡镇综合文化站绩效评估和服务效能建设 [J]. 内蒙古科技与经济，2018（13）：15-17.

关于群众文化工作中开展广场舞培训的策略分析

卢思诗

摘要：广场舞是群众文化艺术的重要组成部分，也是深受人民群众喜爱的艺术类型。针对当前广场舞培训工作存在的信息化应用程度不高、精细化程度不足、培训理念滞后等问题，提出创新化开展广场舞培训的策略：构建科学合理的广场舞培训制度；优化广场舞培训架构；适应现代经济社会发展趋势；坚持以受众为中心开展培训。

关键词：群众文化；广场舞培训；策略分析

在群众文化工作中，广场舞培训占有十分重要的地位。通过构建现代舞蹈培训体系，可以提升广场舞培训的针对性、科学性、实效性，满足群众文化工作的实际需求。在当前群众文化工作的广场舞培训实践中，仍存在诸多问题，特别是在工作体系构建与优化方面，有待深入探究。舞蹈培训人员，要积极创新，寻求有效的现代化广场舞培训路径，提升群众文化工作效能。

一、当前广场舞培训工作存在的问题

（一）信息化应用程度不高

随着现代科技的快速发展，现代信息技术越来越多地被运用于群众文化工作当中，特别是以大数据、移动互联网为代表的数字技术，变革了传统的工作模式。在广场舞培训体系中，运用现代信息技术整合信息资源，可以实现群众文化工作效能的大幅度提升。但是在广场舞培训过程中，普遍存在对现代信息技术重视程度不足的问题，工作智能化、科学化水平有待提升。

（二）精细化程度不足

在当前的广场舞培训实践中，普遍存在精细化不足的问题，很多群众文化工作者在舞蹈培训工作过程中，不注重细节控制，在细节上存在很多疏漏，没有有效构建起现代广场舞培训工作体系，不利于总体工作效能的提升。

（三）培训理念滞后

在现代公共文化服务体系中，群众文化占据着十分重要的地位，而广场舞是丰富人民群众文化生活的重要途径。广场舞经过多年的发展，已经形成了较为固定的培训体系与模式。很多群众文化工作者在开展广场舞培训时容易固守传统的工作理念与模式，缺乏足够的创新意识，导致工作效能不高，不利于群众文化的建设与传播。

二、在群众文化工作中创新开展广场舞培训的策略

（一）构建科学合理的广场舞培训制度

在广场舞培训中，广场舞培训制度非常关键，是决定群众文化整体工作效果的重要因素。基于此，要充分结合广场舞的特点以及群众文化工作的性质与定位，构建科学、合理的广场舞培训制度，按照制度要求规范具体工作，确保制度能有效发挥其应有的作用，从而使广场舞培训工作真正实现提质增效。特别要指出的是，在制度建设中，要针对培训实践中的矛盾点与问题集中点，结合群众文化理论建立更加贴合群众文化工作需求的运营管理模式和培训工作流程，从而确保广场舞培训工作的实效。此外，要在确保科学性、合理性的基础上，强化制度的约束力与激励作用，有效提升广场舞培训工作的效率。

（二）不断优化广场舞培训架构

在群众文化工作实践中，要定期或不定期对广场舞培训架构进行全面分析，及时发现问题与不足，并采取有效的措施予以优化。就内部环境而言，要对不适应实际工作变化的传统组织结构进行调整、改进，畅通各个层级之间的沟通渠道，提升运行与管理效率。同时，也要对广场舞培训组织架构的外部环境加以分析，然后主动而为，积极优化管理流程与控制机制，为广场舞培训效率的提升奠定基础。

（三）适应现代经济社会发展趋势

随着经济、科技和文化等的快速发展，现代社会对群众文化工作提出了更高的要求，其需求也发生了深刻的变化。就广场舞培训来说，群众文化工作人员不能忽视这些变化，

而应根据外部的需求变化，创新工作理念，及时调整广场舞培训工作的模式与方法，通过多种方式满足人民群众的需求。在培训实践中，要充分结合现代信息技术的发展特点与趋势，有针对性地调整广场舞培训理念，有效运用数字技术等整合广场舞推广元素，提升广场舞培训效果。现代经济及科技的迅猛发展，给群众文化工作带来的不仅仅是外部环境的变化，而且还有内部结构的变化。这对群众文化工作人员提出了更大的挑战，他们既要遵循基本的舞蹈培训工作规律，也要适应经济社会的发展变化，及时调整工作理念与模式，构建科学、合理的培训工作体系，提升广场舞培训的综合水平。

（四）坚持以受众为中心开展工作

在广场舞培训过程中，要坚持以受众为中心。具体而言，要以受众的感知和理解能力为根本遵循，以受众需求的变化和遇到的问题为导向，不断创新广场舞培训的模式和方式方法，助力群众文化工作不断提档升级。在现代经济社会条件下，广场舞培训的受众的需求呈现出多元化、复杂化的特征与趋势，如何进行统筹协调，通过工作元素的整合、优化满足不同群体的需求，是摆在工作人员面前的一个重要课题。舞蹈培训人员，要及时转变思路，调整自己的站位，用更敏锐的工作眼光发现受众的需求变化，进而推动群众文化工作不断向前发展。

三、结语

综上所述，在群众文化艺术体系中，广场舞是重要的文化活动类型。随着经济社会的快速发展，社会公众对于广场舞活动有着更多元的需求。在组织开展广场舞培训这一群众文化活动的实践中，要建立科学、合理的培训制度，不断优化培训架构，探索多元化的适应现代经济社会发展的培训模式，满足社会公众的文化需求，激发他们的参与热情，使广场舞成为丰富人民群众精神文化生活的有效载体。

参考文献

[1] 刘香茜．开展群众文化活动舞蹈辅导工作的重要举措 [J]. 大科技，2018（18）：13－14.

[2] 海拉苏．浅谈加强群众文化馆舞蹈培训的对策 [J]. 卷宗，2015（6）：576.

[3] 王海霞．论如何做好群众舞蹈培训工作初探 [J]. 中文信息，2018（8）：267.

少儿播音主持教学策略研究

曹思佳

摘要： 少儿学习播音主持对于培养他们的口语表达能力、逻辑思维能力和综合素质具有重要作用。少儿对播音主持的认知不足且缺乏兴趣，少儿语言表达能力不足以及普通话发音不标准，教师自身的教学技能与播音主持经验不足等影响着少儿播音主持教学的效果。基于此，提出优化少儿播音主持教学效果的策略：激发少儿对播音主持的兴趣；纠正少儿的普通话发音，提高其口语表达能力；锻炼少儿的舞台表现力以及应变能力；教师提高自身的教学技能，丰富播音主持的实践经验。

关键词： 少儿；播音主持；教学策略

少儿学习播音主持既可以培养语言表达能力，又能提高文化知识水平，掌握一项新的技能。有些孩子特别喜欢讲话，但有时候讲的又不是非常恰当。对于这些孩子而言，学习少儿播音主持可以有效地解放其天性，让孩子更喜欢说话，更热爱播音主持，从播音主持中感受口头表达的重要性。这样既能满足孩子的喜好，又能培养一种能力，可谓一举两得。

一、少儿播音主持及其教学策略研究的重要意义与作用

随着教育的改革、发展以及网络的普及，人们对孩子的教育问题越来越重视，对孩子语言表达能力的重要性的认识也越来越深入，少儿播音主持教学成了许多家长关注的焦点。

在课堂上，一些孩子的语言表达能力相对较差，表现在朗诵胆怯，儿歌、绕口令、课文等朗读或背诵起来比较慢，或者根本不愿意开口。从少儿时期开始学习播音主持，

既可以让孩子感受语言艺术的魅力，培养语感，锻炼口才，提高普通话水平，又能培养孩子的口语表达能力、逻辑思维能力和综合素质，这些对少儿今后的成长与发展具有重要的影响和作用。对于教师而言，有效引导少儿想说、敢说、会说是关键。可见少儿播音主持及其教学策略研究具有重要意义与作用。

二、影响少儿播音主持教学效果的主要因素

在对少儿进行播音主持教学时，首先要让他们愿意开口，喜欢说话，而且要对他们已有的知识和经验以及口语表达能力有一定的了解。少儿播音主持旨在锻炼他们各方面的综合能力，教师在教学过程中需要有效引导少儿对播音主持产生浓厚的兴趣，再进一步开展教学。找出影响少儿播音主持教学效果的主要因素是关键。

（一）少儿对播音主持的认知不足，缺乏兴趣

很多少儿感觉播音主持离自己很遥远，一是因为对播音主持的认知程度不够，二是对这方面没有兴趣。通常而言，少儿主要从电视、网络或者线下节目活动现场这些途径简单地了解播音主持。很多少儿没有学习播音主持的意识和需求，参加相关活动的机会也不是很多，缺少参与感，导致对播音主持这方面的认知和兴趣不足。

（二）少儿语言表达能力不足，普通话发音不标准

少儿语言表达能力不足是很常见的，但是对于播音主持专业人员来说，良好的语言表达能力是硬性条件。很多孩子胆小、腼腆、不自信，见生人不敢说话，也不会想要去表达自己的想法，更遑论播音主持了。对于少儿来说，普通话发音不标准也是常事，这就需要不断练习普通话，纠正不标准发音，让普通话更标准，更有自信当众说话，更爱主持。所以，语言表达能力不足以及普通话发音不标准都是影响少儿播音主持教学的重要因素。

（三）教师自身的教学技能与播音主持经验

少儿学习播音主持的效果除了受少儿自身的因素影响外，也与教师的教学技能与播音主持经验密切相关。在少儿播音主持教学中，教师的教学设计、教学策略与方法、语言表达、教学评价等都会影响教学的效果。此外，教师的播音主持经验也很重要，它是将理论应用于实践的具体表现。

三、优化少儿播音主持教学效果的策略

（一）引导少儿对播音主持产生浓厚兴趣

教师首先要了解哪些学生有比较胆小、腼腆、不自信，见生人不敢说话等表现，并有针对性地解决这些问题，从而有效引导学生对播音主持、开口讲话产生浓厚兴趣。学习播音主持需要接触老师和同学甚至更多的观众，无形之中从小锻炼了孩子的应变能力、口语表达能力和胆量。例如，在播音主持的网络授课中，教师可以先提出一个问题，测试一下学生的胆量，要求学生用语音说出来，并发在群里。这样每个学生都要开口说话回答问题，教师根据每个学生发出来的语音表达以及语速等判断学生的语言表达能力，从而分析出哪些学生比较胆小，哪些比较喜欢表达自己的想法等，然后对学生进行分类，针对不同学生采用不同方法，有效引导这些学生对播音主持产生兴趣。

（二）纠正少儿的普通话发音，提高其口语表达能力

成为小主持人对于少儿而言是非常具有荣誉感与成就感的，无形中能够增强少儿的自信心，提高其人格魅力。由于孩子的思维与语言能力发展不平衡，孩子在幼儿期思维发展很快， 想说的事情和想表达的意思很多，而词汇量很少，表达能力差，所以孩子一着急就很容易发音不标准。纠正少儿的普通话发音，培养其口语表达能力是播音主持教学的关键。少儿普通话发音不标准的原因有很多，例如地域不同，口语表达能力不足，孩子口部发育不完全等。针对这些问题，教师可以要求学生多进行口舌操训练、矫正普通话发音和克服地域性口语的影响。口语表达能力的强弱直接影响播音主持的效果，所以纠正少儿的普通话发音，提高他们的口语表达能力是非常有必要的。比如，某位小主持人在未经过专业的播音主持培训之前所主持的效果是很一般的，有时候甚至出现语法错误，有些字的读音还会念错，但是经过一段时间的培训后，播音主持进步的效果就非常明显。教师在教学中可以采用以下方法：要求每个学生都要坚持口舌操训练；熟读一些常见的多音字、易读错字；在朗诵时正确吐纳气息，让朗读既有感情，又有意境。这样做有利于提升普通话标准程度和播音时的反应灵敏程度。

（三）锻炼少儿的舞台表现力以及应变能力

少儿学习播音主持，上舞台的机会肯定不会少，这就需要少儿有较好的舞台表现力及应变能力。舞台表现力强，会活跃气氛，语言表达能力好，对临时出现状况的应变能力强的主持人会更受欢迎。若对舞台上的意外状况反应速度较慢，小主持人很容易让现场冷场，如果后续再处理不当，主持效果自然就不理想。锻炼少儿的舞台表现力以及应变能力不仅仅可以培养少儿的主持能力，而且能增强他们的自信心，提高他们的人格魅力。

（四）教师提高自身的教学技能，丰富播音主持的实践经验

教师作为教书育人的专业工作者，对提高自身的教学技能需要高度重视。而播音主持类专业性比较强的职业需要专门的培养与培训，对教师的要求自然就会更高。播音主持类教师只有不断提高自身的教学技能，丰富自己的播音主持经验，不断积累，才能言传身教，教学效果才会更明显。教师的播音主持实践经验越多，在教学中对相关经验的传授就越多。

四、结论

综上所述，播音主持是一门综合性、专业性比较强的艺术职业。从小重视教育和艺术培养，让孩子塑造自身的人格魅力，锻炼超强的心理承受能力，孩子会更加快乐、健康地成长。对少儿播音主持教学策略的研究，有利于提升相应的教学效果，进而使少儿多一门技艺傍身，增强他们的语言表达能力、对事情的反应能力，让少儿走上更加健康、多元的成长之路。

参考文献

[1] 孟俊廷 . 浅析在少儿播音主持与表演教育中“解放天性”的应用 [J]. 传播力研究，2019（22）：125-126.

深沉雄大的气势　悠远淡然的意境：
浅谈国画作品《丝路新语——重庆涞滩水墨石刻》的现实意义

朱志玲　刘兴正

摘要：合川涞滩二佛寺石刻是我国古代巴蜀石刻艺术的瑰宝，具有极高的艺术价值。邓建强、夏止鸣、刘兴正、李永生四位画家以此为主题创作了巨幅水墨画《丝路新语——重庆涞滩水墨石刻》。本文基于相关背景信息重点分析了这一作品的艺术价值、艺术风格、创作者的艺术技法以及作品的现实意义。

关键词：气势；意境；国画；涞滩；水墨石刻；现实意义

在重庆市合川区涞滩古镇层峦叠嶂的山林里，隐藏着上千余尊禅宗石像，这些栩栩如生、排列有序的石像宏伟壮观，令人震撼，被誉为“宋代巴蜀石刻的一颗明珠”。涞滩古镇因此入选全国首批十大历史文化名镇，被列为中国禅宗古镇、国家级重点文物保护单位。纸本水墨《丝路新语——重庆涞滩水墨石刻》就是以涞滩这些规模宏大的摩崖石刻为主题创作的巨幅长卷中国画（如下图）。

合川涞滩二佛寺石刻始于唐，盛于宋，止于清。这些石刻造像姿态各不相同，表情惟妙惟肖，是丝绸之路中宋代巴蜀石刻的艺术瑰宝。其雕刻手法细腻，构图巧妙，为中国宋代晚期石刻造像的代表作，具有极高的艺术价值。涞滩二佛寺是我国罕见的佛教禅宗造像聚点，也是全国最大的禅宗道场之一。

《丝路新语——重庆涞滩水墨石刻》为纸本水墨，画幅总长 18.5 米，宽 0.7 米。作品是以邓建强、夏止鸣、刘兴正、李永生四位国画创作者自 2018 年 9 月以来数次到合川涞滩石刻写生、临摹的大量素材为基础，以《涞滩石刻》《涞滩传说》等文献为参考，并借鉴了当地文史专家的专项论述，对涞滩石刻故事和石刻造像精准解构、提炼，而创作完成的横向展开式构图画卷。这件作品充分展现出涞滩石刻的雄浑壮丽，表现了佛教禅宗造像艺术和佛教故事，反映出千百年来中华民族的伟大智慧和生生不息的文明传承。这幅酝酿时间长久、创作跨度较大的水墨作品，体现了创作者一丝不苟的严谨作风，蕴含了创作者对优秀传统文化的敬畏和虔诚之心，展示了独到的艺术风格和对丝绸之路上佛教禅宗造像的丝路新语。此幅长卷国画作品的完成，能够激发我们对这些珍贵文化遗产的珍视和保护，对于守护我们的精神家园和文化灵魂具有十分重要的价值，同时对于用独具中国特色的艺术方式进行文化传承，增强文化自信和推动文化全面、协调、可持续发展也具有非常重要的意义。此作品完成后，已在“第四届全国壁画大展”“向祖国献礼——庆祝中华人民共和国成立 70 周年第七届重庆市美术作品展览暨第十三届全国美展重庆选送作品展”等重要展览中展出。

就《丝路新语——重庆涞滩水墨石刻》的艺术价值而言，它既是跨越时空的组合与阐释，也是对中国传统文化物象的再造与再塑。创作者在构思构图时，以蜀中第二大佛——涞滩二佛寺主像释迦牟尼佛为中心点，以传统文化语境为基础，以涞滩石刻故事为线索，重新横向解构 42 个佛龛中 1700 余尊石刻造像，淡墨层层积染，造像故事之间留白，祥云相间，不以写实与空间的真实为审美追求，生动地表现出涞滩石刻的意象空间与意象精神，增强了画面的表现性，延展了作品的精神内涵，让人们在“俯仰之间”感悟时空的自由变幻，体会到悠远的意境之美。

创作者在绘画技法的选择上，流露出对淡墨的偏好，这是因为其内心淡然、雅静的状态，唯有借助淡墨虚灵、冲淡、温和的特性才能呈现出来。淡墨与纸张的皴擦、晕染，以及画家笔墨经验的运用，使线面重叠构成深度的画面空间，而其中的墨痕肌理充分体现了画家对时空的思考，能够激发欣赏者的兴趣。创作者以写生为基础，运用从写生的现场性过渡到对细节的写意式处理的方式，使得作品在使用传统的绘画表现方式的时候，并不一味追求去反映客体世界的坚实结构，而是力求体现中国文化朴素的世界观。这种绘画方式与中国雕塑的传统也一并印证了——与西方艺术注重追求视觉真实而表达心理体验不同，中国传统文化更强调通过抽象、概括的形式建构世界观。绘画者恰恰是从传统文脉中探寻了这一方式，大胆地破除了传统上对展示雕塑结构稳定性的追求，选择了以简单、自信的方式对作品进行处理。

同时，作品非常恰当地结合了中国传统绘画素雅、澄澈的特性，具有朴素、淡雅、空灵等特点的淡墨是其最佳的载体。在绘画过程中，淡墨的淡雅特性自然成为体现石刻艺术特征的物象依托。中国传统绘画中所具备的雅正、澄澈之特质， 正是文人内在气质的体现。对真理、对精神世界的追求， 亦是绘画生命的源泉。 文人绘画是为了表达自己的情感， 技法仅是为传递情感服务， 用淡墨， 是因为它能更好地诠释心中的那种柔和但不失刚毅的特质。

就《丝路新语——重庆涞滩水墨石刻》这一作品呈现的现实意义来说，最为重要的便是其表现出来的艺术风格。艺术形式和艺术手法等方面反映了一个艺术家应有的创作思维活力，同时也体现了艺术家对社会、对艺术的强烈责任感。涞滩二佛寺在晚唐时就已具规模，到宋代，该寺香火达到鼎盛，并依山开凿佛像，北岩主龛说法图为全部造像的核心部分，主像释迦牟尼佛神态慈祥，衣纹流畅，高 12.5 米，不仅为全寺造像之冠，而且也是重庆有名的大佛之一。据寺内刻于明代正德十三年（1518 年）的《重建轻峰禅寺记》碑记载，“全蜀大佛有三，而宕渠深滩镇日鹫峰盖其二佛也”，说明该佛为当时蜀中第二大佛，二佛寺也因此而得名。至于恪守中国禅宗“正法”传统而雕造的释迦牟尼与禅宗六祖、女性化的达摩和反映现实人生的罗汉群雕等，则是佛教艺术进一步中国化、深入下层社会的具体表现，不仅在内容上反映了禅宗的大部分历史进程和禅宗旨圭，而且在艺术上也堪称一绝，不愧为宋代巴蜀石刻的一颗艺术明珠。而以这些摩崖石刻为主题创作的《丝路新语——重庆涞滩水墨石刻》则运用中国传统绘画的艺术形式很好地体现了其艺术风格与特征。

21 世纪以来，人们不断增强文化自觉，并逐步深入到中国文化语境中探索与时代相适应的新价值体系和新图式语言。创作者秉承着高度的文化自觉与担当，在传统与现实当中执着地求索，《丝路新语——重庆涞滩水墨石刻》中采用的淡墨表现手法有着重要的当代价值：揭示了中国画的传统笔墨语言完全有能力表现厚重的文化和新时代下的新主题。多层次、超空间的布局，在不经意的节奏中透着严密的秩序，展现出深沉雄大的气魄。创作者本着文化传承与时代担当的文人情怀，采用淡墨这一独特的艺术语言表现石刻艺术的魅力，在中国文化不断发展的过程中找到淡墨的历史坐标，并为中国画的发展提供新的经验：必须虔诚地审视传统，准确把握时代脉搏，突出时代主旋律。

全民艺术普及书法课程与学校书法学科设置的共性及区别

李秀娟

摘要： 书法教育是中小学教育的有机组成部分，书法进校园活动推动了书法示范、特色、实验学校的建设。群众文化的普及与公共文化空间的建设促进了群文式的书法教育模式的发展。学校书法教育和群文书法教育两种模式的书法学习过程均可分为低段、中段和高段。在比较分析两种模式三个阶段的共性与区别的基础上，提出了融合二者的比较优势，推动书法教育发展的策略。

关键词： 全民艺术普及；书法课程；学校书法学科；共性；区别

近年来，重庆市大力推动书法进校园，建立了一批书法示范、特色、实验学校。与此同时，群众文化的普及及公共文化空间免费开放也大力推动了群文式的书法教学模式的发展，使一些有书法基础的学生及社会上的书法爱好者能在书法专业技法、理论水平上有更稳步的提高。这样，在书法教学的过程中，就形成了学校书法教育与群文书法教育这两种书法教育模式。本文旨在通过对这两种模式关系的探讨，以期更好地发挥教师的作用，更大程度地提高学生的书写水平，更有效地推动群众整体书法水平的提升。

教育部 2013 年印发的《中小学书法教育指导纲要》（以下简称《纲要》）对于中小学生的书写水平有明确的标准并且针对各年级段做出了详细要求，这些标准，是对学校书法教育的基本保障。学校书法教育的课程设计，根据《纲要》的要求分为三个阶段：低段（小学低年级：一至二年级）、中段（小学中年级：三至四年级）和高段（小学高年级：五至六年级，以及初中、高中）。低段重点训练用铅笔写正楷字；中段重点训练用钢笔写正楷字和初步的毛笔书写；高段除了训练用硬笔书写行楷字、行书之外，重点训练毛笔临帖。

群文书法教学的课程设计，把学习过程也分为三个阶段：低段、中段和高段。分班不按年龄，按学员的实际书写水平来划分。学员在学习之前有一个水平测试，根据测试的结果来决定该学员适合哪一个阶段的学习。

下面，笔者以小学阶段为例对这两种模式的三个阶段进行对比分析。

一、低段

对于低段（小学一至二年级）的学校书法教育，《纲要》要求：“学习用铅笔写正楷字，掌握汉字的基本笔画、常用的偏旁部首和基本的笔顺规则；会借助习字格把握字的笔画和间架结构，书写力求规范、端正、整洁，初步感受汉字的形体美。”在这一阶段，学校书法教育侧重于汉字认识与书写的基本训练，同时结合语文课的生字进行练习。

在群文书法教学的初级阶段，无论是硬笔或毛笔，笔法训练是重点，包括永字八法的8个基本笔画以及由此衍生出的31个变化笔画①，以及含有这些笔画的例字。要求能够掌握39个笔画②的准确表达；能够明确区分提、按、顿、挫，协调点画的粗细轻重关系，做到用笔手法多样；能够根据字型的不同特征运用笔法，使字体的结构合理，点画的粗细、长短、轻重关系合理。在这个过程中，学员不仅要做到能动手写，更要学会欣赏和区别美与不美。

由这一阶段的比较可以看出，群文模式的内容比学校模式的内容更广、更灵活。学校模式能结合语文课程照顾到大多数学生的进度，加强基础的反复练习（比如“双姿”、基本笔画的书写）。而群文模式可以针对学员的个人情况适时地调整进度，灵活性较强。学校模式进度虽然缓慢，但能保证大部分学生的基本功到位，提高整体的书写能力；群文模式进度较快且教学方式灵活多样，多从分析作品入手，能使学员的欣赏水平大大提高。

①31个变化笔画：左、右尖横，重、尖头竖，竖弯撇，走之捺，反捺，竖折，竖弯，撇折，横撇，撇点，弯钩，横钩，竖提，斜钩，心字钩，竖弯钩，横折竖钩，横折斜钩，横折右弯钩，横折折钩，竖点，圆点，出锋点，长点，左右点，相对点，八字点，上下点，横三点，横四点，聚四点。

②39个笔画：“永字八法”加“31个变化笔画”。

二、中段

针对中段（小学三至四年级）的学校书法教育，《纲要》要求“能用钢笔熟练地书写正楷字，做到平正、匀称，力求美观，逐步提高书写速度”；“掌握毛笔的执笔要领和正确的书写姿势，了解笔、墨、纸、砚等常用书写用具的常识，学会正确使用与护理，注意保持书写环境的整洁”；以及“学习用毛笔临摹楷书字帖，掌握临摹的基本方法。学会楷书基本笔画的写法，初步掌握起笔、行笔、收笔的基本方法。注意利用习字格把握字的笔画和间架结构”等。学校模式自小学三年级开始增设毛笔书法课，硬笔书写工具由铅笔转换为钢笔，学生平时的书法练习以实用为目的，故仍以钢笔练习为主。学生在小学三、四年级处于生理变化期，这个阶段是最好动的。这一阶段的课程教学任务相较于低段的一、二年级有所增加，作业量的增加促使学生加快书写速度；而毛笔课程的学习又处于入门阶段，笔法训练难度逐渐加大。这些因素使得小学三、四年级学生的整体书写显得潦草，针对学生的这些问题，要求教师留意学生平时的书写习惯，引导学生加强对字形的观察与分析，在书写时要成竹在胸，保证纸面的洁净。在课堂上要多鼓励学生，结合历史上书法家练字的故事激励他们，使他们树立学习书法的信心。

在群文模式的中级阶段，对于已经经过基础训练，具备了初步的分析汉字字形的能力，能够相对准确临摹的学员而言，中级书法课程是巩固初级课程所学和书法技法积累的过程。这一时期的课程要求学员继续临摹字帖，并且把原有米字格的字帖换成原碑帖，让学员接触原帖。在这一时期，要求学员做到根据点画的特点来协调书写时的轻重缓急；能够处理点画间的粗细长短、避让迎合；处理点画之间的呼应和字与字之间的空间关系，使字的结构比例协调，作品整体较为完整。这一阶段的群文模式教学，除了对结构的要求有所提高外，还要求学员根据自己的性格与爱好选择与之相对应的书法风格，增加书法作品欣赏课程，为其下一阶段的创作做准备。在该阶段，群文模式是尽可能地让学员多接触各种书体，让他们多看，多组织活动让他们参加，以展赛来提高他们的书法水平。

在这一阶段的两种模式的比较中，二者明显拉开了距离。学校模式的书法教学，钢笔学习处于适应阶段，毛笔学习处于入门阶段，仍然是大量的基础训练。而群文模式则是在巩固初级阶段所学的知识与技能，学员在书写训练以及书法欣赏方面更加深入，表现出连续性和可持续性。

三、高段

对于高段(小学五至六年级)的学校书法教育,《纲要》在毛笔书写方面的要求是“比较熟练地掌握毛笔运笔方法,能体会提按、力度、节奏等变化”;“借助习字格,较好地把握笔画之间、部件之间的位置关系,逐步做到笔画规范,结构匀称,端正美观”;“尝试临摹楷书经典碑帖,体会其书写特点,逐步提高临摹能力”;“学习欣赏书法作品”等。书法学习强调临帖,尤其是准确临帖的重要性。在学习书法的过程中要求学生做到准确地临摹,并能够运用所学的笔法,注意到字形的结构安排。教师要能够指导学生理解字形,分析结构并且掌握方法。学生在运用技法书写的过程中能够适当地调整笔锋,注意纸面整洁,使作品整体看起来匀称合理。

群文模式的学员在经过初级和中级阶段的学习后已经具备了相当的准确临摹的能力,进入高级阶段后,其学习的关键就是如何运用所学知识进行作品的创作。从临摹到创作是每个学习书法的人都会经历的过程,这是评判书法水平或能力的标准之一。把所学技法运用到具体的作品中,是一个全新的再造的过程。创作训练可以从集字开始,选用现有的集字诗、联,或是由教师指导学员自行集字来完成作品。在这个阶段,要求学员能够熟练地运用技法对整体的章法、形式进行把握,对正文、落款、盖章有统筹的安排,对完成的作品能够进行比对、打磨,培养学员的精品意识。

由此可以看出,在高级阶段,两种模式的教学方式已经完全不同了:学校模式处于临帖提高训练阶段,而群文模式已经在注重学员创作表现能力方面的培养。其结果是学校模式培养的学生仅仅能够完成临帖,而群文模式培养的学员却已经具备了创作作品的能力。这两种结果的差距非常大。

通过上面两种教学模式三个阶段的比较可以看出:在初级阶段,学校模式与群文模式同样注重基础训练;在中级阶段,学校模式的毛笔课程处于基础入门训练阶段,硬笔课程因为书写工具的转换处于适应阶段,而群文模式的书法训练处于提高阶段;在高级阶段,学校模式处于基础训练的提高阶段,群文模式处于成果收获阶段。造成这种差距的主要原因是学校模式针对面,而群文模式针对点。学校模式兼顾到大多数人的进度,群文模式主要针对喜爱书法的人群,可根据每个人的兴趣加快或是放慢进度,增加或是降低难度,随时都可以调整。因此,可以说小学六年书法教育所做的是基础工作,而群文的书法教育更多的是对学校书法教育的延伸,学员在经过了初级、中级、高级阶段课程的连续训练之后,其能力通过实践证明是可以达到省级书法家水平甚至更高水平的。

通过以上对比,我们了解了两种书法教育模式的基本区别。笔者在实践中还注意到其他方面的不同，具体如下。

（1）教师水平有区别

学校里的书法教师多是由其他学科的老师兼任，他们本身没有经过系统、专业的书法学习，在教学过程中其讲解是否规范、示范是否到位，直接关系教学质量。而群文模式教学的教师都是专业人员，有系统学习或研究书法的经历，有参与多届国家级、省市级书法展赛的经验，教学理念系统而规范，这是一般学校的书法教师难以达到的。群文模式教学的教师可以说在技法与理论上具有双重保障。

（2）时间保证有区别

学校每周一节书法课，每节课 40 分钟，课后能自主练习书法的学生，根据调查不到 1%。群文模式每周一次书法课，每次课 90 分钟，80% 的学员能够做到课后自主练习。

（3）学生来源有区别

学校书法课面对所有学生，群文书法课面对书法爱好者或是有意愿在这一领域积极进取的人，学员的兴趣更专一，更有学习动力。

综上所述，可见学校模式与群文模式的区别是普及教育与精品教育的区别。那么，如何解决这一区别造成的矛盾呢？下面做一些简要的分析。

现在书法教育的实际情况是学校书法教育与群文书法教育各自为政、互不相通。但通过前面的分析，我们认识到群文书法教育更多的是对学校书法教育的延伸，两者只是侧重点不同，直接对立的矛盾根本不存在。相反，它们之间还存在着一种潜在的隐性依托关系。

小学虽有长达六年的书法教育，但由于种种原因很难把大多数学生培养成具有较好基础的，以后能向专业水平发展的好苗子；而群文模式的教师虽有专业的水平和丰富的经验，却因为学员书法基础水平参差不齐，往往要花很大精力去纠正这些学员的书写习惯。造成这种矛盾的原因有前文分析过的师资问题，这个问题可以通过两者的合作来解决。学校可以请群文模式的书法专业人员先培训学校的教师，学校的教师再根据所学传授给学生，这就保证了学校基础书法教育的科学性和规范性。这样还有一个好处，就是可以大大激发学生练习书法的热情，当学校的教师们都开始练字时，这种氛围通过潜移默化也会改变学生的书写习惯，使学生也开始注意自己的字迹是否美观大方，从而调动起他们练习写字的积极性。反过来，学校也可以发掘一些基础好、悟性也高的学生参加群文模式的书法训练，让他们学习到更高水平、更有深度的技法及理论知识。

总之，经过学校和群文工作机构的努力沟通，两种不同模式的书法教育是能够互相促进、相辅相成的。学校依托群文工作机构巩固基础教育质量，群文工作机构依托学校基础课程保障学生来源。这两种书法教育模式的结合，将为书法教育事业带来新的发展契机。

浅析“架香童子舞”的艺术特色与价值

熊小洪

摘要：合川架香童子舞是人类在历史上创造并以活态形式传承至今的一种传统民间舞蹈形式，是当地传统文化、风俗习惯、精神面貌的生动写照。本文在介绍架香童子舞保护与传承现状的基础上，重点分析了其表演、服饰及道具、音乐等方面的艺术特色，最后阐述了其人文、历史、艺术及审美价值，旨在唤起人们保护好、传承好这一非物质文化遗产的意识。

关键词：架香童子舞；艺术特色；艺术价值

一、架香童子舞概述

合川架香童子舞作为一种传统民间舞蹈，它的产生与人类早期的社会生活，特别是人类社会早期的娱神活动密不可分。架香童子舞即“童子拜观音”，是庙会习俗的重要组成部分，是民间宗教文化与民俗文化相结合的产物。架香及童子舞来源于佛教典故，其由来已很久远，因没有足够的文献或其他依据，不能说明其始创的准确时间，但根据该舞所涉及的题材内容、历史背景及地理环境等方面分析，推测它出现的时间大约在宋代，而兴盛于明清至民国年间。据民国《合川县志》（1921 年）记载：“架香者，锦亭一，三足而锐上，凡三层，金嵌彩楼。中作万岁牌，又诸神像，命曰圣架。一衣黄者肩之行，张盖列仗随之，如王者仪卫。钲鼓镗聒，杂龙狮诸戏，跳掷作曼延舞。为首监生靴顶拈香，蹩躠其中。别以数人腰系黄裙，捧提炉香俯偻施舞，余者青巾裹首，背香筒，手小凳，爇香其端。又一人佩小黄旗，击铜钲，高唱南无，则人敲木鱼应之，齐声诵佛偈……步步礼拜，多至三四百人为一队。或作巨烛如臂，上施金箔，龙焉凤焉，数以九扛。”可见，架香童子舞在当地流传已久。随着社会的发展，人类历史的不断进步，人们生活习俗的变化，架香童子舞也逐渐融入了娱乐的功能。

20 年代 70 世纪末，文化部启动了“中国民族民间文艺集成志书”的编纂工作，合川对辖域内的文艺进行了全面普查，在合川区北部重镇钱塘调查到了一种极具特色的、有系统地保留并流传至今的民俗舞蹈——架香童子舞。该舞蹈是庙会活动中非常重要的一部分，兼具祭祀与自娱功能。我们对该舞蹈的相关资料进行了收集、整理（其文字和图像资料部分已被收入在《中国民族民间舞蹈集成·四川卷》中），同时又将该舞蹈进行了系统编排，并制成音像资料加以保存。随着非物质文化遗产保护工作的启动，架香童子舞在合川区文化馆的大力挖掘下，又重新焕发出生机与活力。2009 年，架香童子舞被重庆市人民政府列入第二批市级非物质文化遗产项目名录。

如今，因生存环境的改变，随着传承人去世，再加上传承人老龄化严重，架香童子舞发展堪忧。

表 1 合川区钱塘镇架香童子舞传承谱系

代别	姓名	性别	出生年月	文化程度	传承方式	居住地
第一代	徐宏光	男	不详	师塾	师徒传承	钱塘镇
第二代	张维刚	男	不详	师塾	师徒传承	钱塘镇
第三代	张天星	男	不详	师塾	师徒传承	钱塘镇
第四代	张天佑	男	1685 年 1 月	师塾	师徒传承	钱塘镇
第五代	伍智仁	男	1689 年 10 月	师塾	师徒传承	钱塘镇
第六代	王兴银	男	1698 年 1 月	师塾	师徒传承	钱塘镇
第七代	银治平	男	1714 年 9 月	师塾	师徒传承	钱塘镇
第八代	秦宏湘	男	1774 年 4 月	师塾	师徒传承	钱塘镇
第九代	徐光义	男	1830 年 5 月	师塾	师徒传承	钱塘镇
第十代	潘敬周	男	1846 年 1 月	师塾	师徒传承	钱塘镇
第十一代	李大文	男	1989 年 2 月	师塾	师徒传承	钱塘镇
第十二代	朱寄详	男	1906 年 5 月	师塾	师徒传承	钱塘镇
第十三代	唐嗣恒	男	1916 年 8 月	师塾	师徒传承	四川省武胜县
第十三代	谢汉秋	男	1913 年 3 月	师塾	师徒传承	钱塘镇会龙社区
第十三代	李燕山	男	1919 年 5 月	师塾	师徒传承	龙市镇

（续表）

代别	姓名	性别	出生年月	文化程度	传承方式	居住地
第十三代	李跃清	男	1917 年 9 月	师塾	师徒传承	太平镇
第十三代	龙存青	男	1914 年 2 月	师塾	师徒传承	沙鱼镇
第十三代	李家根	男	1915 年 6 月	师塾	师徒传承	沙鱼镇
第十三代	毛志清	男	1916 年 4 月	师塾	师徒传承	沙鱼镇
第十四代	唐木清	男	1929 年 3 月	小学	师徒传承	钱塘镇学堂村
第十四代	张平光	男	1931 年 9 月	小学	师徒传承	沙鱼镇五村
第十四代	秦树山	男	1929 年 2 月	师塾	师徒传承	钱塘镇九家村
第十四代	屈道生	男	1928 年 6 月	师塾	师徒传承	钱塘镇长安村
第十四代	郭昌吉	男	1928 年 5 月	师塾	师徒传承	钱塘镇九家村
第十四代	李国文	男	1926 年 10 月	师塾	师徒传承	钱塘镇小颠山
第十四代	邓开文	男	1927 年 8 月	师塾	师徒传承	钱塘镇九家村
第十五代	蒋家兴	男	1934 年 9 月	小学	师徒传承	钱塘镇会龙社区
第十五代	郭炳强	男	1934 年 3 月	小学	师徒传承	沙鱼镇双牌坊
第十五代	黄顺昌	男	1943 年 9 月	初中	师徒传承	四川省武胜县街子镇
第十五代	冯茂德	男	1948 年 5 月	小学	师徒传承	四川省武胜县街子镇
第十五代	唐文明	男	1932 年 6 月	小学	师徒传承	沙鱼镇上街
第十五代	余兴福	男	1949 年 4 月	小学	师徒传承	沙鱼镇八村
第十六代	李建华	男	1948 年 12 月	高小	师徒传承	四川省武胜县龙庭乡（现乐善镇）一村

二、架香童子舞的艺术特色

架香童子舞经过几百年的发展演变，不断丰富表演内容，革新表演形式，逐渐形成了以下三种艺术特色。

（一）表演艺术特色

架香童子舞是一种民间舞蹈，它来源于民间且在民间流传，兼具娱神性与自娱性。架香童子舞基本动作都是以过堂、搭架、上香的内容进行变化表演为主。该舞蹈动作有 108 合，每合有一套动作，不断变换，交替进行。而架香童子舞的 108 个“破阵”内容，更是别具一格。在历次的朝山拜佛活动中，跳架香童子舞都是最重要的项目，也是最吸引人的节目，具有艺术观赏性和巴渝民俗文化的特征。

（二）服饰及道具艺术特色

民间舞蹈的服饰及道具，在表演中对体现表演者的技艺、情感、性格以及表演所处的环境具有重要的作用，也为表演增添了诸多美的元素。很多民间舞蹈的服饰及道具都是表演者精心设计或挑选的，从中可以看出表演者对美的追求。架香童子舞的服饰及道具所体现的色彩、形状非常多样化，是延续至今的娱神文化的一种独特表现形式。

（三）音乐艺术特色

架香童子舞来源于民间，其音乐也来自民间。架香童子舞使用的民间音乐，由川剧打击乐和唱腔两部分组成。乐器大多由小鼓、双马锣、小锣、小钹、锣鼓组成。曲牌有数十种，主要的有【附头子】【豹子头】【懒翻身】【观音殿】【凤穿花】等。演奏时，每个牌子头尾不变，中间可任意穿插变化，打出许多不同的花样。总之，架香童子舞的唱腔根据舞蹈表演的动作进行变换，具有曲牌多样、曲调优美、唱腔高低转换的特点。

三、架香童子舞的价值

架香童子舞有着数百年的历史，经历了曲折发展的过程，延续至今。它来自民间并扎根在民间，具有浓郁的地方特色，拥有独特的人文价值、历史价值、艺术价值及审美价值。

（一）人文价值

架香童子舞反映了合川当地人民的生活习俗及宗教信仰。每逢农历的二月十九、六月十九、九月十九等时节，各个寺庙均有架香队的身影出现。架香队由会首、香头、乐器队、童子和朝拜者组成，少则几十人，多则上百人至千人不等。从人员选定看，无论是会首或是参与的民众都须具备虔诚的心且心地要善良，童子大多为 12 岁左右的男孩（钱塘镇的童子则为女孩），代表纯洁。架香童子舞主要由“拜门神”“朝正殿”“谢神”三部分组成，共计 108 合（每组舞蹈为 1 合）。表演时，童子在香头的指令下进行舞蹈表演，众人则一边唱“赞”（佛歌），一边帮腔，整个舞蹈庄严、文静，充分表达了民众对神灵的敬畏，以求风调雨顺、幸福安康。

架香童子舞是庙会活动中的一项祭祀舞蹈，体现了人们对真、善、美的追求，对美好生活的向往和憧憬。

（二）历史价值

架香童子舞是在特定的历史条件下产生的，它承载着其中重要的历史信息。从架香童子舞的道具我们不难看出，这种民间舞蹈带有深厚的宗教色彩，反映了当时社会的宗教文化。

架香童子舞是合川当地民间艺术的大荟萃，是一部活生生的民间艺术史。它在历史的发展过程中，不断从民间音乐、戏曲、纸扎艺术中汲取丰富的营养。特别是在清末时，一大批湖广两地民众迁徙至此，在与当地相互交融的过程中，他们的语言、生活习俗、宗教信仰等对当地产生了很大的影响，也给架香童子舞注入了新的元素，充分体现了当地文化的多元性及包容性。

架香童子舞作为一种民间舞蹈，具有独特的历史价值。作为合川当地的一项重要的非物质文化遗产，它的服饰、道具、动作等，无不体现出其文化、经济、科学等价值，为我们研究架香童子舞的发展史奠定了基础。

（三）艺术及审美价值

架香童子舞是综合性的表演艺术，它包含民间音乐、戏曲、舞蹈等多种艺术形态，具有较高的艺术价值及审美价值。

架香童子舞的舞蹈动作多达上百个，架香童子须经过专业的训练并得到会首的认可后才能参加舞蹈表演。表演时每套动作不断变化，交替进行。表演者相互之间配合默契。观众在欣赏优美的舞蹈动作的同时，也能感受到庄严、肃静以及童真。

架香童子舞的服饰包含了民间刺绣的元素，讲究色彩搭配。二龙冠、云扇、绸缎等饰品在民间实属罕见。其道具圣架通常分为两种：一种是纸扎而成的，名曰“宝架”；另一种是木制而成的，名曰“金架”。无论是纸制还是木制的圣架，颜色不一，内容不一，表现手法也不同，十分考验制作艺人的审美观及工艺水平，是艺人技艺水平的展现。

架香童子舞是民间舞蹈品种之一，它的产生与传承、发展，促进了艺术品种的多样化以及不同艺术品种的交融共生、和谐发展。庄严的场合、规范的祭祀、敬奉神灵的虔诚之心，增加了神秘性和神圣性，体现了独特的艺术美。

架香童子舞包含多种艺术门类，形式多样、内容丰富，对于研究当地的人文历史、社会风俗、文学艺术等方面有着不可或缺的价值。

党的十八大以来，党和国家高度重视非物质文化遗产保护和传承工作，运用切实可行的保护手段，让我国优秀的传统文化得以延续、发扬光大。目前，架香童子舞随着传承队伍的老龄化、传承环境的改变以及现代传媒的迅猛冲击，处于濒危状态。只有充分认识它的艺术价值，并积极采取相应的措施，才能进行有效的保护。同时，保护好我们的非物质文化遗产，也有利于坚定文化自信，坚守文化立场，增强民族自豪感。

参考文献

[1] 中国民族民间舞蹈集成编辑部．中国民族民间舞蹈集成·四川卷 [M]. 北京：中国 ISBN 中心，1993.

[2] 重庆市文化局．重庆民族民间舞蹈集成 [M]. 重庆：西南师范大学出版社，2003.

[3] 胡中华．合川非物质文化遗产概览 [M]. 重庆：重庆出版社，2016.

浅谈做好群众文化辅导工作的方法

唐晓波

摘要：群众文化工作对于更好地满足新时代人民群众的精神文化需求，提升他们的获得感、幸福感具有重要的作用。本文从三个方面提出了做好群众文化辅导工作的方法：一是做好思想引领；二是开展内容丰富多样的群众文化活动；三是提升群众文化工作者的工作效能。

关键词：群众文化；辅导工作；方法

随着新媒体时代的到来，文化的传播速度越来越快，影响范围越来越广。在今天，中国文化在世界文化发展中已经占有非常重要的一席之地。作为文化馆的一名工作者，笔者认为，我们面对的是基层群众，开展的是文化普及活动，我们可以通过做好群众文化辅导工作，引领街道文化、广场文化、社区文化等，来改善群众的生活空间，在其中注入更多的文化元素，进而提升群众的文化素质，打造出文明型的城市、乡镇、社区，让人们在积极健康的文化氛围中，不断提升幸福指数。在这一过程中，群众的文化自信心和自觉性也会不断得到提升，这些对于推动文化事业的发展也有极大的帮助。进入新时代以来，我们不难发现，随着经济、社会的快速发展，人民群众的物质生活水平有了很大的提升。而要让人民群众不断增强幸福感、获得感，我们文化馆的工作人员就需要针对人民群众的精神文化需求，深入挖掘相关资源，积极开展群众文化辅导工作。下面笔者将就如何做好群众文化辅导工作进行分析。

一、做好思想引领工作

提及群众文化活动，人们通常想到的就是广场舞，全民健身，走入图书馆、博物馆阅览书刊或参观，在文化馆参与吹拉弹唱等活动。作为文化馆的一名工作人员，笔者认为，我们的群众文化工作其首要任务是通过思想引领营造文化发展新风尚。在群众文化辅导工作中做好思想引领，可以解决辅导对象的认识立场与世界观问题。在坚持引导性与自主性相统一的基础上，我们可以引导群众逐步牢固树立共产主义的远大理想，提升他们的文化素养，杜绝低级趣味、庸俗媚俗的不良现象，进而改善他们的精神文化生活。同时，要让人民群众在一次次的文艺创作活动、交流分享活动、鉴赏与感悟活动中，生成大我情怀，坚定自己的人生追求。由此可见，在实施群众文化辅导的过程中，我们要以思想引领为基础，坚持正确的工作方向，培养人民群众的高尚道德情操。基于此，笔者建议，在进行群众文化辅导时，我们要结合相关内容有针对性地设计一些活动，以加强人民群众的社会公德、职业道德、家庭美德和个人品德教育，营造积极健康的社会风气，如尊重他人、胸怀坦荡、文明礼貌、助人为乐、正直善良、无私奉献等，都可以作为群众文化辅导的基本内容。

二、内容要丰富多样

在开展群众文化辅导工作时，“文化”是我们的根本，也是我们实现工作目标的最大凭借。因此，在进行群众文化辅导时，我们与群众对话的主题应该是“文化”。在这一方面，笔者提出两点建议。

第一，我们要充分了解人民群众精神文化需求的多样性。我们精心设计、组织的一项文化活动（如文艺演出）不可能获得所有群众的认可，一种既定的群众文化活动形式，其影响程度往往也是有限的。因此，在选择群众文化活动内容时，我们要先积极地进行深入而细致的研究，进而准确地定位人民群众具体的精神文化需求，这样才能提升我们的服务质量，人民群众也才能更乐意接受我们的辅导。

第二，我们设计的群众文化活动内容要努力做到丰富多样，进而满足人们的生活、工作、心理、情感等多方面的需求，这样才能真正做到以人民群众为中心。如我们可以选择小品、相声、快板、说书、歌曲、舞蹈、话剧等多种形式来组织文化活动，让人民群众根据自己的兴趣进行选择。在人民群众参加文化活动时，我们既需要发挥自己的专业性优势进行专业指导，也需要与群众积极地对话，毕竟“高手在民间”。只有认真听取他们的意见和建议，充分地与他们讨论、交流，才能提升我们的辅导效果。特别是在今天这样一个信息时代，有了信息技术作为支撑，我们的群众文化活动也可以充分地展现出信息化、现代化的色彩，进而提升辅导效果，不断地扩大文化影响力，带动更多的人进入我们的文化空间。

三、提升群众文化工作者的工作效能

“火车跑得快，全凭车头带。”在开展群众文化活动时，同样需要有“火车头”来引领。作为拥有专业素养的文化工作者，笔者认为，通过提升我们的工作能力，改变我们的工作思想，我们就可以将自己打造成为群众文化活动中的“火车头”。要做好群众文化辅导工作，群众文化工作者的个人工作效能具有重要影响。具体体现在以下三个方面。

一是实施人性化服务，使群众文化活动的设计与组织、规划与准备、流程与环节等都顺畅有序；还可以对活动的相关流程和环节进行简化和优化，进而让群众在最短的时间内享受到最优化的专业服务。

二是展现群众文化工作者的个人素养，让群众感受到强烈的责任心和良好的态度。例如，与群众进行充分的对话和交流，为他们反馈各种信息，促使群众增强文化认同感与自觉性。

三是展现群众文化工作者的专业素养，将传统文化艺术与现代科学技术有效结合，进而培养出更多的戏曲爱好者、美术爱好者、音乐爱好者、书法爱好者等。在这一方面，笔者建议，我们首先要对文化馆的工作人员进行专业培训。如举办培训班、文化研讨会、文艺表演等各种文化活动，以此提升从业人员的专业素养，并且让他们将自己的学习感悟、学习经历分享给广大人民群众，进而使我们开展的群众文化活动更接地气。

综上所述，随着物质生活水平的提高，人们对于精神文明建设有了更高的要求。而群众文化辅导工作，在这一方面具有很大的价值。通过积极开展群众文化辅导工作，我们可以引领文化时尚，在人民群众的生活中注入更多的文化元素，提升全民的文化素养，打造健康稳定的社会大环境，让人们拥有更多的获得感、幸福感。

参考文献

[1] 范桂兰 . 试论文化馆群众文化辅导工作的深入实施 [J]. 大众文艺，2014（8）:13.

[2] 付林 . 文化馆群众文化辅导工作的深入实践策略 [J]. 产业与科技论坛，2014(24):181-182.

[3] 蒋琴 . 浅谈各地文化馆对基层群众文化的辅导培训 [J]. 大众文艺，2015（4）:11.

论大数据对群众文化发展的影响
——以合川区文化馆为例

陈诗瑶

摘要： 大数据时代的到来对经济、文化、科技、社会等各个领域都产生了深刻的影响。合川区文化馆利用大数据进行了改进群众文化工作的实践探索：开设“合川文艺”微信公众号和建设重庆群众文化云合川区文化馆分平台。但是，在群众文化服务大数据平台建设、运营中还存在以下问题：一是资金与人力严重不足；二是思想观念与方法没有及时转变。需要着力研究如何更好地运用大数据促进群众文化的发展。

关键词： 大数据；群众文化；影响；文化馆

随着经济社会的不断发展，科技也在不断进步。目前，我们已进入大数据时代，大数据引发了经济、社会、文化、科技等各个领域的全方位变革。在我国文化领域，文化事业进一步发展、繁荣，人们对美好的精神文化生活提出了更高的要求，群众文化的发展也要适应大数据时代的变化，借助其技术优势，乘势而上，主动而为。

一、大数据的概念、特点与意义

什么是大数据？大数据最开始是指超级计算机收集、整理而生成的大量信息，因为数据过于庞大，用常规软件和工具不能在很短的时间内进行捕捉、管理和处理，需要新模式才能进行多样化的整理与集合化的处理，这就是“大数据”的由来。大数据具有以下特点：海量的数据规模、高速的数据传输、多样化的数据类型和较低的价值密度。随着技术的不断更新、升级，“大数据”这个概念逐渐走入大众视野，大数据也开始被应用在各个领域，渗透进我们的现实生活中。

信息、数据逐渐成为大数据时代核心的组成部分，信息化的发展对我们生活的方方面面都产生了影响，与大家的一言一行息息相关。可以说，我们现在所处的时代就是大数据时代。

那么，大数据会带来什么？大数据的首要特点是“大”，这就意味着它所包含的信息量非常完整且全面，不仅如此，也意味着它所囊括的内容、所涉及的领域也十分广泛，这就为我们发布信息、整合资源提供了非常大的便利。除此之外，大数据时代的到来也引起了一场技术和观念上的改革。以前开展工作，更多的是依靠人工与纸质材料。直到后来进入互联网时代，很大程度上解放了人力，但是也面临一个尴尬的局面，那就是很多较为复杂的工作，互联网只能起辅助作用。如今到了大数据时代，技术更加成熟，可以打破信息壁垒，推动信息共享，能够支撑更多的网络平台进行更广范围、更深层次的开发，从而更好地服务经济社会发展。

近年来，人民群众的精神文化需求日益增长，虽然党和国家越来越重视文化事业发展和精神文明建设，但在短时间内与人民群众的需求还存在一定的差距。随着大数据时代的到来，大家开始意识到大数据在公共文化服务领域的重要作用。如何有效地将大数据与群众文化相结合，推动群众文化的发展，是我们每一名群众文化工作者都需要认真思考的问题。

二、基于大数据平台的群众文化工作

作为推动群众文化发展的先锋力量，文化馆及各镇街文体服务中心在开展群众性文化活动，丰富群众文化生活方面一直在不断探索和进步。在以前，文化馆和各镇街文体服务中心虽然举办了各种各样的活动，可是推广性较差，群众无从知晓，导致一些活动群众的参与度并不高。但在日常的调查中发现，大多数群众对文化活动有着巨大的参与热情，导致这种矛盾的主要原因就是信息流通不畅，群众的需求与文化服务活动之间存在着信息不对称的问题，使得群众文化的普及遇到了诸多困难。

不过现在随着大数据时代的到来，将大数据引入群众文化工作，则能在很大程度上缓解这样信息不对称的状况。因为智能手机和移动互联网的普及度越来越高，所以每个群众都可以成为大数据的终端，通过多种渠道，来获取相关的信息和资源。

以重庆市合川区文化馆为例，为建立以群众文化需求为导向的服务模式，提高文化馆的服务水平，重庆市合川区文化馆自 2016 年起就响应国家的号召，在群众文化工作中引入“大数据”概念，致力于新型数字文化馆的建设，目前主要是从“合川文艺”微信公众号、重庆群众文化云合川区文化馆分平台、电子阅览室、视频会议等几个方面入手，进行建设工作。

（一）“合川文艺”微信公众号

微信公众号是当今自媒体的一个主要运营平台，作为群众文化工作的主要推动力量，合川区文化馆也顺应趋势，抓住机会，建立了面向大众的群众文化公众号。2017年年初，合川区文化馆微信公众平台——“合川文艺”正式运营，其主要功能是及时发布文化馆工作动态、各类文化活动信息以及免费开放培训预告等，群众只需通过微信扫描“合川文艺”公众号二维码，或者直接搜索公众号名字，就可以在手机上获取所有最新的文化资讯，在很大程度上避免了以前因为信息的漏看而错过参与的问题。截至2019年年底，“合川文艺”公众号已累计推送了600多条资讯，在拓宽群众文化普及渠道上起到了很大的作用。

（二）重庆群众文化云合川区文化馆分平台

“文化云”是文化和旅游部同科技部重点支持的计划项目。简单来说，就是利用大数据打造一个一站式服务平台，整合多方面的资源与功能，为广大人民群众提供更好的公共文化服务。因此，“文化云”这个网络平台的建设开始逐渐成为群众文化工作中不可或缺的一部分。

合川区文化馆的“文化云”平台，近几年从无到有，功能也在不断改进：不仅对场馆简介，VR全景，免费开放的制度、须知、空间等基本资料进行了完善，而且开发并启用了培训报名通道、志愿者配送服务、场馆预约、活动申请等一系列群众可以参与互动的板块，将网络平台的功能由最初的单向信息发布变为双向的互动。拿最简单的培训报名来说，前几年文化馆所开办的免费辅导培训班，采用的依然是现场登记报名的方式，这对于群众来说，并不算方便，而且现场登记也时常会出现漏记、错记等情况；在“文化云”平台开通网上报名渠道之后，群众可以在报名时间内按照报名条件自行在网上报名即可，在家就能享受公共文化服务。

不仅合川区文化馆文化云平台建设内容正逐步完善，与此同时，全区镇街文体服务中心分平台建设工作也在积极筹备中，这是“互联网+”环境下文化事业发展的新业态，这些背后都需要大数据的支持。

三、群众文化服务大数据建设与运营过程中遇到的问题

（一）资金与人力严重不足

随着中国经济社会的快速发展，人民群众对精神文化生活的追求也逐渐变得多样化和个性化，但是，相比之下，目前很多地方政府提供的公共文化服务的内容比较单一且过时。而如果要开发更多的平台功能，对许多新项目进行更深层次的挖掘，那么无疑需要更多的资金投入，这会给很多地方财政带来不小的压力。除此之外，在当前很多群众文化工作的开展过程中，人员调度也极为困难。根据上级要求，数字文化云平台应配备 2 名以上日常运维人员，但许多文化馆因人员紧张，无法做到齐全的人员配备。而对于许多镇街的文体服务中心来说，人员紧缺更是长期存在的问题。因资金与人力的不足，不少群众文化服务大数据平台无法得到及时升级维护，因而公共文化服务水平不高，其效果还没有达到大家的心理预期。

要想用大数据推动群众文化发展，就离不开设施与网络的全覆盖。在城市中基本能实现网络及设施全面覆盖，但在许多乡镇，覆盖范围不够广依然是面临的突出问题之一。

（二）思想观念与方法的转变较为迟缓

除了硬件设施不完善以外，人们思想观念与方法的转变较为迟缓也是群众文化服务大数据平台建设、运营过程中的一个主要问题。大数据平台是一个新兴事物，并不是所有人都能立刻转换思维，理解并接受“大数据”的概念。所以，在短时间内想要做到全面推广，让群众很快接受这样一个新兴事物并熟练掌握使用功能，是一个不小的挑战。再加上许多地方的文化馆和镇街文体服务中心提供的公共文化服务形式单一、内容简单，难以满足公众的实际需要，导致许多群众还未形成主动自发参与群众文化活动的观念，这就使得群众文化工作进展缓慢。此外，在大数据时代，一些地区有关部门的工作思路与工作方法没有与时俱进，文化宣传力度不足、不到位，导致当地的许多文化资源没有得到有效的挖掘和利用，也使得群众文化服务大数据平台的很多功能没有得到充分的开发。

综上所述，基层公共文化服务类大数据平台的发展并不是一帆风顺的，目前也遇到了诸多困难，但其前景是非常广阔的。大数据时代的到来，从思想和方法上为促进群众文化的发展提供了无限的可能。利用大数据进行公共文化服务工作的创新，可以推动公共文化服务与群众文化需求有效对接，增加公共文化产品供给总量，提高公共文化服务效能。因此，如何更好地将大数据技术与群众文化工作相融合，来促进公共文化服务体系的创新，是一个值得钻研的方向。

油画的意境与情感

李彬琦

摘要： 意境与情感是油画作品的灵魂，在很大程度上决定了油画的价值。油画创作者在创作的过程中，结合自身对自然与生活的观察、体验和感悟，将其融入于油画作品中，这是主观情感与客观事物的统一。本文主要分析了意境与情感在油画中的重要作用，并探讨了油画作品表达意境与情感的方法，以期提高油画创作水平，提升美术作品的艺术性。

关键词： 油画创作；意境；情感

人类天生具有赞美自然和热爱生活的情感，这些情感可以经由艺术家的双手，通过作品表现出来。艺术家从个人看待事物的视角出发，结合自身对外部世界的感受，寻找自然与心灵贴合最近的地方，然后在艺术作品中将这种情感和意境表现出来。以油画为例，它可以以客观的景物为对象，表达出绘画者的情感，表现出一定的意境，这是油画作品艺术性的体现。这里可以引用美学家宗白华的一句话来诠释油画的意境与情感之间的关系，那就是“意境是造化与心愿的合一”。

一、意境和情感在油画作品中的作用

许多油画创作者都非常关注生活、热爱自然，因此油画作品中以风景油画居多。在风景油画中意境具有重要的作用。创作者认真观察生活，广泛积累生活中的材料，然后通过绘画的方式，将自己对生活的感受表现在油画作品中，其中也蕴含了创作者的某种情感，比如对生活的热爱、对自然的赞美等。一幅油画作品若没有意境与情感，就好比一副没有灵魂的躯壳。缺少意境与情感的油画是不完整的，也可以说，赋予油画一种意境和情感是油画创作的核心。油画不仅要包含创作者想要描绘的事物，还要有寄托在事物中的某种思想和情感。意境赋予油画以艺术的性质和特征，意境的层次决定了油画的艺术价值。因此，在创作油画的过程中，创作者表现的意境层次是至关重要的，一幅油画创作得成功与否，关键在于其中的意境层次。从这个意义上说，创作者在创作油画的过程中，应努力将心中的情感升华成能体现在油画中的意境，并且让欣赏者有所体会，这样才能确保创作出一幅优秀的油画作品。

二、油画中意境和情感的表现方法

以著名的油画艺术家梵・高为例，梵・高在他的艺术作品中大胆地运用颜色，采用鲜明的色调，描绘的不仅仅是一个景物，更突出的是他心中精神层面的东西。因此，梵・高创作出了许多优秀的作品，比如《向日葵》《星夜》等。在梵・高的《向日葵》系列作品中，人们可以清楚地感受到线条的张力以及他对色彩的大胆运用，从这种创作风格中人们可以感受到激昂的情感、对阳光的挚爱以及对生命的敬仰。由此可见，油画创作者如何在作品中传达出自身的情感，表现出一定的意境，便是油画创作的重点所在。为此，创作者要在对线条的描绘、对材料的使用上下功夫。在通常情况下，油画创作者并不是仅仅要向观者展现一处景物，更多的是希望观者感受到他的内心世界，传达出创作者的精神意境。所以，油画创作者必须掌握油画中情感与意境的表现方法。就生活在当前时代背景下的油画创作者来说，他们大多在生活中没有经历过太多令人难以承受的苦难，相比于 19 世纪或 20 世纪的艺术家，他们的生活大多是安逸的，因而这些创作者的情感或思想较为单纯，这削弱了他们在作品中表达意境与情感的能力，在安逸的成长环境中，创作者在油画中使用的大多是淡雅、明亮的色调，展示出的是一种安逸、祥和的内心世界。但是，如果出现大量相同或相似意境与情感的油画，其艺术性也会被稀释。因此，创作者应找寻自身表达意境的独特角度，并且将这种意境自然地融入油画作品当中，这样既可以表现出创作者的内心感受，又能给人一种眼前一亮的感觉。

油画创作要以一种自然流露的方式，表达出创作者内心真实的感受和情感，所以，创作者应以自己熟练并且擅长的表达方式赋予油画以意境和情感。基于此，油画作品应该在轻松、自然的气氛下被创作出来，创作者在使用色彩、运用线条时，应在贴合事物本身属性的基础上，用“随心所欲”的方式应用在油画作品当中。这样十分有利于油画作品中意境和情感的表达。

除此之外，创作者在油画中表现意境和情感的方式还包括情景交融、融入传统风景画的表现方法等。首先，情景交融是赋予油画作品意境与情感的一种有效方式。假如创作者在油画中描绘的是高山大川，欣赏者观看之后感受到了一股雄浑壮阔的气势，就意味着这幅作品的成功。所以，创作者在将自然景物变成一幅油画作品之前，应该在景物中寄托某种情感，并据此营造一种意境。在实际的创作过程中，创作者通过观察景物，在心中产生了一种对这个景物的特殊情感，然后运用含蓄而微妙的艺术形式表现在油画作品当中，油画作品就产生了意境。其次，我国风景画有几千年的发展历史，古人用纸墨创作风景画，在长期的历史演变过程中，传统风景画形成了一种独特的意境与情感表现方式。创作者在创作风景油画时，可以将传统风景画中意境与情感的表现方式融入其中，这样能创作出具有中国传统文化特色的风景油画。并且，中国人受优秀传统文化的熏陶，在内心中很容易对传统文化产生强烈的认同感，所以，适当融入传统风景画的情感和意境表现方式，更容易与人们产生情感上的共鸣，从而提高油画中的意境与情感层次，提升油画的艺术水平。

三、结语

综合来看，在油画中有效表达相应的意境和情感，是所有油画创作者一直在努力追求的目标。古今中外著名的油画家，是我们新一代油画创作者学习的榜样。我们要学习他们在创作时的意境与情感表现方式，结合自身对生活与自然的感悟，创作出具有自己特色的油画作品。基本的油画意境与情感的表现方法有自然而为、情景交融、融入中国传统风景画的表现方式等，这些有助于观者产生认同感和情感共鸣。但是，要想进一步提升油画创作水平，还需要创作者不断探索，不断发现，结合自身的感悟与思考，创作出具有独特艺术性的油画作品。

参考文献

[1] 王旺 . 文人画的“意境”与意象油画中的“意境”流变 [D]. 重庆：四川美术学院，2017.

[2] 谢雄华 . 风景油画创作过程中的意境性分析 [J]. 桂林师范高等专科学校学报，2016，30（3）：109-112.

[3] 应晨 . 风景油画创作中的意境表现研究 [J]. 美与时代（中），2018（1）：33-34.

笛曲《牧笛》的演奏技法分析

施安娜

摘要：《牧笛》为我国著名演奏家刘森创作的一首笛曲。本文在概述我国笛曲艺术发展历史的基础上，介绍了《牧笛》的主要内容、艺术特色，分析了其曲式结构；然后，从气滑音与气冲音的运用、超高音的运用、舌点音的运用、气息的控制和复滑音的运用等方面分析了其演奏技法；最后，简要谈了几点弹奏《牧笛》的体会。

关键词：笛曲；《牧笛》；演奏技法

贾湖骨笛的出土，充分反映了我国悠久而深厚的笛文化。竹笛作为笛子的一种，在我国也具有数千年的悠久历史。1953 年，我国著名的现代笛子演奏家冯子存先生首次将笛子这一民族乐器以独奏的形式搬上了现代艺术舞台，标志着我国笛子艺术的发展翻开了新的历史篇章。新中国成立以来，经过“南、北”两派各大艺术家的不懈努力，一大批脍炙人口的笛曲传遍大江南北，为竹笛艺术的发展奠定了基础。“南派”写意，“北派”写实，众多艺术家和演奏家致力于笛子文化的弘扬和发展，他们在前人的艺术成果基础之上，探索出具有独特风格的笛子艺术。例如“新派”，刘森先生作为“新派”的开拓者，对“新派”风格的形成做出了突出贡献。刘森先生在借鉴传统音乐的基础上，融合舞蹈性的素材，将笛子艺术发展成更具抒情性和叙事性的艺术形式，形成独树一帜的“歌唱性”演奏风格。

下面笔者在借鉴老一辈艺术家们演奏《牧笛》的技法的基础上，结合自己的学习经历和演奏经验，对《牧笛》的演奏技法进行比较全面的探讨。

一、竹笛艺术的发展历史

笛子作为中国最古老的乐器之一，从贾湖骨笛的出土到骨笛改竹笛，再到划分为梆笛、曲笛，历经八千多年，历史悠久，文化底蕴深厚。随着封建制度的没落和衰败，政权的不稳定、经济的停滞、社会的动荡，严重影响了民族文化艺术的进步。新中国成立后，国家社会安定，百姓安居乐业，人们开始追求更多的群众娱乐形式，来表达对新生活、新社会的向往与憧憬。竹笛具有丰富的情感表现力、独特的音色和演奏技法。新中国成立后，中国竹笛艺术蓬勃发展，逐渐形成了“南派”“北派”。“南派”写意，代表人物有赵松庭、陆春龄；“北派”写实，代表人物有冯子存、刘管乐。直到20世纪50年代末，出现了有别于传统“南、北”两派艺术风格的“新派”，此“新”并非新旧的时间概念，而是在演奏技法和音乐风格上，不同于传统的“南、北”两派，带有独特的歌唱性的演奏风格，自成“新派”，代表人物为刘森。此后，中国竹笛独奏艺术形式进入到快速发展时期。越来越多的笛子演奏家开始对中国竹笛艺术风格和演奏技巧进行了全方位的审视与探索，不断地推动竹笛艺术的发展。

二、《牧笛》的相关介绍

（一）《牧笛》的创作

《牧笛》创作于1958年，为刘森先生根据刘炽为双人舞《牧笛》创作的舞蹈音乐改编的，表现了20世纪50年代我国农村年轻人的美好新生活，给人们带去了大自然的呼唤以及生活的希望。全曲运用了大量复滑音、气颤音、舌点音等装饰音，形成了“新派”歌唱性的艺术风格，呈现出一幅悠然自得、快乐怡人的田园风光，描绘了一对青年男女之间青涩的爱情故事以及年轻人的美好生活。引子部分悠扬飘逸，将人们带入到新的农村生活情境中；第一小段小快板表现了农村男女青年在放牧嬉戏时愉悦的心情；第二段慢板优美动人，抒发着年轻人对大自然的喜爱、对生活的热爱、对恋人的羞涩；第三段稍快的小快板是第一段小快板旋律的再现和发展。

（二）《牧笛》的曲式结构

《牧笛》是一首再现的三部曲式，采用一种“小快板—慢板—小快板”的形式交互递进，将农村青年男女快乐的田园生活描绘得淋漓尽致。全曲共有174个小节，分为三个部分，其曲式结构如图1所示。

引子	A	B	AI	尾声
1-10	11-81	82-137	138-164	165-174

图 1

引子部分，悠扬飘逸，就好像早晨的太阳刚出来，万物苏醒，一缕悠扬的笛声将听者引入一片恬静的田园中，开始了一天的美好生活。

在 A 部分中，从第 11 小节开始旋律顿时跳动欢悦，表现出农村青年男女在放牧时愉悦的心情；主题旋律展开以后，在第 42 小节又重复出现，中间变换陈述，并在结尾之处第 79 小节逐渐将节奏放缓，自然地过渡到慢板部分，就好像青年男女的嬉戏活动暂时停止，开始欣赏一下美好的自然风光。

到了 B 部分，作者通过笛声将心情欢快的听众引入到温和柔婉的情境中。这部分属于慢板，委婉抒情，就好像一位长者在诉说着什么，亲切而又自然。这部分的装饰音较多，并多次使用小三连音和朴素的长音，为这首乐曲增添了几分乐趣，在乐曲的第 86 小节、94 小节等处均有所体现。

A1 部分又回到了小快板，重复 A 部分的旋律，并在 A 部分的基础上得到了一定的发展。在尾声部分，旋律犹如凌空腾飞，以珠滚玉落的笛音将乐曲推向了高潮并结束全曲。《牧笛》属于北派吐、滑、垛、花的演奏风格，但又与常见的北派民间演奏风格不同。从技巧上说，乐曲的演奏能随情所至，充分、恰当地运用了气息控制，深刻地表达了人们的思想感情。

三、《牧笛》的演奏技法分析

《牧笛》作为刘森先生的代表作之一，慢板柔和，快板跳跃，融入了“南、北”两派的演奏风格，又独树一帜地带有歌唱性的艺术风格。刘森先生作为《牧笛》的创作人和代表性演奏家，在演奏中将个人笛子吹奏的独创性和精湛性表达得淋漓尽致。刘森先生在演奏这首曲子时，融合了“南、北”两派竹笛艺术的风格，结合西洋美声唱法，使笛子演奏更加具有歌唱性。下面笔者将具体分析《牧笛》的演奏技法。

（一）气滑音与气冲音的运用

笛曲《牧笛》在演奏上，气息的使用不仅只有小气颤与大气颤，还有另一种更具特色的气息控制方法，就是“气滑音”与“气冲音”。何谓“气滑音”与“气冲音”呢？它们实质上是由美声唱法中的气颤音发展而来，结合笛子独特的音色与共鸣，依靠腹肌与横膈肌的控制，呈现均匀而规则的气流，最终形成带有一定密度的气颤音，再结合乐曲的特点，使小气颤与大气颤相互融合，就成了别具特色的气滑音与气冲音。在《牧笛》的演奏中，将气滑音与气冲音结合起来，形成一种更具歌唱性的旋律，使得竹笛的艺术表现力更加丰富。尤其是在《牧笛》的引子部分，为了避免单纯的滑音演奏，将气滑音与气冲音结合，使音乐更具层次感，更容易将听者引入乐曲所营造的情境中。

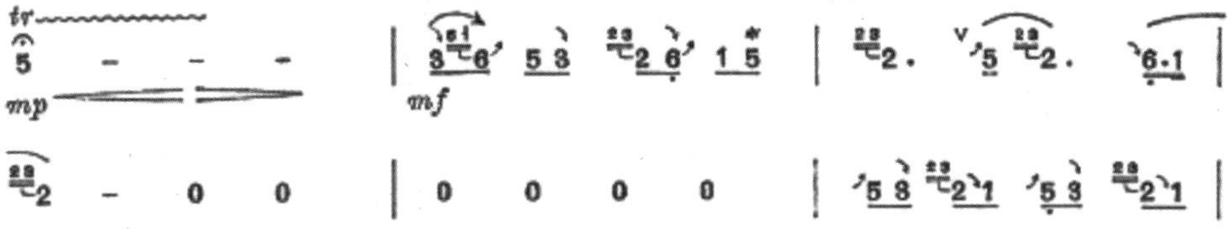

图 2 谱例 1

（二）超高音的运用

笛曲《牧笛》首次将六孔竹笛音域的十六度向上扩展了小三度及小三度内的各音，使音域由 6 扩展至 i，并用吐音或点舌，在十六分音符组成的旋律中完美地演奏出来。从此以后，竹笛的音域不再是传统的十六度，而是被扩展到了十八度，拓宽了竹笛在创作和演奏上的空间。

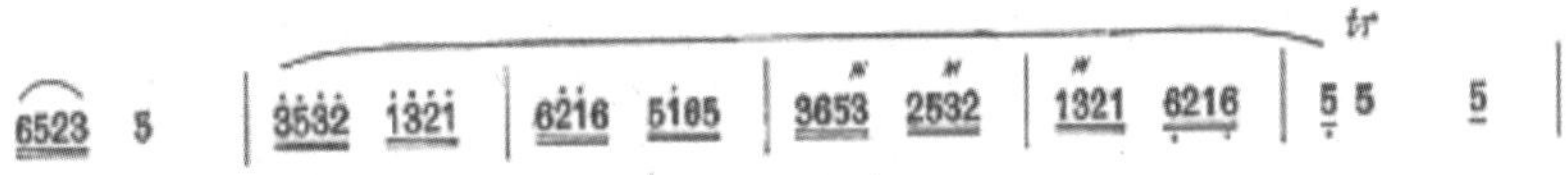

图 3 谱例 2

此种演奏技法主要是口风与腹部的控制。吹奏超高音时口风要相对较大，因为口风太小不利于吹奏高音，尤其是超高音，然后利用自身强有力的腹部控制将气从肺中挤出，穿过较大的口风冲入吹孔，从而吹奏出超高音。再配合点舌技法，使《牧笛》中高音的部分结实明亮，有着极强的穿透力，有一种冲入云霄的感觉。

（三）舌点音的运用

舌点音的运用很微妙，且不易被发现，它是介于吐与非吐之间的演奏技巧。这种特殊的技巧实际上是借鉴了长笛的演奏方式，每个音头都要用舌吐一下，但用“K”（库）不用“T”（吐），因为“T”（吐）稍显直，用“K”（库）就显得含蓄内敛，并且富于歌唱性，这细微的差异也就导致了同样的乐曲给人带来不同的感觉。舌点音在演奏时的动作类似于单吐技巧，但要用舌尖去点，轻吐，保持音色的柔和度与弹性。此技法多次运用在《牧笛》的慢板部分，使乐曲旋律悠扬，具有歌唱性，柔美又富有弹性。

图4 谱例3

（四）气息的控制

在《牧笛》的演奏中，还一定要注意气息的控制。在这部作品中，有很多装饰音和滑音，对于气息和指法的控制有着很高的要求。演奏者要有深厚扎实的气息，从而使得吹奏的音色更加饱满且富于变化。在《牧笛》的快板和慢板部分，还要运用到诸如指跳音、舌冲音等多种吹奏技巧。在小快板部分要求气息连贯，因此可以模仿三弦乐器的音色效果，运用弹吐的方法来吹奏三吐，舌头先点吐发音，在音发出的一瞬间，突然下压气流，音便向较低的方向下滑，而当气流抬起时，上滑音已经完成。这个过程持续的时间较短，腹部收紧是关键，支撑弹吐音的吹奏，这样的演奏使得吐音听起来更加圆润，富有张力和弹性，将牧童吹笛的意境展现得更加深远。

（五）复滑音的运用

刘森先生的手指十分灵活，结合他独特的气息控制，成就了《牧笛》中特有的“复滑音”。在《牧笛》之前，笛子演奏技巧中只有“上滑音”与“下滑音”之分，“复滑音”则是将二者结合起来，形成了“先上滑后下滑”“先下滑后上滑”的“复滑音”。《牧笛》中的复滑音技巧，不只是简单的手指技巧，想要精准地演绎，还需要配合扎实的气息。借鉴美声唱法中的气颤音，将气颤音赋予一定密度，以起始音“先上滑”“先下滑”的装饰音为音头，用强大的气颤音做支撑，将音头托起，再“后下滑”或“后上滑”，把音头用气息“飘”向第二个装饰音，形成音腹，再“飘”至本音，形成音尾，但不可占本音时间太长，毕竟只是一种装饰音。此技法常用在“35”“61”等小三度关系中。在《牧笛》中几乎所有的乐曲旋律的主音，都用“复滑音”装饰，使乐曲更具歌唱性。

四、关于《牧笛》演奏的体会

同一部作品经过不同的艺术家演奏，一定会产生不一样的艺术效果。作为一名竹笛演奏爱好者和学习者，笔者在学习演奏一部作品的过程中，总会先听一些著名艺术家的演奏，然后从模仿入手，经过一段时间的练习之后，演奏技法基本成熟，再加上情感的正确运用，即可较为完整地演绎这首作品。在演奏《牧笛》这首乐曲之前，我们可以通过观看视频和聆听音频的方式欣赏刘森、俞逊发、李增光等老一辈艺术家对《牧笛》所做的不同风格的演奏，感受他们在演奏过程中所使用的不同技巧和独特的风格，以期在演奏时使作品展现出新的生命力和色彩。而作为竹笛演奏的学习者，笔者在研究和分析了几位艺术家的演绎后，结合自身的实践训练，对这部作品的演奏有了如下认识和体会。

第一，要端正学习竹笛的态度，深入认识笛子这一传统乐器。反复聆听《牧笛》的演奏音频和观看其演奏视频，感受演奏者在演奏过程中所运用的技巧和独特的风格，做到心中有曲。

第二，检查笛膜的松紧程度，因为笛膜的松紧程度和极限音之间有着必然的联系。我们在演奏《牧笛》这首作品之前要先检查自己竹笛的笛膜是否贴得恰当，这将直接关系乐曲中高音的演奏，例如高音 5，所以在吹奏之前要检查笛膜是否绷紧，为后续的吹奏做准备。

第三，要注意气息的控制。笛曲《牧笛》中有很多装饰音的演绎都需要扎实的气息配合，例如复滑音、气颤音等。所以，在平常的练习中需要加大 G 长音练习，并模仿刘森先生独特的带有一定密度的气颤音。此曲独特的艺术风格，离不开气颤音的表现效果。因此，要想更好地演绎这首曲子，一定要增加气息的练习，这样才能在演奏时游刃有余，将曲子本身的韵味与层次感充分展示出来，使牧童吹笛的意境更加深远。

第四，在这首乐曲中，需要手指十分灵活，来完成大量气滑音、气冲音、复滑音等装饰音的演奏，所以我们可以在持笛手型上下点儿功夫。例如，尝试指尖按孔法，此方法能大大提升手指的灵敏度与运指速度。指法的临时变换也尤为重要，演奏要根据实际情况的需要，当按 1 孔的指法无法带来想要的高音的音响效果时，即可快速准确地通过按 4、6 孔的指法来吹奏，这样更有利于发高音。

第五，情感的控制尤为重要。笛子演奏主要是通过气息来表达感情，为了在演奏过程中保证演奏者的感情到位，建议在曲子慢板中加一些气震音用以衬托，但是一定要注意气震音的强弱变化。另外在装饰音中，滑音也能很好地调动情感，在演奏《牧笛》中的一些滑音时，演奏者的气息最好不要太冲，要保证其音色柔和、圆润。虽然笛子演奏主要是气息的流动，但感情的控制也非常关键，任何演奏形式都离不开情感，没有情感的表演终究不能引起听众的共鸣。

在艺术学习中，我们可以借鉴其他艺术家的演奏技法来提高自己的演奏水平。而找到适合自己的演奏方法才是每一个演奏家要达到的基本目标。由于对作品的不同理解所引起的风格和个性差异，所以在演奏时应该以作者原本的心境和情感为中心进行诠释和表现，任何一种演奏形式都不能脱离作品本身，犹如脱缰的野马任意驰骋，那样将会失去作者原本想要通过作品表达的思想和情感。

五、结语

在艺术学习的道路上，只有通过不断的实践和探索，才有可能取得一定的成就。在学习竹笛的过程中，笔者对《牧笛》这部作品感受颇深，对刘森先生在笛子演奏技巧上的创新赞叹不已。同时，笔者通过欣赏其他艺术家对《牧笛》这部作品的演奏，大大加深了对作品内涵的理解，深刻感受到同一部作品经由不同艺术家演奏传达出的不同韵味。由于笔者自身的笛子演奏水平有限，和那些艺术家比起来还有不小的差距，因此本文的一些看法可能会显得有些粗浅。但是，笔者立志在以后的艺术学习中，一定秉着诚恳的态度，虚心学习，为自己的艺术生涯添上浓墨重彩的一笔。

情绪记忆对于角色塑造的作用

王壹棋

摘要：“情绪记忆”是一种表演技术，对于演员的角色塑造具有很大的作用：一是寻找不一样的真实体验；二是塑造最真实的人物形象。演员可以通过直接积累和间接积累两种方法进行情绪记忆，在规定情境中回想起与之类似的情绪，来表现出最真实的情感，塑造出最真实的角色。

关键词：情绪记忆；角色塑造；作用

演员把剧本中的角色鲜明地呈现在舞台或者电视荧幕上，需要真实的情感体验和情感流露。为了把角色塑造得更加活灵活现，演员可以通过自己的肢体动作和语言去表现。当有些情绪需要具体表现的时候，演员就可以通过回忆某些时刻经历过的相同或相似的事件与情绪，代入到正在进行的表演中去。心理学研究表明，人的感情是不受主观意识支配的，也是无法重复的，除非是在某种相似的情境之中刺激并激发出相同或相似情绪。所以，情绪记忆对于演员表演创造或塑造角色有着至关重要的作用。

一、“情绪记忆”的含义和理解

（一）情绪

情绪，在心理学上的定义就是指伴随着认知和意识流过程产生的对外界事物的态度，是对客观事物和主体事物的态度。情绪包含情绪体验、情绪行为、情绪唤醒等几个方面。那么，从表演角度来说，情绪就是一种感情的流露：或许是愤怒，或许是高兴，或许是恐惧，等等。这些情绪可能是通过肢体动作、语言、表情流露出来的。最简单地说，情绪包含喜、怒、哀、乐，当然还有一些比较特别的，比如羞耻、尴尬、自卑、恐惧等。

所以，从自身在生活中的体验的角度，可以把这些情绪分为两种：一种是正面情绪，一种是负面情绪。情绪的多元化也使得人在生活中言语和行为多元化。在表演中，情绪就需要演员通过肢体动作、语言、面部表情来表达。

（二）记忆

记忆，是过去的经验或者事实在人脑中的反映，记忆是多元化的。记忆也是一种能量储备，其中包含了人的各种情绪，在过去的某个时间段里，演员自身会有某种体验和经历，这种体验和经历产生的情绪、情感被储存。在某些情况下，这种体验感又可以被挖掘出来。

（三）表演中的“情绪记忆”

表演中的情绪记忆在表演创作中被称为表演技巧，也是斯坦尼斯拉夫斯基表演体系中的表演技术之一。通过这样的表演技术，演员可以让情绪在不同的情境之下得到最真实的展现，并且通过以往储存的“情绪记忆”素材，来丰富整个角色的人物性格、人物情感，甚至具象的肢体动作。

二、“情绪记忆”对角色塑造的作用

（一）寻找不一样的真实体验

不一样的体验就是演员本我和角色的区别。除了真实生活中演员的亲身体验之外，还有就是在创造或塑造角色过程中的表演体验。乌塔·哈根和哈斯克尔·弗兰克尔在《尊重表演艺术》中写道：“表演艺术的任务就是塑造艺术的任务，就是塑造具有鲜明个性的人物形象，演员创造的核心也是个性化。”不一样的人在同一件事情上可能会产生不一样的看法或者激发不一样的情感，1000 个人演哈姆雷特就会有 1000 个哈姆雷特。所以，寻找不一样的情感体验将会使得演员的角色创造变得更加有趣，角色更加生动，情感表达会更加饱满和立体。斯坦尼斯拉夫斯基提出，“演员一切从自我出发”。任何角色都是在自我的基础上创造出来的，所以从自我出发，创造不一样的角色，体验不一样的生活。

（二）塑造最真实的人物形象

在表演创作过程当中，“情绪记忆”可以帮助演员重温并唤起与之相似的情境、情感。斯坦尼斯拉夫斯基认为，演员就应该真正存在于舞台上、镜头前，不是表演而是生活，才能使角色形象更加生动。而且当演员真正在舞台上时，演员应该用最真实的心去体验、去感受，当演员对于剧本中的情境无法做到很真实的呈现时，就可以借助“情绪记忆”

来解决这个难题，使角色更鲜活。

演员余少群在微电影《闻闻的世界》里面扮演北漂青年小群，余少群的演绎获得了观众的一致好评。之所以能刻画出如此真实的北漂青年形象，是因为余少群与微电影中的角色有着一段几乎一模一样的北漂经历，在片中，以往的真实经历勾起了余少群的“情绪记忆”。北漂时的心酸经历与剧本中的角色生活背景相吻合，相似的生活经历让他在刻画北漂青年的迷茫和希望时更加的饱满和立体。

三、如何积累“情绪记忆”

表演创作来源生活，高于生活。生活中的真实体验，能给演员的表演创作带来更多的灵感。演员也可以利用生活中的真实素材帮助自己塑造角色。也就是说，演员首先要从自己的生活体验中找寻人物角色，还要利用间接生活积累来帮助自己塑造角色，所以，演员在创作角色的过程中“情绪记忆”是十分有必要的。

（一）直接积累

顾名思义，直接积累就是在生活当中，把生活经验和生活中的情感情绪积累下来，这是一种最简单的积累方法。它可以帮助演员进行角色塑造。

演员既要积累“情绪记忆”又要保留住情绪记忆的新鲜感，这是积累情绪记忆的重要问题。在生活当中，情绪是随时随地都会有的，如开心、快乐、难过等，也说明了情绪大多时候都是无意识的。这些普通的情绪会被我们淡化，有时并不会被人记住，所以在生活积累中，我们就要有意识地去把生活中一些比较特别的情感储存下来。俄国著名戏剧家奥斯特洛夫斯基曾经说过：“我们认为，具有良好的听、看的能力，同时也具有强烈的感受能力的人，才具备当演员的天赋，一个人具有这样的能力，他会从童年做起，把每一个内心状态与活动的表现都能够铭记在心，并且在任何时候都能够回忆起来。”所以，一名演员更应该清楚小事不小，不能忽略情绪细节。生活中的各种不一样的情绪积累，能够给演员在表演创作中的角色塑造带来很多意想不到的帮助，使情感表现更加立体、深刻。在学习表演的过程中，观察人物也尤为重要，因为在仔细观察的过程中，演员会在他人身上看到更具特点、更吸引人的东西。

（二）间接积累

演员没有办法尝尽人生百态，完全体验世间的万千情感。演员在创作过程中，总会遇到自己从未遇到或体验过的经历、情感，所以需要不断地在生活中寻求和积累经验。

特别是在生活中，演员可以通过身边其他人的生活和情感经历给自己带来启发，把它有意识地积累下来。比如在电影《我的父亲母亲》中，演员章子怡为了更加生动的角色塑造，在电影开拍之前来到河北农村生活了两个月，把自己代入到“规定情境”中，仔细观察当地人的生活方式，从感知他人的口头语言、肢体语言和情绪表达，到本人真实融入。直到电影开拍，章子怡已经可以通过间接积累和直接经验让自己成功塑造出一个农村单纯善良的招娣形象。

间接积累也是通过别人的生活情绪和经验来帮助自己在表演创作中进行角色塑造的方法。这样的积累方法尤为重要，比如年代剧，演员也不可能“穿越”回那个时代；塑造乞丐，却无法拥有相同的生活经历。那么，熟练运用情绪记忆的直接积累和间接积累对演员塑造角色就十分重要了。

四、结束语

情绪与生俱来，记忆随之积累。演员运用合适的方法利用情绪记忆成功塑造角色，使得情绪记忆在演员塑造角色的过程中有着十分重要的作用。在表演创作中，最重要的就是要把剧本当中虚构的角色转化为舞台上现实的、活灵活现的、有感情的人物形象。在外形上面是最容易达到要求的，我们可以通过充分准备好道具，化妆，运用技术手段营造舞台效果等来实现。唯有情感的演绎是困难的，要想情感和演员的真实体验达成一致，就必须要做到真听、真看、真感觉，把握好对“情绪记忆”的运用，在规定情境里，恰到好处地打开自己的“情绪记忆”宝库，使形神合一，表演更加鲜活生动，让观众在观看演出时获得更加真实的体验。

参考文献

[1][苏] 玛·阿·弗烈齐阿诺娃 . 斯坦尼斯拉夫斯基体系精华 [M]. 郑雪来，等译 . 北京：中国电影出版社，2008.

[2][美] 乌塔·哈根，哈斯克尔·弗兰克尔 . 尊重表演艺术 [M]. 胡因梦，译 . 北京：世界图书出版公司，2020.

[3][英] 格林·威尔逊 . 表演艺术心理学 [M]. 李学通，译 . 上海：上海文艺出版社，1989.

从三种改编范式看莎士比亚戏剧电影化

蒋昀含

摘要：从电影早期的默片时代至当下的后现代文化语境，一百多年来，全世界改编自莎士比亚戏剧的影视作品多达600多部。在继承与发展中，莎士比亚戏剧的改编范式从最初严谨地尊重原著戏剧结构的忠实型改编，到20世纪50年代起开始大胆地进行神似而形不似的创造型改编，20世纪90年代以来改编的自由度进一步扩大，出现解构、颠覆性的戏说式改编。纵观莎士比亚戏剧电影化改编的特点与趋势，不同改编范式下都有代表性的导演和影片向前推进莎士比亚戏剧的电影化进程。

关键词：改编范式；莎士比亚戏剧；电影化

歌德对莎士比亚做出过这样的评价："他已把全部人性的各种倾向，无论在高度上还是深度上，都描写得竭尽无余了。"正是莎士比亚对人的存在状态和生命本质、人的自由选择与受限、人的生命超越和价值追求等问题的关注和思考，使其戏剧具有普世性价值而经久不衰，即使做出当代式解读依然散发着无穷的艺术魅力。

一百多年以来，全世界改编自莎士比亚戏剧的影视作品多达600多部，总体来说可分为三种改编范式。

一、尊重原著的忠实型改编

从默片时代至有声电影到来初期，法国、意大利、德国等国的电影制作者以及美国好莱坞电影制片厂都陆续开始莎士比亚戏剧电影的制作，但并未生产出具有代表性的经典影片。直到1944—1955年，英国导演、演员劳伦斯·奥利弗执导、主演的《亨利五世》《哈姆雷特》《理查三世》的问世，才真正开启了莎士比亚戏剧电影化的时代，尤其是具有里程碑意义的《亨利五世》，作为第一部有声、彩色、全本的莎士比亚戏剧电影，摆脱了初期舞台记录式的稚嫩改编，以“戏中戏”的复式结构融合镜头语言再现了那个时代的原貌，还原了原著的内容形式。这三部影片的艺术成就和商业票房都取得了不俗成绩，均揽获多项重量级奖项，成为经典的莎士比亚戏剧电影。此外，1954 年意大利导演雷纳托·卡斯特拉尼执导的《罗密欧与朱丽叶》在时代背景、场景设置、人物塑造等方面都同原著保持高度一致，但电影语言的转译方面并未有实质突破。

二、追求神似而形不似的创造型改编

美国导演奥逊·威尔斯是继劳伦斯·奥利弗后莎翁戏剧电影化进程中的又一位重要导演，他摆脱了前者严守原著框架的格局，将戏剧改编的范式向自由化方向推进。威尔斯改编的《麦克白》置换了原著的主题内涵，《奥赛罗》充满了奇思妙想，以及根据《亨利四世》《温莎的风流娘儿们》《理查二世》《亨利五世》等多部戏剧浓缩的影片《午夜钟声》，都展现了其重视戏剧与电影媒介的本质差异，并开始涉及“创造与超越”的改编理念。此外，意大利导演佛朗哥·泽菲雷里在 1967 年改编的影片《驯悍记》也是创造型改编的典范。

跨文化改编在很大程度上受改编语境的社会结构和文化背景制约，往往会采取“本土化”的创造型改编策略。自 20 世纪 50 年代开始，俄罗斯、日本、中国等国家的导演都先后投入对莎翁戏剧的电影化改编。跨文化背景决定改编均是译本上的改编实践，因此，原文本精湛的台词不再是羁绊，反而使导演获得更自由的阐释空间，他们往往在汲取莎翁戏剧蕴含的人文主义、存在与价值等普世性价值的基础上，置换原文本的历史背景，重新编码为符合其所处审美文化语境的“话语”，其中影响最大的是日本导演黑泽明。在 1957 年根据《麦克白》改编的《蜘蛛巢城》以及 1985 年根据《李尔王》改编的《乱》中，黑泽明均在其美学世界中最大限度地尊重原文本，结合日本传统美学的表达和对战后社会状况的思考，用娴熟又风格化的视听手法对莎翁戏剧进行了全新阐释，因而被西方称作“银幕上的莎士比亚”。此外，苏联导演格里高利·柯静采夫在 1964 年改编的影片《哈姆雷特》熔铸了苏联冷战的时代语境，塑造了斗士形象的哈姆雷特。中国第五代导演冯小刚在 2006 年根据《哈姆雷特》改编的影片《夜宴》，将故事背景置换为中国五代十国时期的宫廷斗争。同年，中国导演胡雪桦根据《哈姆雷特》改编的影片《喜马拉雅王子》将故事背景置换为远古西藏。

1961 年，由罗伯特·怀斯执导的《西区故事》在莎士比亚戏剧电影改编中意义重大，这部影片是一次二度转译。其原文本是由《罗密欧与朱丽叶》改编的百老汇音乐剧，影片的时代背景、人物设置、故事结局都已改头换面，只有情节框架还保持了关联，但《西区故事》的成功标志着莎翁戏剧改编向一种自由的、现代化的改编观念和改编方法的转变。

三、颠覆、解构的戏说式改编

自 20 世纪 90 年代开始，英国和好莱坞掀起一阵莎翁戏剧改编的热潮，改编范式从创造型逐步向更广义的戏说型转变。在后现代主义语境中，阳春白雪式的莎翁戏剧逐步回归大众，其中，肯尼思·布拉纳就是把莎士比亚戏剧带给大众的第一人。布拉纳被称作是当代影坛上继劳伦斯·奥利弗之后诠释和改编莎剧的代表人物，也是当代影坛上改编莎翁戏剧的最杰出的导演之一。1989—2000 年期间，他改编了莎翁的四部戏剧——《亨利五世》《无事生非》《哈姆雷特》《爱的徒劳》，其中，改编的《哈姆雷特》获得了奥斯卡最佳改编剧本提名。一方面，他的二次创作相对完整地保留了原文本的台词意蕴，力求最大限度地表达原著的内涵；另一方面，布拉纳融入了自我的艺术思考，成功彰显了电影媒介形态的艺术张力。

布拉纳成功地在再现经典和改编重写间找到了平衡点。但在后现代文化、消费主义、大众媒介等多重语境的冲击下，多数莎翁戏剧的改编充满颠覆和解构意味。这类影片多采取移植原著的表面框架的方式，将历史背景替换为现代社会，改变人物设置，拼贴古今场景，追求将电影媒介的视听张力发挥到极致。在澳大利亚导演巴兹·鲁赫曼根据《罗密欧与朱丽叶》改编的影片《罗密欧与朱丽叶：后现代激情篇》中，繁华的现代都市替换了中世纪时代的维罗纳，以毒品、摇滚、黑帮等后现代图景迎合现代观众的审美趣味，放弃还原经典的历史空间和批判精神而解构了原著的深度。在吉尔·约格尔根据《驯悍记》改编的《我恨你的十件事》和由迈克尔·埃尔默瑞达根据《哈姆雷特》改编的《新千年哈姆雷特》等影片中，过度突出现代元素导致了深度感、层级感的消解，削弱了原著的人文主义精神。其中，1998 年由约翰·麦登执导的《莎翁情史》是这类改编的集大成者，影片以莎士比亚创作《罗密欧与朱丽叶》的背景为引线，借助其中的经典桥段，通过“戏中戏”的形式叙说了莎士比亚的人物轶事和爱情故事。该片在 1999 年斩获六项奥斯卡奖项，在大获成功的同时一方面解构了莎士比亚世界文豪的崇高形象，另一方面对情色欲望和场景的处理映射出现代社会情欲泛滥的猎奇心理。

从 1899 年至今，莎翁戏剧的电影化改编历经劳伦斯·奥利弗等人到肯尼思·布拉纳等人，从保持戏剧原貌到置换现代元素，这种改编趋势从媒介特性来说，是电影艺术摆脱戏剧艺术、逐步彰显独立性的过程，从艺术价值来说，莎士比亚戏剧的艺术成就和高度决定了这种改编趋势是使电影媒介逐步适应其戏剧价值的过程。但不论采用何种改编范式，成功的银幕作品总是或此或彼保留了莎士比亚戏剧的品格，使经典力量和现代媒介完美交融。改编一定会涉及删减，经过导演的场面调度和镜头加工，新的阐释带有“新作者”的自我意志和影像风格，只有采用某种改编策略在银幕上对莎士比亚戏剧内容和形式进行取舍，才能在戏剧和电影媒介中找到新的平衡点。

参考文献

[1] [德] 爱克曼 . 歌德谈话录 [M]. 朱光潜，译 . 北京：人民文学出版社，1978.

[2] 文辉 . 莎士比亚戏剧的影舞编年 [J]. 江苏外语教学研究，2016（3）:52–56.

[3] 吴辉 . 改编：文化产业的一种策略——以莎士比亚电影为例 [J]. 现代传播（中国传媒大学学报），2007（2）:24–27.

[4] 徐红 . 白金时刻：莎剧影视改编一百年 [J]. 电影文学，2006（3）:23–27.

西方古典音乐创作风格研究

刘心语

摘要： 在阐述西方古典音乐产生的历史背景基础上，分析了其在内容和形式上的创作特点以及创作手法，接着介绍了喜歌剧的创作与发展，最后说明了西方古典音乐对当代音乐的影响和意义。

关键词： 西方古典音乐；创作；风格

一、西方古典主义音乐产生的历史背景

（一）西方古典主义音乐风格形成的背景

1. 启蒙思想的影响

18 世纪下半叶，与其他姊妹艺术一样，音乐艺术也深受启蒙思想的影响，随着音乐艺术走出宫廷和教堂，公共音乐氛围也逐渐积极。这时，公开音乐不再局限于旧音乐会和私人音乐会，增添了新型歌剧院和大型音乐会。由于音乐印刷业发展迅速，琳琅满目的音乐出版物开始问世，并衍生出了音乐新闻业。因此，18 世纪中叶以后便涌现了大量的专门刊载音乐信息、音乐评论的杂志，乐器行业也一并开始蓬勃发展，这反映了音乐已经在更广泛的社会群体中流行。18 世纪初的美学认为，音乐的任务需要从自然中汲取灵感，才能为观众提供一个个生动的音乐形象。

2. 从巴洛克音乐过渡到古典音乐

1720 年后，巴洛克音乐风格有了变化的趋势。约翰·塞巴斯蒂安·巴赫在 1730 年说道：“现在的音乐发展状况已和过去大不相同，艺术设计趣味发生了一个惊人的变化，因此，先前的音乐教学风格已经不能取悦我们的耳朵了。”这种变化主要体现在两个方面：

一是庄严的大巴洛克风格转化为华丽纤细的洛可可风格；二是巴洛克音乐的复调形式逐渐转为具有主旋律的音乐，乐队乐器也越来越完备，并趋于标准化——这些都是古典音乐诞生的条件。

（二）西方古典主义音乐的风格

古典时期是器乐繁荣的时代。巴洛克音乐经过一百余年的发展，作曲家们积累了大量纯音乐创作经验，为古典时期音乐的繁荣奠定了基础。1750 年，古典音乐风格继承了巴洛克音乐的发展，逐渐确立了主导地位。此后，复调音乐已经退到了从属的角色，音乐旋律与和声编排成为区别古典音乐和巴洛克音乐的两大要素：古典主义强调的是明确、富有逻辑的音乐语言；巴洛克音乐旋律则强调多声部、多旋律的复调音乐形式。这时，四部和声式的伴奏织体被对称的音乐旋律句法和段落结构所取代。作曲家们往往在许多音乐体裁中广泛使用具有辩证思维因素的奏鸣曲式，这种曲式也被作曲家们相继探索、不断创新。

古典音乐风格与其他时期大不相同。实际上这一时期的作曲家在考虑音乐结构时都遵循这一基本理念：一种调性间平衡的概念，不仅可以明确地引导听众判断音乐的走向，还能平衡段落，使得听众在聆听一首乐曲时可以准确地知道紧接着出现的内容。作曲家的创作只是在于体系和轮廓上的细微变化，而不是为了吸引观众或使观众感到惊奇。

二、西方古典主义音乐的创作特点及手法

（一）西方古典主义音乐的创作特点

18 世纪是古典主义音乐最为繁荣的时期，这一时期影响力最大的三位音乐家是：朗兹·约瑟夫·海顿、沃尔夫冈·阿玛多伊斯·莫扎特、路德维希·凡·贝多芬，他们在古典主义音乐创作内容、创作形式上都反映出了当时社会流行的艺术审美特征。

1. 音乐内容上的创作特点

在这一时期，音乐内容具有积极向上的、深刻的思想性和深邃的哲理性，同时热情地表达了民主精神和进步的伦理观念以及鲜明的政治理想。以古典交响曲为例，它通常由四个乐章组成。

第一乐章是音乐活跃且充满戏剧性的奏鸣曲式，两个对立的主题表现、展开，继而再现，揭露了矛盾产生的原因、发展和暂时的结果。

第二乐章是交响曲抒情的中心段落，一般是三部曲或变奏、慢板等歌曲，内容大多表现对生活的感悟和哲学的沉思。

第三乐章常用小步舞曲或谐谑曲的音乐，体现了冲突后的短暂的平和、安宁、休闲和娱乐。

第四乐章一般采用奏鸣曲式、回旋式或者回旋奏鸣曲式。音乐的内容是关于矛盾的结果，常表现积极乐观的态度以及凯旋似的欢庆场面。

18 世纪，“启蒙运动”的思潮在欧洲迅速传播，自由、民主、平等、博爱是当时欧洲先进思潮的主旨。这时，欧洲艺术深受启蒙思想影响，并逐渐走向大众，绘画、音乐、戏剧等艺术作品从平民的生活环境中获得灵感，涌现了大量的“亲民”之作。例如，戏剧作品《塞维利亚理发师》《费加罗的婚姻》等。

2. 音乐形式上的创作特点

由于启蒙运动的重大影响，18 世纪的音乐发展进一步走进大众视野，音乐会不再专属于贵族，平民也受到大量音乐文化的熏陶和滋养，例如市民音乐会等。音乐家的地位得到提高，他们开始追求独立创作，也逐渐摆脱了对宫廷贵族和教会的依赖，雇佣关系也在慢慢瓦解。所以，在创作中他们追求艺术的高度完美，要求轮廓清晰、结构整齐。在音乐旋律的创作中，形式、结构的统一和完整是古典乐派的主要创作手法，且趋于方形结构，将民间音调和舞蹈节奏紧密相连。作品结构中的一个重要因素是调性与和声的安排，段落或乐章的和声风格更简洁化，通常都具有终止式，这一运动中的主题变化取代了巴洛克音乐的单一主题模进的展开。连续低音逐渐被清晰的乐谱所取代。在古典音乐创作中，奏鸣曲、交响乐、协奏曲和四重奏等体裁都十分常用，而二声部、三部曲和变奏曲、奏鸣曲体裁也得到充分发展。

（二）西方古典主义音乐的创作手法

古典时期音乐的创作手法为：以钢琴谱形式记录下乐曲主题，再于草稿中标明和声进行以及配器，根据音乐织体和要表达的情绪或某个特定的主题，有选择地使用某个乐器或者某些乐器组合。例如，贝多芬便经常改写自己的音乐草稿，他的音乐更像是不可拆解的网络，结构性和哲思性非常完美，他的奏鸣曲和交响曲都清楚地表达出他热血而又悲悯的意志。

三、喜歌剧的创作与发展

喜歌剧作为一种独立的新歌剧形式，发展并不完善，仍然无法摆脱传统歌剧的影响。18 世纪末，意大利歌剧的角色大多为社会底层的人，如士兵、商人、仆人、教师、医生等，在歌剧中出现了如“喜剧低音”代表的小丑式人物，其身份通常是仆人，作曲家也总是为其创作一种特殊的快节奏音乐。这些人物经常用当地方言演唱，咏叹调与清玄叙事交替完成了戏剧情节的发展和情感的烘托。二重奏在戏剧中起着非常重要的作用，尤其是在每一幕的结尾，为了增强戏剧效果，二重奏的运用更加频繁。18 世纪末，歌剧的发展不如喜歌剧，但喜歌剧的创作仍受到歌剧的部分影响，如仍以伯爵、伯爵夫人等贵族阶级为主导角色，但对这类角色的处理通常具有讽刺意味。因为意大利喜歌剧院无法摆脱歌剧的影响，歌剧也没有找到正确的突破口来打破僵局，意大利乃至整个歌剧市场在这一时期都是萧条的，直到罗西尼的出现。

罗西尼的《塞维利亚理发师》颠覆了喜歌剧的一些旧创作手法，为意大利喜歌剧的发展开辟了新的空间。受古典主义影响，罗西尼的作品风格自由开朗，具有贵族化的特征。除了旋律控制得心应手之外，他还非常擅长管弦乐编曲，浪漫的旋律背景由古典的结构原则支撑，引人入胜。他在歌剧创作中的新思维给 19 世纪意大利歌剧界乃至整个歌剧界带来了新的活力，开辟了一条新的创作道路。《塞维利亚理发师》是 19 世纪意大利歌剧的典范，罗西尼关于音乐与戏剧结合的独到见解可见一斑。

四、西方古典主义时期音乐作品对当代音乐的影响

古典音乐最典型的特征是一种组织音乐材料的方式——奏鸣曲式。在 18 世纪末期，这样的曲式常常被音乐作品所采用，它还对下一时期作曲家起到了重要的启示作用。

被称为哲学的“音响化”的古典音乐流传至今，依旧有一定的影响力。反观当今时代的主流——流行音乐，虽然具有内容通俗、形式活泼、朗朗上口等特点，但存在一个突出问题：生命周期比较短。虽然古典音乐在目前这个时代逐渐变得小众化、局限化，并且不再是主流，但也不会被历史淘汰。作为现代音乐作品的基础和养料，古典音乐有着万古常新的风范与价值。百余年的沉淀也使它拥有丰富而深厚的历史文化内涵，可以带给我们其他类型的音乐无法提供的精神慰藉和精神启示。在今天的时代背景中，古典音乐的世界也有一种世外桃源般的浪漫。

参考文献

[1] 甘甜 .《古典时髦：音乐、时尚与现代主义》译著及书评 [D]. 上海：上海音乐学院，2017.

[2] 贾敬玉 .《塞维利亚理发师》中音乐形象特征分析 [D]. 石家庄：河北师范大学，2011.

[3] 王凯蔚．罗西尼喜歌剧《塞维利亚理发师》之探究 [J]. 歌剧，2012（9）：72-78.

[4] 魏冰飞．对罗西尼《塞维利亚理发师》的审美特征及文化视域解读 [D]. 天津：天津音乐学院，2017.

[5] 徐靖．从《塞维利亚的理发师》看罗西尼的歌剧创新思维 [J]. 艺术科技，2017(12): 258.

[6] 赵轩．论罗西尼歌剧创作特点及演唱技巧——以《塞维利亚理发师》为例 [D]. 沈阳：沈阳师范大学，2017.

后 记

合川文化馆建馆至今，已走过七十年风雨历程。作为群文人，我们谨以《江花烂漫》这本群文原创作品集向伟大的中国共产党建党一百周年献礼！

七十年，一百年，对于人生，是从婴儿步入晚年；对于大树，是七十个，是一百个沧桑的年轮；对于历史，是七十张，一百张锃亮的光盘；对于时代，是又一圈新的跑道；对于事业，是一个青春的起点！

建馆七十年来，一代又一代群文人高举中国特色社会主义文化火炬，在各级党委政府的关心支持和上级主管部门的正确领导下，发挥群文工作的带头示范和团结凝聚作用，打造文化品牌，培根铸魂，奋力推进合川群文事业蓬勃发展。其中，涌现了大量坚持创作的群文人。诗文方面，如李若愚、邓兴林；戏曲方面，如李幼绩、秦建国；民间文学方面，如贺大舜；美术方面，如任家文、李伟平、邓建强、夏止鸣；音乐方面，如顾德维、关惠明；舞蹈方面，如张万秋……他们，像江花烂漫，若星辰璀璨！

《江花烂漫》的选稿编撰，侧重以下三个方面：一是近十年合川文化馆人创作或者组织创作的代表性群文作品；二是区文化馆和区美术馆共同完成工作任务的相关群文作品；三是《合川文艺》2013 年复刊后登载过的文化馆人创作的部分作品。其目的在于，集中展示合川文化馆贯彻落实“双百”方针和坚持以人民为中心的创作理念取得的群文创作成果。

“江花应好在，无计会江楼。”范成大的诗句至今不绝于合川群文人的耳畔……

沧桑岁月铭记着群文前辈跋涉的足迹，历史的光盘珍藏着他们无私的奉献。当中华民族伟大复兴的号角嘹亮地吹响，新时代的跑道上展现着万马奔腾的宏伟画卷，新一代群文人坚定文化自信，正以青春的朝气向着美好的小康和复兴的大道迅跑……

我们坚信，《江花烂漫》的出版是一个小结，是一段记忆，是一个逗号，更是一个新的开始！

胡中华

2021 年 6 月